Investment

Investment

非理性效應

行爲金融學專家帶你洞悉人性本能，突破投資盲點

丹尼爾・克羅斯比
DANIEL CROSBY

陳重亨——譯

THE BEHAVIORAL INVESTOR

獻給卡崔娜，你是我迷惘時的引導

獻給夏洛蒂、蓮恩和羅拉，你們是點亮我的光

目次

第二部 投資人心理學

第三部 成為行為投資人

第四部 建立行為投資組合

推薦序

掌握正確的投資心法，享受優游自在的人生

愛瑞克

這本著作是我近年來所閱讀的近百本投資理財書籍當中，眼睛最為之眼前一亮的一本！

首先，此書並不是市面上那種有許多線圖和數據圖表的投資書籍，而是少有以文字為主，深談投資心法的作品。在市面上將近八成都在談論投資進出與選股技巧的書籍中，由老手們透過豐富的實務經驗所寫下的心法指導，更彌足珍貴！

其次，作者生動的說故事能力，彷彿用著《人類大歷史》作者、知名歷史學家哈拉瑞的筆調，以幽默風趣的文字描繪出投資人所面對種種現實難題，再以他身為一位優秀的資產管理者結合心理學家的專業視角，提出解決之道。

他是當今市場上少見能夠兼備文學家的氣息與投資專業素養於一身的作者，誠屬稀有，令人欽佩！

作者巧妙地揉合了人類歷史學、生物學、神經科學、心理學和哲學，娓娓道來金融市場的人們所表現出的那些「不能確切指為愚蠢，但也談不上智慧」的各種行為與習慣。除了有助讀者理解前因後果與殘酷現實之外，他文筆犀利自由穿梭於過去人類歷史與最新現代投資實務發展之間，解答許多散戶投資人遲遲未能解開的難題，這是此書最值得一看之處。

有關投資組合運作方面，作者以他個人在投資實務業界的豐富經驗，融入博覽群書所獲得的智慧交叉比對。他提出，儘管投資沒有所謂的「正確答案」，但匯集相當分量的證據指向一些共同的方向：

- 系統優於自由裁量權。
- 多元分散與信念可以並存。
- 為泡沫行情破裂做好準備，但不必過度在意。
- 如果是說到資訊的話，少就是多。

・要找出證據、理論和行為根源。

以上幾點，正是我長期在市場當中所傳達的信念。尤其是系統優於自由裁量權，以及找出證據、理論和行為根源方面，我主張投資的ＰＤＣＡ：事前觀察與分析（Plan）、記錄決策判斷依據並確實執行（Do）、事後回顧與檢討（Check）、據以改良（Action），這樣不斷而且有紀律地將ＰＤＣＡ日復一日執行，這個輪子隨著啟動輪軸滾動得愈多次，所累加的成果會產生複利效應，而許多高手實力的累積以及投資系統的穩健性就是這樣不斷提升的。

我強調，每一位投資人一定要花心思在建構適配自己投資哲學、習慣的操作頻率與風險承受度等穩固可靠的基礎架構上，才能支撐起一套屬於自己的投資決策判斷系統，才能真正達到財富自由的基礎。

不要試圖戴上別人的眼鏡去看行情，因為適合他人的眼鏡度數很少會適合我們，也切勿直接套用別人的系統，因為所謂「投資的聖杯」，不一定適合每個人，就像灰姑娘的玻璃鞋也不是人人都合腳。

我所認識的好幾位在四十歲左右就能夠在投資市場賺夠財富而享受自由的優秀

投資者，都花很少時間在雜訊上，而將更多時間用在檢視強化屬於自己的一套系統。

事實上，清楚知道自己要的是什麼（見自己）、認清市場運作背後的基本原理（見天地），投資人並不需要很多的資訊，這就是「少即是多」的真理。

最後，我衷心期盼每一位讀者和投資人，都能夠透過此書的協助，找到屬於自己的一套投資哲學，沒有最好，只有最適合；掌握正確的投資心法，便能享受清閒而優游自在的人生！

願善良、紀律、智慧與你我同在！

本文作者為暢銷書《內在原力》系列作者、TMBA共同創辦人

推薦序

你的決策不是最好的決策

財報狗

《非理性效應》不只是一本幫助你做好投資的書，更是一本幫你做好任何決策的書。

我們每個人，每天要做出三萬五千個決定，從早餐要吃什麼，到逛書局挑選哪一本書，都需要我們有意識或無意識地做出判斷。可是，這些決定大部分都不是透過客觀的「好與不好」判斷，而是在不知不覺中，被各種因素影響。

近幾年心理學和行為經濟學蓬勃發展，我們漸漸發現人類不如我們所想的理性，還常常做出不理性的決策。在大部分的情況下，這些不理性決策不會造成太大的傷害，例如當你無意識地跟著人群走出電梯，才發現這根本不是你要去的那層樓，你不會有重大損失，只是損失一點時間而已。然而，當我們需要做重大決策時，若能了解我們可能忽略的盲點，並有效地回避問題，能讓你受益良多。

《非理性效應》這本書最大的價值，在於它指出了投資上的各種盲點，並提供處理這些不理性行為的方法。作者說他希望這本書成為有史以來最全面的投資心理學指南，而他也確實做了很多功課，他在書中整理了社會學、心理學、神經科學各領域相關的研究，讓我們更加了解大腦如何運作。有些實驗你可能曾經在其他地方看過，但很少有書整理得這麼完整全面。透過這些實驗，你也會訝異地發現，自己跟這些受試者並無不同，我們都沒有自已想的那樣理性和聰明。

幾年前，我剛開始接觸行為經濟學的各種認知偏誤，內心受到很大打擊，學習過程充滿著慌張的情緒和壓力。我將自己代入了每個行為偏誤的例子，一再被提醒：「你做的決策不是最好的決策。」如果你在閱讀過程中也有同樣感覺，不用過度緊張。了解自己的缺點是一件好事，那代表我們有機會好好思考如何應對它們。

本書的第一部分和第二部分指出各種認知偏誤和障礙，讓我們理解外部因素和身心狀況如何影響我們的投資；第三部分和第四部分則是提供了參考方法，讓我們有機會避免投資上可能發生的認知偏誤。除了試圖減少自己的不理性決策，我建議讀者也可以嘗試去找出市場上集體不理性決策的狀況。在大部分的情況下，市場是有效率與理性的市場，股票的價格可以合理反映其內在價值。但少數情況下，單一股票甚至是整體市場，可能發生集體不理性的狀況。這種時候，也許就是你的獲利機會。

如果想要善用本書，一定要參考書中內容建立一套屬於自己的投資系統。正如作者所說：「我這本書其實濃縮成三句話就夠了：自動化！自動化！自動化！不管市場狀況如何，許多激動的情感元素都可以藉由嚴格遵守投資系統的規則來消除。」我們往往高估自己的自制力，實際上不管你學過再多的知識，都還是很難避免心理偏誤。最有效的方法，就是建立一套自己理解且相信的投資系統，然後持之以恆地使用它。

《非理性效應》整理了投資心理學的最新研究，透過這本書，你可以更好地認識自己，從而發揮自己的最大價值。相信每位讀者都能從這本書之中找到樂趣和精進自己的點子。

本文作者為台灣最大的基本面資訊平台與社群團隊

推薦序

心理學與金融學的智慧結晶

陳志彥

「隨著年紀越大，我已經無法像年輕時那樣做快速的心算，但我現在比二十五歲或三十歲時的自己更了解投資人的行為了，這很重要！」

——巴菲特（Warren Buffett）

美國的電視劇《金融之戰》（*Billions*），描述的是華爾街兩大重量級人物之間的鬥爭：正直強悍的美國檢察官查克，與天才型避險基金大亨巴比。而在兩位男主角之外，女主角溫蒂的表現也很亮眼。

在劇中，溫蒂與查克是夫妻，但她也在巴比的避險基金公司上班，三人間錯綜複雜的糾葛，讓兩位男主角之間不僅僅是檢察官與犯罪嫌疑人的關係那麼簡單。

然而，溫蒂在避險基金公司的職務才是我想要在這篇文章談的重點。溫蒂是公司裡的心理醫生，公司裡面特地配置了這樣的職務，對於台灣人來說很新鮮也很陌生。畢竟在台灣，連心理醫生都不常見了，更何況是企業心理醫生。

可是，為什麼避險基金的公司裡需要心理醫生呢？日理萬機的交易員隨手敲敲電腦鍵盤，就經手數億美元的金額，難道這些人有心理上的問題？其實這樣的說法也沒錯。

交易員們，確實有心理問題，而更準確的說法是，不僅僅是交易員，其實我們每個人在投資的時候，或多或少都有心理問題。

投資人尊稱為「證券分析之父」的班傑明．葛拉漢（Benjamin Graham）教授，在半世紀之前就曾說：「投資人最大的敵人是自己。」巴菲特也曾說：「成功投資並不需要具備很高的智商，但需要有控制情緒的能力。」

這些偉大的人物都提醒我們，「人類的行為」才是決定投資成果的關鍵。但過去相關的知識很有限，這些警告也很難真正引起投資人的關注。

傳統上經濟學的理論都假設人是「理性」的，每個人在做決策的時候都會理性地考量自己的最大利益後，再來做選擇。然而這樣的假設，卻不符合我們的生活經驗，實際上我們總是看到人們有太多不理性的行為。

於是，一群經濟學學者開始挑戰傳統經濟學的這個理論假設，特別結合了心理學上的許多專業知識，形成了經濟學的一個分支——行為經濟學。

近年來已有多位頂尖人物以這方面的研究獲得諾貝爾經濟學獎的肯定，如二〇〇二年諾貝爾經濟學獎得主丹尼爾．康納曼（Daniel Kahneman）教授、二〇一三年羅伯．席勒（Robert Shiller）教授和二〇一七年芝加哥大學的理查．塞勒（Richard Thaler）教授。

經過這些年來的努力，愈來愈多人開始意識並認同人類是不理性的。而這研究也開始運用到了金融投資上，稱為行為金融學（Behavioral Finance）。我一直都很關注行為金融學的研究，越深入探討，我就愈能理解投資人失敗或成功的原因。

因此，我在十多年前出版第一本書的時候，就介紹了相關的概念。隨著網路普及，資訊流通，更多金融專業人士在網路上分享行為金融學相關的知識與應用，讓我們能夠對人們面對投資上所碰到的問題有更深入的認識。

本書作者丹尼爾．克羅斯比博士，是近年來在行為金融學領域相當活躍的人物之一。他有很特別的資歷：他是心理學博士，曾經擔任過臨床心理諮商師，之後轉往金融業，主要的工作是協助投資顧問認知投資人在投資時的心理情緒問題。

丹尼爾博士所做的事情，就跟溫蒂所做的事情一樣。溫蒂在劇中協助交易員克服情緒問題進而提升投資績效，據我所知，在美國有愈來愈多的金融機構開始配備這樣的專業人員。

丹尼爾博士藉由自己在心理學領域的專業，協助金融從業人員掌握自身的投資情緒，而現在藉由他的這本書《非理性效應》，我們也將更認識自己。

丹尼爾博士點出，通常我們衡量投資的風險時，標準的教科書會告訴我們有兩種投資風險，分別是系統風險（或稱為市場風險）與非系統風險（非市場風險），但還有另一個很關鍵的風險卻鮮有人提及，那就是「行為風險」，本書就是補足這個重要的部分。

本書一大優點，那就是閱讀起來很輕鬆愉快！

過去有些關於行為經濟學或是行為金融學的書籍，都是學者所撰，難免文句艱澀，一般投資人閱讀起來很辛苦。但本書完全沒有這方面的問題，不論你是金融從業人員，或你只是單純想要幫自己創造良好績效，本書都是非常棒的參考書籍。

我收到出版社寄來的書稿之後，利用幾次在高鐵上的零碎時間就閱讀完本書，獲益良多，相信你也能夠花幾個小時就輕鬆閱讀完畢。我保證你在讀過本書後，對於投資將有更不同的想法，也能夠讓你的投資智慧更上一層。

本書是難得的佳作，是心理學與金融學的智慧結晶，我願意推薦給更多的人。

本文作者為「副總裁的理財日誌」版主

推薦序
不先了解自己，就無法財富增長

諾琳・畢曼（Noreen D. Beaman）

過去三十年來的大部分時間，我都是跟財務顧問和投資人一起工作。在這段期間，我見識過市場的暴漲暴跌、泡沫炒作和崩盤重挫；現在我堅定相信，投資行為的掌握才是成功與失敗的區別。我在華爾街跟一些最聰明的人一起工作過，根據這三十年來的經驗，我有信心這麼說：如果投資人不先去了解自己，再好的投資智慧都沒用。任何一種獨特的投資方法，最重要的核心就是行為投資。

二〇一二年，我開始跟丹尼爾・克羅斯比博士合作，當時他是要為我們公司建立一套系統架構，幫財務顧問捕捉複雜多變的「行為特徵」，找到能夠協助客戶帶來優異投資績效的穩定行為。由於這項合作非常成功，我們後來又更加深入探索行為金融學，繼續跟丹尼爾合作，創辦 TCO 成果中心（The Center for Outcomes），針對那些尋求投顧服務但遵行率不及五成的客戶進行指導訓練。各位要是光聽不做，再厲害的投資建議也發揮不了效果！

這本書談到的許多觀念，都是結合多年來實際工作經驗，和投資方面的心理文獻徹底融會貫通而成。只有透過理論與實踐的融合，我們才能保護投資人免於最大敵人的侵擾——也就是他們自己。

閱讀新書，我最喜歡的是那種踏進未知領域的感覺，不知道自己將要學到什麼新東西。我會不會開始懷疑那些我過去珍視的想法？看完之後，我會不會獲得一些改變生活的新資訊？雖然有很多投資書籍都在炒冷飯、老調重彈，但這本《非理性效應》可是提出了全新規畫和投資新典範的願景。

丹尼爾筆走龍蛇，旁徵博引，令人眼花撩亂，目不暇給。雖然有時讓人覺得怪異，但資訊含金量高超豐厚。不管是把猴子和金融市場做對比，或是從醜陋的德國小鎮談到我們總是安於現狀的偏好，《非理性效應》都能讓讀者輕鬆理解這些現象背後的複雜原理。讀者也會深深相信，如果不先了解人，就不可能了解市場，而丹尼爾正是指引我們穿越人性迷宮的絕佳引導。

丹尼爾透過科學和歷史的分析，清楚表明我們人類的大腦雖然演化精密，在生物界中無可匹敵，但是對於長期投資還是存在許多缺陷，並不是非常合適。人類雖然是地球上演化最快速的物種，但是對於現代生活的各種需求，還是沒有完全做好準備。而這本書最大的希望，就是檢視那些我們最容易屈服的心理陷阱，為那些行為缺陷找到解決方案。

《非理性效應》以幽默、智慧和最重要的熱情，提供一系列思考和想法，豐富我的生活，也豐富了我的財富。那些最好的投資書籍都明白，如果不先了解自己，就絕對別想財富成長，而《非理性效應》正是帶來金融新觀念的最佳典範。

很少有討論金融財務的專業書籍，既能提出質疑、刺激大家思考，又能讓人看得哈哈大笑，這本《非理性效應》就是這樣的著作。我相信各位也會跟我一樣，發現它既有趣又有力！

本文作者為布林克基金公司（Brinker Capital）執行長

作者序

為了大無畏的夢想

高貴的讀者，我希望這本書在資產管理心理學方面，會是有史以來最全面的指南。這個目標肯定非常大膽，但我認為像寫書這種吃力不討好的工作，一定要有大無畏的夢想才合適。

為了滿足它設定的全部標準，《非理性效應》在具體的投資組合建構之前，要先對人性進行全面考察。我們要先深入了解人類的決策模式，才會知道應該要怎麼做投資。

本書由以下四個部分組成：

· 第一部：從社會學、神經醫學及生理科學等角度，全面檢視妨礙我們做出明智投資決策的各種障礙，並提出深入淺出的說明和解釋。讀者從這部分的討論，可以更深入理解外部因素如何影響我們做出選擇，因為對於自由意志探討的新發現，也讓我們在決策時感到些許不安。

· 第二部：討論影響投資行為的四種主要心理傾向。雖然人類行為無疑複雜多變，但在投資脈絡中，我們的決策選擇大都還是受到四種因素之一的影響。這部分的討論會讓讀者更加了解自己的行為，更加謙虛，並獲得觀照全局的視野。

· 第三部：根據第一部及第二部的探討和理解，提供實務方法克服前幾章談過的一些問題。讀者讀完這部以後，或許對自己的信心不像過去那般強烈，甚至對於這個世界難以捉摸的不確定性感到不安。但是大家不必太擔心啦！我保證這樣的理解到最後反而會帶來許多幫助。

· 第四部：我們要提供一種與時下主流的各種主動或被動式的投資方法，完全不同的「第三種」投資方式，同時也要提出一套與行為缺陷和現實脈絡更為契合的財富管理架構。讀者會更深入了解各種流行投資方法的心理基礎，諸如價值投資法、動能投資法（Momentum）等，並且知道為什麼各種成功的投資方法必定都以心理學為其核心。讀完這部分的讀者，或許會想要徹底翻新整頓他們目前正在使用的投資方法，而這很可能就是各位應該要做的事。

認真思考起來的話，財富不只是財務、金融，也跟心理層面大有關係。我衷心期盼這本書能帶給各位多重而深入的理解，不但增加知識，提升投資報酬，同時也讓你的生活更有樂趣。

獻給我們的遠大目標！

丹尼爾．克羅斯比博士

PART ONE.
THE BEHAVIORAL INVESTOR

第一部 行為投資人

如果不先了解「人」，就不可能了解市場！

1 猴子與投資人的差別

「為什麼有時候，我連早餐都還沒吃，就出現六件根本不該發生的事情啊！」

——路易斯・卡羅（Lewis Carroll）

《愛麗絲夢遊奇境》（*Alice in Wonderland*）

想像一下，你坐在豪華客機的頭等艙，馬上就要開始延宕已久的夏威夷假期。為了今天順利出遊，你前一晚一直忙到深夜，如今癱在豪華座椅位上接受空服員的迎賓美酒，感受到脖子和肩膀上的緊繃僵硬漸漸舒緩。更妙的是，你身邊就坐著一個超有魅力的美女或帥哥，你們繞過機上尋常的客套與拘謹，馬上談得熱絡投契。這趟旅程一開始就讓你覺得時間過得飛快。

航行一小時後，飛機偶爾碰上亂流。這也不完全是壞事，因為你和鄰伴一起抓緊扶手時，正是兩個人的手相互碰觸的好機會。一起發出的笑聲消除了恐懼，然而隨著騷動持續，你開始擔心這可不像尋常的亂流。你環顧四周，發現空服員的臉上似乎也有類似的隱憂，他們的一舉一動，好像都帶著某種目的。時間一分一秒地過去，暴風雨似乎愈來愈強，飛機的每次顛簸起伏，都讓你覺得好想吐。剛剛氣定神閒的機長廣播，現在充滿了恐懼。當你發現機身傾斜而且晃動不止時，廣播也隨之尖叫：「抱頭彎腰！準備迎接撞擊！」

當你恢復意識的時候，發現自己距離燒焦的飛機殘骸約一百公尺，匆匆檢視四周之後，發現最糟糕的狀況：大家都死了，只有你還活著。你兩手抱頭，心裡七上八下，腦子裡穿梭跳躍過一千種畫面：「再來又會怎樣？」但很快就聽到一種不尋常的聲音打斷思慮。

那是爪子抓搔的聲音。更大的抓搔聲。砰！

你的眼睛盯著這片陌生環境，直到發現騷動聲音的來源，那是已經摔壞的籠子，上頭帶著「亞特蘭大動物園財產」的牌子。最後，籠子的主人終於現身：是一隻安哥拉疣猴（Angolan Colobus）。

編造故事的能力

在這趟不幸的航程中，你和那隻猴子是唯二的生還者。假設搜救隊花了十八個月才發現你們墜機的無人荒島，當搜救隊到達時，你認為是你還是那隻猴子會過得比較好？各位要是夠誠實的話，大概也會跟我一樣認為，假如被拋在哪個莫名其妙的地方要自力更生地活下去，那隻猴子肯定是比起你、我更有機會吧。當搜救隊到達時，他們很可能只會找到我們人類被陽光曬得雪白的遺骨，而猴子則是在荒島上快樂遊蕩，不必關在動物園被遠足的小學生指指點點訕笑嘲弄。

歷史學家哈拉瑞（Yuval Noah Harari）在他精采的TED演講「天堂裡的香蕉」（Bananas In Heaven，台譯片名《人類如何稱霸地球》）中，要求我們考慮一個更奇怪而且更不合理的狀況。[1]現在想像一下，那架飛機上有一千個人和一千隻猴子，而且他們都倖免於難，墜機後在荒島自力求生。那麼搜救隊在一年半以後找到這個荒島，結果也跟剛才一樣嗎？很可能不是。在後面這種狀況下，人類會比較有優勢，這也是我們可以建立大型社會和運作資本市場的核心能力：我們彼此能夠靈活合作。

當然也不是說能合作就會贏，哈拉瑞指出，像蜜蜂或螞蟻雖然也會合作，但只能以一種非常僵化的階級模式來進行。這位歷史學家開玩笑說，蜜蜂好像是不太可能搞政變，例如殺掉蜂后以後，大家一起建立蜜蜂共和國。蜜蜂和螞蟻雖然能夠合作來完成一些很大的事情，但牠們在認知能力上不夠靈活，因此限制了牠們在食物鏈中的提升。而猴子非常聰明，並且具備複雜的社會結構，但是牠們在從事有意義的社交互動上，對象的數目卻受到較大的限制。心理學家指出，人類能夠從事有意義社交互動的人數，大約是一百五十位；以此標準來評估我們的靈長類表兄弟，就能看出牠們有多大能耐。猴子的社交對象大約在超過一百位之後，就開始無法精確了解對方，無法對牠們的行為、性格和意圖做出準確判斷。正是因為這樣，猴子文明的規模和複雜度才大為受限。

如果說，蜜蜂的組織是因為天生的指令，黑猩猩是靠緊密的社交互動，那麼人類在動物王國中的優勢，則是源自一種根據「社會敘事」（Social Narratives）來行動的傾向。簡單地說，就是我們人類自己會編造這個世界的故事，然後把它當作是真實。哈拉瑞在其權威著作《人類大歷史》（*Sapiens*）中指出：「就目前所知，只有智人才會談論他們從沒看過、摸過或嗅聞過的東西。」[2] 猴子或許也能表達「河邊有隻馴鹿」，但牠們永遠無法傳達「河邊的那頭馴鹿就是我們城市的精神守護者」這種意思。

這種對於虛構幻想的溝通能力，不但讓我們創造出各種社會結構，也幫助彼此得以預測行為，因此培養出可靠的信任感。比方說，阿拉巴馬州、天主教會、美國憲法或是人類不可剝奪的公民權利，這些東西嚴格來說都不具實體，但我們都認為這是真有其事，都是真實，並因此採取對應行動，這樣的相互信賴讓人類可以更為有序地建設文明。這種創造集體幻想並深信不疑的能力，「正是智人統治世界，螞蟻只配吃我們的廚餘，而黑猩猩被關在動物園」的原因。[3]

如果說，人類這個物種的統治地位，來自我們對虛構事物的共同信仰，那麼這裡頭有一種虛構物更是威力驚人：金錢。哈拉瑞毫不猶豫地說道：「人類有史以來最普遍也最有效的相互信任體系，就是金錢！」[4]事實上，那張大家辛苦追逐、夢寐以求又十足煩惱的小紙片，本身根本沒價值啊。不管是貨幣還是資本市場，都是我們一起幻想出來的，它的價值來自心理而非實體。金融市場本來就是人類自己想像出來的，所以如果想要了解金融，又不先了解它們的起源，那就太傻啦。畢竟，如果不先了解人類，就不可能了解市場。

愈愚蠢的習慣愈有利社交

人的一生很少會碰上完全沒壞處的好事，比方說喜獲麟兒那一晚大家當然很興奮，但也是擔心到睡不著；碰上橫財賺大錢當然高興，但恐怕是會引來貪婪親戚的覬覦。人類的最大天賦也是如此禍福參半。那個讓大家團結在一起，從而產生股票市場的敘事能力，也會讓我們在那個市場裡頭做出糟糕的決策！《理性之謎》（*The Enigma of Reason*）的作者梅西耶（Hugo Mercier）和斯珀伯（Dan Sperber）指出：嚴格來說，人類演化出來的思維方式並不正確，但是那種維護共同信仰的穩定，卻是人類物種之所以成功的基礎。[5]

我們來比較一下動物和人類對於信念的不同處置，就能更全面地理解這個概念。我們人類會因為發現跟深刻信念背道而馳的想法，而在認知上感受到不協調的痛苦，比方說，相信「自己支持的政黨，其成員都是聰明而善良」，但發現事實並非如此。就算是碰上客觀事實，例如該政黨明明政策失敗、領導能力不足，或是政黨路線與科學現實相矛盾等種種不堪，但原先的政治信賴常常還是難以扭轉。這是因為，起初就是從那些共同信念開始，把人類團結在一起的，所以就算碰上非常明顯的矛盾，要打破這樣的聯繫也絕非易事。一個改變初衷、面對現實、承認錯誤的政黨狂熱者，必定要付出巨大的社交代價，失去許多社會關係。這種心理上的變化，就算是再合情合理，也一樣對人之所以為人帶來許多破壞。

現在，假設有一隻懷抱信念的瞪羚，牠認為：「這裡沒有獅子。」但只要聽到樹叢沙沙作響，牠馬上就會落跑，不然就會被吃掉。動物的溝通交流就像是二進位的思考：有獅子或沒獅子？跑去躲起來，或是留下來獵食？

具備複雜思考能力的人類，也具有更嚴重的自我欺騙和非理性狀況。一頭瞪羚要是像人類一樣想太多，牠發現樹叢沙沙作響還是會覺得那裡怎麼可能躲著一隻獅子呢，說不定到最後還很高興地被吃掉。欠缺客觀推理能力的瞪羚，大概活不了多久，恐怕也無法留下後代，所以這對整個瞪羚物種來說也算是好事。

但人類的情況卻不是這樣，附和集體主義和非理性的聚眾狂熱，反而可能帶來更大的創造力。因為我們最講究效忠小團體，所以那些自誇自大、貶低他者、躲避科學檢驗的人，可能從他人那兒獲得更大的權力和更多的尊重。就像梅西耶和斯珀伯所說的那樣：「從『知識分子』的角度來看，那些奇怪、愚蠢或純粹就是傻氣的思考習慣，從社交互動的角度而言卻可能是聰明伶俐。」[6]

規則的例外

在社會瀰漫著一股黨同伐異的氣氛中，股票市場卻是一個例外的存在。我們生來就想融入環境，力求適應，但投資要求你特立獨行。我們天性保護自我，但要在投資市場上成功就要能夠顛覆自我。我們天生被設定為能提問：「為什麼？」但也要學會提問：「為什麼不？」我們的城市、教堂、歷史文獻甚至是資本市場，都是來自我們對那些虛構事物的忠誠擁戴，故而人之所以為人，正是因為我們相信這些共同迷思。但是要成為偉大的投資客，你必須學會不相信那些迷思。

資本市場的那隻烏龜

已經過世的天文物理大師霍金（Stephen Hawking）在他一九八八年出版的《時間簡史》（*A Brief History of Time*）中，說了一個大家都知道的故事，可以代表我們想要探索世界的求知欲望，也反映出在求知探索中，有時候我們也樂意接受虛構的答案：

有位著名的科學家發表天文學演講，他說地球繞著太陽公轉，太陽又繞著集合許多恆星的銀河系中心公轉。講演結束的時候，後排有位小老太太站起來嚷道：「你說這些全是胡扯！這世界其實就是一隻大烏龜背著一個大盤子。」科學家露出高傲的微笑，回問說：「那麼這隻烏龜站在什麼上面呢？」老太婆答說：「你好聰明啊！年輕人，好聰明！牠就站在另一隻烏龜上頭，一隻站著一隻，一直站上去！」[7]

打從遠古時代，就不斷有科學家、教士、哲學家在尋找最根本的答案，儘管這個過程不盡完美，但時間累積得夠長，還是會帶來一些不錯的結果。就好比說，古代的鍊金術吧！我們現在都以為那是古代人貪心地想把普通金屬鍊成黃金，但鍊金術士其實就是想要找到「最底下那隻烏龜」。作家路易斯．湯瑪士（Lewis Thomas）寫道：

鍊金術從很久以前就在傳達人類最深沉也最古老的願望：希望這個世界是合理的。這背後的假設是，這地球上所有的東西，一定是某種單一、原始的物質所構成，而鍊金術士幾百年來的努力，就是想把這個最原始的物質分離出來、重新排列。要是可以把它找出來，那麼再也沒有什麼東西是人類無法理解的。[8]

說到底，參與金融活動的每個人也像鍊金術士一樣，都是在觀察市場現象、努力尋找那個根本原因。

這種對於資本市場長久真相的探索，並不僅僅是某種哲學上的求知而已。了解市場由什麼組成（或者說，是由誰組成），正是改善投資的第一步。我們人類關於原子的概念，最早是以為它像個鋼珠承軸，一種封閉而堅硬的球體。後來又以為它是不可分割、不能分解的，甚至到了開始提出更小粒子的假設時，其實整個概念還是錯的。電子最早是被認為在正電荷中飄浮，就像我們太陽系中的行星那樣。基本上，我們人類就是以為宇宙是由……呃，一種很小的宇宙組合而成。這是一種美麗的幻想，很適合人類對於秩序與對稱的需求，但完全無法藉此建構出具備描述與預測功能的模型。

就像早期對原子的研究一樣，我們對於金融市場的研究，一直因為追求數學上的完美，而忽略它在現實世界的應用性質。傳統的金融典範，都強調市場是由一群「理性」參與者所組成。這裡所謂的「理性」主要有兩個特徵：第一是，「理性」的市場參與者能夠獲得新資訊，並藉此馬上更新信念；第二是，「理性」市場參與者會做出符合主觀預期效用（Subjective Expected Utility,SEU）的決策。主觀預期效用的概念是薩維奇（L. J. Savage）在一九五四年出版的《基礎統計學》（*The Foundations of Statistics*）中所提出。[9] 根據薩維奇的說法，對於特定選擇，我們會衡量它能提供多大效用給我們，並根據它發生的可能性來進行加權。

如果我們相信新古典經濟理論那一套，以為自己真的是那麼高尚理性，當然是讓人覺得自己很不錯：我們都會謹慎挑選營養食品，照顧自己的長期健康；我們會忽略股票市場那些短線起伏波動，只著眼於長期目標和需求；我們擺脫小圈圈的褊狹，投票給那些為公眾謀求最大福利，巨細靡遺地盯緊事實的政治領袖。我當然希望人類都是這麼高尚啦，但是這種人性與市場的模型，其描述與預測功能，都跟過去把原子當作像個小行星的假設一樣沒用。而且剛好相反，我們人類其實是一群愈來愈恐慌而且愈來愈肥胖的暴徒，我們選出來的領導人其實都放大出人性中最糟糕、最邪惡的一面，絕非吸引出我們本性中的天使。

只有當我們能夠看清楚原子的本貌，才能真正駕馭它們的力量。我們能夠點亮一整個城市，甚至是完全摧毀它，純粹是因為我們捨棄優雅而追求更加精確的原子模型。同樣的，要是想要了解市場，卻不了解驅動市場的人類，那麼這樣的理解也沒什麼用。原子是物質的基本單位；細胞是生物體的基本單位；文字是語言的基本單位；人是市場的基本單位。

在下一章裡頭，我們要從生物學、神經科學和心理學深入研究人類這種動物，這些領域跟投資決策都大有關係。各位知道這些事情以後，我想你可能會驚訝、好笑甚至是不高興。但我希望各位都能深入研究這些想法，因為只有開始了解你自己，你的財富也才會開始增加。

本章重要觀念

- 人類的最大資產，是大家熱中支持一些有利於創造社會的虛構事物，也因此建立彼此的信任。
- 資本市場與金錢，可能是所有共同敘事中最受普遍關注且功能最強大的一種。
- 這種針對共同敘事的強調，表示我們的推理方式偏向於社會性質而非客觀本質。
- 人是資本市場的基本單位。
- 因此，我們對於市場的理解，必定是根據我們對人性的理解。

2 打開投資人的大腦

「我本身就是一顆大腦，華生。其他部位都是附件。」

——柯南．道爾（Arthur Conan Doyle）爵士
《藍寶石探案》（*The Adventure of the Mazarin Stone*）

生於米利都的泰利斯（Thales of Miletus）開創「自然哲學」（Natural Philosophy）流派，他跟亞里斯多德差不多同時代，被尊為古希臘七聖哲之一。據說有人請他在德爾斐（Delphi）的阿波羅神廟留下一句智慧短語，被問到人類最艱難但最重要的任務時，他回答說是：「認識你自己。」後來又有人問說人類最容易做到但最沒用的事，他說：「給別人建議。」

對投資人而言很不幸的是，後面那件事華爾街可是做了太多了，但前面的「了解自己」又太少，這有時候會帶來災難性後果。但值得各位慶幸的是，就是現在，我們在這裡，就可以改正。如果認識自己是成功投資的必要條件，那麼這個認識的起點，沒有比從我們的大腦開始更好的嘍。

大腦，是任性的糟老頭

「My Very Educated Mother Just Served Us Nine Pizzas.」（譯註：直譯意思為「我很厲害的老媽剛剛為我們送上九塊披薩。」這是英美學生背誦太陽系九大行星的字首口訣。）

「In 1492 Columbus Sailed The Ocean Blue.」（譯註：直譯意思為「一四九二年，哥倫布航向藍海。」這是方便學生記誦哥倫布事蹟的韻文開頭。）

「Thirty days hath September, April, June and November...」（譯註：直譯意思為「三十天的月份為九月、四月、六月，還有十一月……」這是給小朋友記誦常識的韻文開頭。）

這種利用字首或押韻文字來幫助記憶的方法，是很久以前由古希臘人發明的，至今還是有許多學生在運用。不管是採用開頭字母縮寫（可惜冥王星被除名啦！）、押韻或圖像記憶法，它們會長久留存就表示真的管用。所以在我們要開始討論怎樣的大腦最適合從事投資時，我希望各位也能運用這種記憶法來記住關於大腦的三個重要事實。各位可以把大腦想像成下午四點鐘在自助餐館排隊領餐的七十幾歲老人：又老、又餓、又不耐煩。

年老

說我們的大腦老，也不完全正確，因為人類在演化史上並不算是老資格的物種。但是跟它要面對的現代環境相比，我們的大腦的確是太老了。就像傑森・茲威格（Jason Zweig）在《投資進化論》（*Your Money and Your Brain*）中說的：

> 智人的發展還不到二十萬年，從那時候開始，人類大腦幾乎就沒再成長過。一九九七年古人類學家在衣索比亞發現一個十五萬四千年前的智人頭蓋骨，它的腦容

量據估計約有一千四百五十立方公分……並不小於現代人的平均腦容量。[10]

過去十五萬年來，我們的大腦幾乎停滯不前，但它們所要面對和處理的世界卻是日新月異、呈指數式地複雜化。比方說，像股票市場這種正規市場，其實只有四百年歷史。要說我們的心智「只是」沒趕上時代嘛，實在是太過輕描淡寫。

我們從現代投資人的行動中還可以看到許多演化上的殘跡，儘管造成演化的原因早已消失無蹤。在遠古時期，我們的祖先會在春夏季節多多儲備糧食，以為寒冷的秋冬所需。但奇怪的是，我們現在對於季節過渡因素，包括績效記錄、廣告或資金需求等都控制得很好，然而每到春夏季節，儲蓄和投資活動還是照樣會活絡起來。這種狀況在美國、加拿大都會出現，甚至是季節變化與北美相差六個月的澳洲也一樣。我們現在顯然不必像古代那樣儲備糧食啊，但現代的投資人照樣在春夏季節莫名其妙地展開冒險，希望到嚴酷秋冬可以過個好年。[11]

配備老舊的後果之一，是我們的大腦一次可以進行兩種任務。這個原始構造原本是為了分析風險與報酬，但現在被用來處理跟原本設計完全不一樣的工作。透過大腦掃描可知，過去用來指導原始行為（例如躲避攻擊）的情緒中心，現在也會處理有關金融風險的資訊。全世界的哺乳動物也都有類似的大腦區塊，但這是為了產生快速反應，並不是用來進行精密思考。快速而果斷的行動，很可能讓松鼠躲開貓頭鷹的攻擊，但對於投資人卻沒什麼用。事實上有大量研究顯示，投資人的行動頻率降到最低時，獲利反而最高。

大型基金公司先鋒（Vanguard）曾針對那些幾乎不動和時常買進賣出的帳戶做比較，果然發現那些幾乎不動的客戶，投資績效遠遠勝過那些常常買進賣出的帳戶。行為經濟學家梅爾·史塔曼（Meir Statman）引用瑞典的研究指出，進出最頻繁的交易員因為交易成本和挑錯進出場時機，每年虧損帳戶總額的四％，而且這種情況在世界各地幾乎都一樣。在全球十九個大型股票交易所中，買賣頻繁的投資人比買進後長抱者，其投資報酬率每年大約落後一·五個百分點。

關於大腦行動偏誤破壞性最有名的研究，也能一併看出投資行為上的性別關聯傾向。最早研究行為金融學的兩位學者，歐迪恩（Terrance Odean）和巴柏（Brad Barber）在檢視一家大型折扣股票經紀商的個人帳戶後，發現一些狀況讓他們覺得滿驚訝的。其研究發現，男性客戶的交易活動比女性多了四五％，而單身男性客戶更是比單身女性高出驚人的六七%。巴柏和歐迪恩認為，這是因為男性客戶往往太過自信，但不管它在心理上是什麼原因造成的，都使得投資報酬率偏低。因為交易太過頻繁，男性的平均報酬率每年比女性低了一．四個百分點，而單身男性的平均報酬率每年更是比單身女性低了二．三%，這要是把一生的投資時間都加總計算，其落後更是十分驚人。而我們這裡想要說明的是，不管是出於過度自信還是其他什麼原因，我們大腦偏向採取行動的演化趨勢，都對投資報酬大有妨礙。

不耐煩

為了理解大腦如何處理耐心，麥克勒爾（S.M.McClure）及其團隊讓受測者進行一連串能夠獲得立即或延遲獎勵的財務選擇，再檢測他們大腦的活動狀況。檢測結果顯示，當選擇涉及立即獎勵時，腦腹側紋狀體、中央眶額皮質和中央前額葉皮質都有活動跡象，這些部位都跟藥物上癮和衝動行為有關。立即獎勵的期望會帶來大量多巴胺，讓受測者感到難以抗拒。另一方面，延遲獎勵的選擇會刺激前額葉和頂葉皮層，這是大腦進行思考活動的部位。研究結果顯示，我們控制貪婪等短期衝動的能力很有限，或多或少都傾向於選擇立即獎勵。因為我們的大腦就是設定好要採取行動啊，這要是處於交戰狀態之下算是個好消息，但如果你是個投資人，正在為退休金而奮鬥，那可就糟糕了。[12]

飢餓

我們的大腦不僅太過老舊也太沒耐心，更糟糕的是它還是身體中最耗能、最飢餓的部位。就跟 iPhone 手機的老舊機型一樣，不但功能有限，電池續航力也很差。大腦雖然只占體重的二％到三％，但就算是處於休息狀態，也會消耗掉全身能量的二五％。[13]正因為耗能如此嚴重，所以我們的大腦總是在尋找節能模式，並不想努力工作。雖然這也算是身體自然甚至是美麗的和諧運作，但這也表示我們會常常依賴別人的想法或一些認知捷徑。在許多狀況下，都可能導致我們以極少精神能量來做出決策，雖然這樣的決策品質不算太糟，但也不會是最好。儘管這種不算太糟的決策捷徑絕大多數不會帶來損害，就好比你下班後依靠自動駕駛開車回家，不必自己注意路況，但是在做出投資決策時，這種情況還是可能造成極大損失。這個我們稍後會再詳細討論。

＊＊＊

即使是跟最先進的科技相比，我們的大腦也是一個無與倫比的奇蹟，但它卻是完全不同時空環境下的奇蹟。歷經近千年來對抗飢荒、戰爭和瘟疫之後，我們現在生活在一個愈來愈輕鬆的社會，所需要面對的戰鬥、抗爭也愈來愈轉向心理層面。在如今這樣的世代中，肥胖造成的死亡比飢餓還多；每年因為自殺而失去的性命，也比戰爭、恐怖攻擊和暴力犯罪還多。我們的大腦還在跟遠古之前早已勝利的戰爭開打，但我們必須強化它來進行一場新的戰鬥，這場戰鬥不會因為速度和行動而獲得獎勵，而是看誰更有耐心、更能保持一致才會獲勝。

一碰到錢就失常

有些人批評行為金融學，說那些在實驗室裡頭為了課程學分或糖果而出現的不理性行為，一旦面對真的金錢時就會消失無蹤啦。簡而言之，這是說只要提高賭注，我們的行為就會變得更精明。那麼，我們就來玩個遊戲，看看這個批評有沒有道理。

這個遊戲需要兩個人，一個當提議者，另一個是回應者。在兩人中間放一百元，然後由提議者來決定要怎麼分配那些錢，而回應者則是選擇「接受」或「拒絕」提議。提議者可以任憑己意來分配，但遊戲規定，只有獲得回應者的同意，這兩個人才能把那些錢分掉。假設你就是那個回應者，以下兩種分配方式請問你做何回應：

- 方案一：提議者平均分配，每人各得五十元。
- 方案二：提議者為自己保留九十九元，你只有分到一塊錢。

各位看到方案一的時候，很可能就是高興地接受了吧。你應該會覺得這樣很公平，雙方都獲利，所以會說：「同意！」各位要是碰到方案一這種公平提議，大腦的背外側前額葉皮層會受到刺激，這是與自我意識及解決複雜問題有關的部位。各位會透過分析來評估這項提議，確認這是雙贏。

不過如果是方案二呢？各位的反應要是跟我一樣，大概也都會說「絕對不行」的意思吧。想必有很多人是如此反應。《哈佛商業評論》(*Harvard Business Review*)說：「回應者會拒絕五〇％以下的分配比率，因為覺得自己受到侮辱，這時候他們寧可懲罰提議者，也不想為自己多賺一塊錢。」[14]

這兩個不同方案引發的不同反應，不是只限於回應者的行為而已，事實上大腦處理提議的部位也完全不同！不公平提議不是在前額葉皮層，而是在前腦島進行處理，這個部位是大腦情緒處理中心的一部分，和恐懼、焦慮等感覺有關。有趣的是，我們大腦的情緒部位也有消化系統更常見的梭形細胞。所以茲威格才會說：「當你的『直覺』(Gut Feeling)猜測到投資變糟的時候，你可能不只是在想像而已，你腦島上梭形細胞說不定就跟胃部的梭形細胞一樣在起反應。」（譯註：Gut即有「腸胃」之意。）

在結束遊戲之前，值得挑明的是：其實回應者應該要接受任何比例的分配方案，才是合乎理性的抉擇。因為不管怎麼分，那些錢都是多得的嘛，原本就不會有；所以只要同意提議，你的錢就會增加。但就算是知道自己應該怎麼做才對，也是很難超越我們對金錢和對公平的情緒反應，跟合不合邏輯關係不大。

典型的經濟學模型假設金錢具備間接效用（Indirect Utility），意思是說錢的好處其實就只是因為它能買到東西而已，但神經科學對它的理解卻完全不同。神經醫學的證據顯示，金錢跟那些原級增強物，例如美麗臉孔、有趣漫畫、酷炫跑車或毒品一樣，可以產生多巴胺獎勵。所以我們愛錢可說就是愛金錢本身，不是因為它能做什麼或帶來什麼。

同樣地，過去的消費模型假設大家會關心股市報酬，只是因為股市為投資人關切的事物提供融資。但這麼簡單的模型無法準確描述現實世界，因為很多投資人只注意到高額報酬，跟股市報酬會滿足什麼需求毫無關係。我們有時候也會覺得奇怪，有些人明明已經是超級有錢、錢多到不可思議的程度，但他們還是會說謊騙錢、甚至做出偷竊、侵占他人錢財等非理性的行為。我們的大腦似乎就是直接以金錢為重，而且是多多益善、永不饜足！

哈佛大學另有一項研究是檢測玩遊戲輸錢時的大腦活動，發現伏隔核（Nucleus Accumbens）有大量活動的現象，這是涉及動機、獎勵和成癮的部位。這狀況和吸食古柯鹼藥癮正發作的大腦最接近，從大腦掃描來看幾乎是一模一樣。跟那些主張提高賭注就會變精明的說法剛好相反，哈佛大學的克努森（Brian Knutson）博士說：「我們很快就發現，金錢對人的影響力是沒有其他任何因素比得上的。裸體不行，屍體也不行。它會讓人馬上興奮或激怒，對人類的作用就像食物對狗的刺激一樣。」[15]

行為金融學的反對者指稱，因為金錢對我們太重要，在我們生活中占據核心地位，所以會強化我們的理智，讓我們的判斷力變得更加迅速；可是腦部掃描卻呈現一個完全不同的故事。金錢的確很重要，重要到我們會躲避理性，忽略經濟上的最佳判斷，追求一些情緒上的滿足。簡單來說，我們一碰到錢就完全失常。

你只記得開頭與結尾

現在假設你和伴侶要到外地過一晚，所以要為孩子找個值得信賴的保母。你請一個好朋友介紹兩位可以照顧孩子的專業人士，他做出以下描述，讓你從中挑選一個：

- 保母一被描述為：聰明、勤勞、衝動、挑剔、頑固、善妒。
- 保母二被形容為：善妒、頑固、挑剔、衝動、勤勞、聰明。

所以，各位得意的爸媽們，你們會選擇哪一個呢？大家都很聰明，一定都看出這兩個保母的描述其實是一樣的。但很可能，你還是會覺得第一個保母比較好。這就是非理性的「首因效應」（Primacy Effect），面對一份清單列表或一個句子時，我們的直覺會更注意最早出現的訊息。事實證明，在溝通時或者日常生活中，我們都特別看重最早獲得的訊息，也就是接受事物最早的印象，從一開始看到時就會產生影響。我們最早學到的教訓，也會影響我們最久。

初始與新近

我等一下會請各位只花十秒鐘來記住下面一排名詞。各位計時十秒後，一定要把書合上，然後試著背出剛剛記憶的名詞，再打開書來看看自己表現如何。現在，開始！

・敵人／年度／緊張／過敏／世紀／空洞／爭議／開花／大腿骨

歡迎回來，大家表現得如何呢？

各位記得的清單，很可能是：「敵人、年度……呃，什麼、什麼……大腿骨！」只記得開頭和最後，心理學家說這種現象叫作「首因效應」和「新近效應」（Recency Effect）。

這種特別記得互動經驗的開頭和結尾，可不只是待客娛賓的花招或面對購物清單才會有的傾向，而是我們學習方式的重要層面，會對我們的投資產生重大影響。也就是說，你最早的投資經驗和最近的投資經驗，都可能對你產生特別大的影響力，從而改變你對市場的主觀印象。

要化解這些效應，就是好好去研究市場的歷史，不要只依靠自己有限的親身經驗。

為了搞清楚大腦怎麼處理買進、賣出或維持不變等決策，研究人員把受測者分為兩組，置於不同的市場條件之下，然後利用腦波圖（Electroencephalography,EEG）技術畫出大腦活動狀況。第一組剛開始是面對穩步上漲的市場，第二組則是行情波動比較大。在受測者經過一段時間的摸索和交易以後，市場條件逐漸改變，穩定上漲的市場也開始出現波動，而原本波動的市場則呈現穩定上漲。結果他們觀察到讓人著迷又驚訝的情況：在市況變化之後，受測者會利用原先獲得的經驗，在不同大腦部位處理後來的投資決策。

第一組受測者的大腦活動，從原本有序而可預測的市場經驗，努力創造規則，找尋普遍適用的市場法則。研究人員說：「這是根據預測與實際價格的差距來進行決策，也就是透過推理規則來處理。」相對地，那些一開始就面對混亂市場的人，則是在完全不同的大腦部位處理市場波動。由於波動市場不易形成一致的規則，第二組受測者學會以情境來做決策（也就是依靠直覺來做判斷），這種即興作風甚至延續到穩定市場也沒變。因為原本波動市場給他們帶來許多糟糕的受傷經驗，讓他們永遠找不出規則和最好的辦法，即使後來市況已經改變，應該找得到方法的時候，他們照樣無能為力。[16]

對生活上的許多活動而言，大腦早期留存的印記會為後來決策提供訊息，其實是相當合理。飽經戰亂蹂躪的敘利亞小朋友從小就學會隨時保持警惕，而比佛利山莊的小孩就不覺得自己會碰上什麼立即的危險。這種跟地點與安全相關的變數也許可以持續不變，但投資市場卻是瞬息萬變，我們學到的經驗很可能變成錯的。二〇〇七年底才進入市場的投資人很可能會對獲利太過低估，但一九九〇年代初期就開始投資的人則是樂觀高估。

像這種讓人覺得好笑的錯誤教訓，會在本書中一再提及。這些在日常生活各方面也許都有幫助的心理過程，在投資領域卻很不適用。

人類對於金錢永遠不會感到滿足

大部分的宗教都圍繞著唯一真神或多位神明而建立，但佛教的核心人物悉達多．喬達摩（Siddhartha Gautama）原本卻是凡人，他對人腦運作曾有敏銳觀察。悉達多出身一個小國的王族，二十九歲繼承王位。大家辛勞努力一輩子都未必會有的東西，他這麼年輕就全都有了，反而讓他意識到自己的不滿足和周遭眾人的不安。不管是年輕人或老年人、富人或窮人，似乎大家都一樣的不滿足。

佛陀（後來獲得的尊號）觀察到，生活匱乏之時我們會盼望更富足、更充裕的日子，然而等到充裕富足的時候，我們的滿足很快又變成厭膩，渴望更加刺激的強烈體驗。佛陀的偉大見解是，人的苦難往往不是來自天意降咎，更多是因為我們無法控制自己的心思，萬般煩惱都是自找的。這就是因為我們自私而不知饜足，欲念無窮無盡無止無休，這就必然帶給我們痛苦。生活在公元前五世紀的佛陀早就準確預見大腦的科學事實：我們對於金錢就是永遠不會感到滿足。

在這種令人沮喪的妄想中，獎勵在期待之時讓人非常滿足，一旦獲得卻又感到失落。因為想像中的獎勵無上限，也不會帶來任何現實上的嚴重問題（例如考慮到課稅啦、會把小孩寵壞啦……之類的），所以我們天馬行空高談闊論隨意畫大餅畫得超爽的，比方說我們都愛幻想中了大樂透以後要怎樣又怎樣。但正如茲威格所言：「等你真的拿到這筆錢，那股貪婪的戰慄已經結束。就算你確實得到自己想要的利益，現在也只是變成讓你的神經覺得無聊打哈欠的東西。賺錢的感覺很好，但也就是這樣而已；那種滿足感就是比不上錢未入袋時的期待。」[17] 這種狀況要是放任不管，我們的心理自然會形成一種不知饜足的反覆過程。我們渴望財富，等到獲得財富以後，那股長期盼望的愉悅馬上又消失。心理學家說這種跟薛西佛斯推石頭一樣，循環不已的痛苦掙扎叫作「快樂的跑步機」，這就是為什麼我們屢戰屢敗、屢敗屢戰，也要拚命追上愛炫富的鄰居不可。

「Keeping Up With The Joneses」（譯註：趕上瓊斯家，意指不落人後）是一般常見的英文片語，但光是趕上瓊斯家可能還不夠，因為我們對於成功仍是根深柢固地不知饜足，而我們的神經系統也對這個不滿足有所貢獻。蓋洛普公司（Gallup）每年進行「社區內四口之家維持生活所需最低金額」的調查，結果發現這個答案是隨著受訪者的平均收入持續增加。這麼看來，所謂的足夠，也像是個移動標靶，是我們有所缺陷的神經系統讓大家感覺不致太過難堪的安慰：我們所需要的金錢，剛好就是比現在有的再多一點點。

在已開發國家中，一般通用的是「相對富裕」和「相對貧困」的概念。已開發國家的需求當然也有合理的絕對標準，比方說，美國的小朋友還是有五分之一每天都在挨餓，但是社經階級的中上層，並不是以靜態的財富標準來衡量自己是否成功，而是跟他人做比較才能確定。事實上根據研究顯示，金錢對幸福最醒目的影響，是會發揮負面作用。超級有錢人的相對優勢只會帶來一絲幸福感，但看到資源更多更富更貴的同儕，那種不足卻是絕對的悲慘。社會上的富裕人士就那麼一小撮，而他們增加的幸福感又是如此微不足道，所以整體而言，我們把錢看作是災難的根源。

我們的大腦對於財富幸福感採取比較的方式，只能帶來短暫快樂。不過了解自己的局限，就是邁向另一選擇的第一步。事實上，雖然西方人喜愛對外炫富、傾向於互相比較，也不是所有已開發國家都是如此。瑞士就是個好例子，這個非常富裕的國家強調的是跟炫富剛好相反的哲學。美國人愛說「勇敢秀出來」，但瑞士人剛好相反，主張「偷偷藏起來」，以免引發別人的嫉妒怨恨。瑞士模式表明，我們對財富的看法只是一種應對方式罷了，並非人性本質的展現。我們並不是只會相互刺激炫富而嫉妒，也是可以互相支持，走向平衡，追求真正的幸福。

錢要多少才叫足夠？

丹尼爾・康納曼曾在普林斯頓大學帶領一項研究，希望為這個老問題：「金錢可以買到幸福嗎？」找到答案。結果有找到答案嗎？好像是有。研究人員發現，「錢賺太少」這本身不會造成問題，但的確會加深、加劇既有的憂慮。例如，在離婚的人裡頭，月收入低於一千美元者有五一%表示，自己比前一天更感悲傷或壓力沉重，而月收入超過三千美元的人只有二四%覺得更悲傷或壓力沉重。對那些正經歷逆境的人來說，擁有更多錢似乎可以提供更大的安全和資源來應付麻煩。不過研究人員也發現，當年收入達到七萬五千美元的時候，這種效果（減緩困境的影響）又完全消失了。

對於那些收入超過七萬五千美元的人而言，個別差異與幸福感的關係遠遠超過金錢。不過這項研究並未對七萬五千美元這個神奇數字做出任何具體的推論，所以我想在此做個嘗試。年收入七萬五千美元的家庭，大多數都有足夠金錢，一家人可以住在安全的房子，孩子就讀好學校，而且擁有適當的休閒生活。這些基本需求一旦滿足了，生活品質就跟用金錢收買的幸福關係不大，而是跟個人態度的差異有關。年收入七十五萬美元的人雖然可以買到比年收入七萬五千美元者更快的汽車，但是從A地點到B地點的速度其實也快不了多少。所以，一旦基本的財務需求獲得滿足，再來就是看自己的感覺。

大腦習慣追高殺低

古希臘人以為我們的行為是由兩個大腦系統控制，一個會追求快樂，一個會逃避痛苦。這個說法跟「了解自己」的告誡一樣，的確頗有意義。當我們意識到環境中的潛在獎勵時，我們的獎勵系統就會活躍起來。神經病理學家兼交易員李察・彼德森（Richard Peterson）博士解釋說：

大腦的獎勵系統，是從中腦部位延伸到邊緣系統一直到新皮層結束。在大腦獎勵系統各部位傳遞訊息的神經元主要是跟多巴胺有關……多巴胺（Dopamine）是讓大腦感受到愉悅的化學物質；若對大腦多巴胺中心施以電流刺激，據稱會帶來強烈幸福感。吸毒嗑藥也可以打開獎勵系統的多巴胺通路，所以大家才會戲稱吸毒叫Dope。[18]

他又指出，刺激獎勵系統會導致「升高冒險、升高衝動……以及更大的生理刺激」，這些對做出跟金錢有關的重大決策都不合適。恐懼則可以理解為具備相反效果，讓我們「膽怯、恐懼、尋求保護，而且厭惡風險」。

這從直覺就足以了解，但它跟投資有什麼關係呢？

事實上，你的大腦會在多頭市場冒更多的風險，碰上空頭市場又變得更為保守，這表示我們的神經系統很可能傾向於違反投資第一法則：買低、賣高。我們這副有缺陷的大腦，會在風險真的很高時，讓我們主觀地以為風險不大，霍華・馬克斯（Howard Marks）稱之為「風險曲解」（Perversity of Risk）。

雖然我們都認為空頭市場比較危險，但那些風險其實是在上漲期間累積起來，只是在空頭時期實現。當市場狀況好的時候，投資人樂於跟著哄抬風險資產，變得比較不小心謹慎，為了搭趟順風車甚至不惜代價。於是在多頭市場中風險逐漸升高，但因為大家都在賺錢，多巴胺流動充沛，所以誰也不會注意到風險正在升高。你也許在理智上會發現，但是你的大腦會竭盡所能讓你不去採取對應行動。

這跟人行道上長出花朵一樣，我們的大腦雖然很棒，但就投資而言，其實是用在不合適的地方。塑造出我們大腦的時空環境早就不在啦，而我們如果想要獲得創造和維持財富的能力，就必須從了解這個錯誤開始。動物運用大腦來觀察外在世界，只有人類才會用它來觀察內心世界。我們必須用自己的大腦來理解大腦，也就是先要了解自己。

本章重要觀念

- 你的大腦（十五萬歲）比它要航行穿越的市場（只有四百歲）老舊得多。
- 大腦只占體重的二%到三%，但是會消耗二五%的能量。
- 人類被設定為要採取行動；但市場通常獎勵耐心不動的人。
- 金錢對決策的影響，似乎只會妨礙，而非促成。
- 我們在資本市場接收到的早期經驗，通常會在大腦中留存最久。
- 財富增加帶來的快樂，其實是來自於預期感上升，這個過程叫作「享樂適應」（Hedonic Adaptation）。
- 對獎勵的期待會釋放出大量多巴胺，這會讓我們變得懶散、草率、欠缺紀律；於是成功地再次引發失敗。

3 你了解你的身體嗎？

「克己復禮為仁。一日克己復禮，天下歸仁焉。」

——孔子

「沒錢、沒閒，沒女孩逗你笑，別煩惱、要開心！擔心、皺眉，大家看了難過，所以別煩惱、要開心；別煩惱，現在就開心！」

——巴比．麥菲林（Bobby McFerrin）

巴比．麥菲林那首歌在一九八〇年代末唱遍世界各地，不但為他贏得葛萊美的年度最佳歌曲、最佳唱片和最佳男歌手獎，甚至還有這首歌的T恤呢。要是我們深入研究的話，會發現這首〈別煩惱、要開心〉（Don't Worry Be Happy）的歌詞反映出身體表現（例如皺眉）與對應情緒（例如煩惱）的直接關係。我們也都認為，煩惱就會皺眉頭，開心就會笑。

不過真的只是這麼簡單嗎？

早在一八七二年就有一位跟達爾文（Charles Darwin）不相上下的大師級思想家認為，不只是情緒會影響身體狀態，身體狀態也能影響情緒。達爾文在《人與動物的情感表達》（*The Expression of the Emotions in Man and Animals*）中寫道：「狂暴態度會讓憤怒更為強烈。」但達爾文說這不是他自己觀察到的，而是歸功於法國的大腦解剖學家格拉提奧（Louis Pierre Gratiolet）的研究，他寫說：「即使是不經意的動作和姿勢，都會產生相關情感。」所以不只是「別煩惱、要開心」，這些大師的主張是：「煩什麼惱？你先笑就會覺得開心！」

十九世紀觀察到的身體與情緒關聯，到了二十世紀運用實驗而獲得證實。羅徹斯特大學研究生詹姆斯．萊爾德（James Laird）把一些根本沒作用的電極黏在受測者的眉毛、嘴角和下巴部位，宣稱是要測量不同條件下的臉部肌肉活動。

受測者的臉上黏著那些假裝置，做出萊爾德要求的各種臉部表情，從微笑、輕顰淺蹙到眉頭深鎖，然後再讓他們看幾齣卡通影片，要求他們以一分到九分來為卡通影片好不好笑打分數。結果跟一百年前達爾文的觀察一致，那些皺眉的受測者對卡通打的分數，明顯低於那些假裝在笑的人。

史特拉克（Strack）、馬汀（Martin）和史戴普（Stepper）廣為人知的實驗更簡單：他們讓受測者在不知道表情被測量的情況下微笑或皺眉。研究人員對受測者說，他們是參與一項「心理性肌肉運動協調」的研究，幫助殘障人士利用針筆來書寫或使用電話。受測者被要求用牙齒咬住一根針筆（這是強迫微笑）或用雙唇含住（這是癟嘴皺眉）。結果也跟萊爾德研究幾乎一樣，微笑組的卡通評分平均為五．一分，而皺眉組只有四．三分。

在這些開創性研究之後，身體／動作／心靈的互動關聯被應用在許多方面，包括降低種族歧視和提升創造力。雖然後來重複這些早期實驗的結果不盡理想，但是對於身體和心靈的雙向影響而非單向，很少人對此有所爭議。人體生理方面對於投資決策的影響，尚未被研究學界充分認知，因此這對深思熟慮的投資人來說正是獨特的優勢來源。

為什麼我們投資會吃癟？

關於生理方面與投資的關係，我們再繼續觀察一個不得不接受的事實：我們生來並非是為了追求快樂，或做出很好的投資選擇，而是為了求生存和繁衍後代。你叫這些時時刻刻只想到活下去的人，變成什麼長期投資人，就好比要你拿把榔頭為牆壁刷油漆一樣。也不是不行啦，但絕對不漂亮。

求生本能的結果之一，就是厭惡虧損，這是發生壞事時的不對稱恐懼。虧損厭惡由兩顆小小的杏仁核（Amygdala）驅動，這是大腦掌管情緒的部位。從演化的角度來看，虧損厭惡極有意義，許多科學家也認為這就是智人得以超越其他物種，邁向食物鏈頂端的原因。正如麥德摩（R.McDermott）、佛勒（J.H.Fowler）和史米諾夫（O.Smirnov）二〇〇八年的研究指出：等到食物吃光才反應就來不及，這種虧損厭惡的傾向讓我們遠古的祖先懂得未雨綢繆，會預先儲存糧食，提早探索新地點來覓食。[19]雖然厭惡虧損的人在投資界被嘲笑為不夠理性，但是不厭惡虧損的遺傳特性恐怕也沒機會流傳下來，也沒機會看到冷靜派能夠占上風的一天。

事實上，規避虧損對人類的確非常重要，所以生理上已演化成這些神經特徵是由大腦的特定部位來處理。當我們預期會有財務收益時，毫無意外的是大腦腹側紋狀體的伏隔核變得活躍，因為這個部位跟正面刺激有關。但預期虧損的思考是在前腦島進行，前腦島是身體疼痛、焦慮、針對負面刺激起反應的大腦部位。也就是說，光是思考財務虧損，跟身體實際上受到傷害的感覺很可能是一樣的。

因此我們大腦面對虧損的反應會深刻地影響行為，也就毫不奇怪。史丹佛大學的布萊恩．克努森（Brian Knutson）指出，在碰上虧損之前，投資人都會以理性而自利的方式來交易。克努森在實驗中讓受測者從三種投資選擇其中一種：低風險債券和兩種風險與報酬都不確定的股票。債券很簡單，每次都有保證報酬一美元，而股票的變化就大得多，其中一支股票是有較大機率可賺十美元、較小機率會賠十美元；另一支股票則剛好相反，賠錢機會大於賺錢。

克努森觀察受測者進行投資任務時的大腦活動，注意到投資人一開始大都會進行理性交易，而決策時大腦的理性中心也最活躍。但這是在他們遭遇意料之外的虧損之前。一旦經驗過虧損以後，大腦的疼痛中心隨即被喚醒，之後的決定往往就比較不理性。虧損讓投資人趨於保守，引發他們對於穩定債券的非理性偏好，這對整場遊戲的報酬帶來破壞性影響。這真是非常奇怪的峰迴路轉，讓人類具備優勢的特質，竟然正是我們在投資領域吃癟的主要原因之一。

財務成功的秘訣：先去尿尿

透過對身體和心靈相互關係的全新理解，行為投資人必須了解生理狀態實際上是怎麼影響投資決策。由於大家一直不太理解這個概念，甚至是普遍地忽視，那麼最先注意到這點的人就可以藉此獲得優勢。要了解生理方面如何影響財務選擇，你必須先掌握身體的主要作用是維持生理平衡。

之前我們說過，你的身體有兩個主要作用：求生和繁殖。而要做到這兩件事，就要維持生理平衡。我們身體的恆定溫度是華氏九十八．六度（即攝氏三十七度）。如果體溫過低，身體會自動把血液從四肢輸送回軀幹。要是體溫太高，就會排汗以進行冷卻。

在這個過程中身體為了爭取協助，一旦偏離平衡即會讓人感到不舒服，所以你會想要加件衣服、或者是開冷氣（或者以我的情況來說，會停止運動）。正如凱莫勒（C.Camerer）、羅文斯坦（G.Loewenstein）和普雷列克（D.Prelec）的研究指出：「快樂並非人類行為的目標，更實際而言，應該說快樂是生理平衡的訊號，是一種帶來訊息的訊號。」一般來說，當生理偏離平衡狀況，趨於兩極時，我們在決策上都會變得更糟。[20]

尋常那種平安無事的溫和而正面的感覺，被認為可以幫助我們保持認知靈活、發揮創造力來解決問題，對一切都能產生正面影響。而悲傷則會消耗精神能量；若是處於生理平衡範圍內的樂觀振奮，則會帶來一種自由自在的感覺。但正如我們之前所了解到的，重要的財務決策並不是那種讓人感到普通快樂的小事；事實證明，金錢對我們太重要了，所以要做出財務決策時，生理刺激馬上變得強烈，導致我們迅速脫離平衡狀態，轉而趨向驚慌落跑。生理刺激的過度反應會降低工作記憶和認知能力，就像是感到很冷時，血液會從手腳末端流走一樣，我們一碰上金錢問題，認知處理能力也會從大腦流走。[21]

生理失衡的身體改變我們的偏好，不一定會以我們認可的方式。我們都希望自己根據理性、道德和歷經時間考驗的原則來做出決策，但研究顯示，它其實跟我們的進食比較有關係。美國聯邦法官傑羅姆．弗蘭克（Jerome Frank）曾諷刺說：「正義只是法官的早餐。」根據本．古里安大學（Ben Gurion University）的夏伊．丹吉格（Shai Danziger）研究，沒想到還真的有點道理。丹吉格的研究是針對以色列監獄在十個月內舉行的一千一百一十二次假釋委員會聽證結果進行分析。[22]

研究發現，法官們剛吃完早餐時，有六十五%的囚犯會獲得假釋。但之後假釋率就開始下降，而在午餐前降到最低；吃完午餐以後，某些法理學上的奇蹟又出現啦！法官們開始心慈手軟、寬宏大量，但假釋率會再次逐漸降低，直到……你說對了，吃完下午茶點心以後才會再上升。

丹吉格的研究結果實在是讓人震驚又沮喪。這些假釋判決跟整個社會的人命和福祉都大有關係，應該是運用法學專業冷靜地做出判斷，而不是受到渴望士力架（Snickers）巧克力棒的影響。雖然目前對於投資決策還沒有類似的研究，但餓肚子這種小事會對決策結果產生重大影響，好像也不是沒道理。華倫．巴菲特每天消耗八百卡路里的可口可樂，說不定就是他的成功秘訣呢！

另一項研究顯示，飢餓的人不但渴望食物，還渴望金錢，而且更貪婪。相關研究指出，斷食的人比吃飽的人更願意接受風險較高的金錢賭注。達納．史密斯

（Dana Smith）的研究報告說，這種趨勢並非人類所獨有：「這個發現也獲得動物文獻的支持，吃飽的動物會比較厭惡風險，而飢餓時就會去冒險。這大概就是演化選擇的特徵，在飢餓狀態下促使探索和冒險，才有可能找到新的食物來源。」

如此看來，生理上某些部分的失調，會以可預測的方式來影響看似無關的財務決策。如果身體的飢餓可以概括為財務需求，內臟調節說不定也可以。荷蘭的研究人員用一種很不尋常的方式進行這項調查。

梅爾珍．圖克（Mirjam Tuk）帶領的研究人員把受測者分成兩組：第一組都喝了七百毫升的水，第二組只喝五十毫升。然後要求受測者進行一項任務，在即刻獲得小額獎勵和等待長時間以獲得更大獎勵之間做出選擇。令人震驚的是（至少對我來說！）那些喝很多水、說尿意很急的人，比那些喝水不多、尿意不急的人更常選擇等待以獲得更多獎勵。圖克及其團隊提出的解釋雖然令人驚訝，卻也跟前述的飢餓溢出效應不謀而合。研究報告說這叫作「抑制的溢出效應」（Inhibitory Spillover），受測者不去上廁所的身體抑制，連帶也讓他們更有耐性等待更大的財務回報。[23] 各位現在可以暫時放下這本書囉，財務成功的秘訣也是需要尿尿的。

決策時碰到的生理障礙根本沒人曉得，最危險的是它們都偷偷地來。各位要是問以色列法官怎麼做判決，他一定會說自己是根據一大堆卷宗資料，而不是他的胃。我們都以為自己擁有自由意志、會對自己的行為負起個人責任，不認為身體因素會決定我們的行為，但其實這些影響對任何投資人來說都是不利的。不過我們也必須問一下，要是我們知道自己的行為會受到影響，那麼我們是否能夠控制或駕馭自己身體對於風險和不確定因素的反應呢？我們是否能夠透過練習，讓生理更常維持平衡呢？

經濟學家羅聞全（Andrew Lo）曾找來各種年資的交易員，檢查他們的自主神經系統（Autonomic Nervous System,ANS）反應，包括呼吸、皮膚溫度、臉部表情和血容量。正如我們所預料的那樣，羅聞全發現，經驗豐富的交易員對市場波動的ANS反應，會比剛剛入市的菜鳥少得多。經驗豐富的交易員可以更好地維持生理平衡，這對認知會有更多好處，但還是會顯示出「顯著的生理反應」。金錢就是讓人很有感嘛！[24]

我們剛才看到的那些飢餓的以色列法官，平均擁有二十二年的專業資歷，而那段期間他們的判決占以色列所有假釋判決的四成。這些人雖然都是經驗豐富的專業人士，但他們的客觀性還是會因為飢餓與否受到影響。我每次看到極限運動員表演危險動作，比如說騎摩托車後空翻，我都會想：「不知道要摔斷多少骨頭才能達到這種專業程度？」市場變化帶來的極端生理反應，擁有足夠經驗的投資人是能夠緩和它的影響，但永遠無法完全擺脫。不過在那個過程中，要付出多大代價？

壓力影響投資決策

要是請各位以壓力做自由聯想，你們會想到什麼呢？可能會想到某些精神上的痛苦：工作上的疑慮、為自己愛的人感到擔心，或是財務上的不安。口語上最常見的定義是「對某事無法感知到控制」，這似乎也是在精神上。然而我們強調壓力是某種精神狀態，其實是忽略它對身體產生的真實影響，也忽略了一些實際上能夠管理的方式。

現在這個時代，日常生活可說是處處都能感受到壓力，然而不過就是一百年前，大家還覺得「心理壓力」這個概念很奇怪呢。我們現在說的壓力（Stress）是一九三〇年代內分泌學家漢斯．塞利（Hans Selye）創造出來的，當時他是用老鼠做實驗，偶然地使用這個名詞。

塞利在實驗中給小老鼠注射荷爾蒙，但他認為在這個過程——被關在籠子裡、被綁住、被注射、被翻來覆去的折騰——對小老鼠的影響可能比針筒裡的荷爾蒙還大。所以塞利就從工程學借用這個術語，來描述這種會在老鼠身上產生痛苦徵狀的精神狀態；但這個想法在當時遭到學界的強烈質疑。但是那個在塞利年代可能令人覺得好笑的概念，現在可是要命的嚴重：壓力真的會讓人很有感。

壓力跟肥胖、高血壓、勃起功能障礙、不孕、失眠和心血管疾病都有關係。據估計有二五%的求診都跟壓力相關，最終是轉診給心理學家而不是外科醫生。當考慮到壓力時，身心之間的關係是再明顯不過了，而且也沒有任何其他因素會像金錢那樣刺激出強烈的壓力反應。

投資人想要管理壓力以改善投資成果，必須先了解這是非常確實的生理現象。過去曾經當過交易員的神經科學專家、對於投資壓力專精研究的約翰．柯慈（John Coates）在《紐約時報》（*The New York Times*）指出：「大多數人都以為壓力主要是心理現象，是因為發生一些令人討厭的事情而感到不安的狀態。但是你如果想要了解壓力，就必須先打消這種看法。壓力反應主要都是在身體上，都是身體在為即將採取的行動做準備。」[25]

心臟狂跳、瞳孔放大、體內充滿皮質醇和腎上腺素，這一切都是為你採取行動而做準備——就是現在！但要是可怕的刺激物其實絕不可能出現在面前，或者是會連續五百天才結束（空頭市場的平均長度），那麼我們身體這樣的反應既不符合真實情況的需求，甚至是確確實實地有礙健康。

在短時間內的適當劑量下，壓力可以救我們一命。壓力和投資績效的關係，即下圖所示的「倒U字」模型。

根據「倒U字」模型顯示，壓力太小的話，你永遠只會軟癱在沙發上起不來，但要是壓力太大，你可能會喘不過氣。在適度的狀況下，由壓力感產生的皮

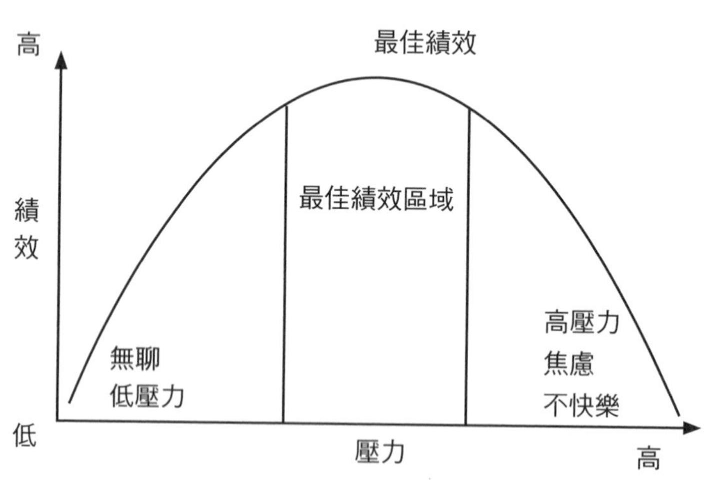

質醇會是神奇靈藥，可以提升我們的生理反應、強化記憶、促進學習、增強感官刺激、提升活動力。但是要是壓力持續太久，例如像大多數空頭市場那麼久，那麼效果就剛好相反：我們的行為靈活度會降低、免疫系統受損、注意力減弱、出現憂鬱症狀、無助感會取代自我效能感。

針對過去其他研究的啟示，約翰・柯茲開始直接進行探查：壓力荷爾蒙與冒險之間的關係。柯茲的第一項研究是在市場波動期間建立皮質醇分泌的基線效應。這個前所未有的研究發現，交易員的皮質醇水準在短短八天內就大增六八％！在後續研究中，他複製了皮質醇水準對交易員的藥理影響，然後衡量他們進行賭博任務的風險偏好。這個發表在《美國國家科學院院刊》（*Proceedings of the National Academy of Sciences*）的研究報告指出，因為皮質醇水準升高，受測者對風險的偏好降低了四四％。[26]

「風險承受」過去都被認定為是一種精神概念，但柯茲的研究結果改變傳統看法，描繪出身體與精神之間更為生動的相互作用。正如他在《風險生物學》（*The Biology of Risk*）中所言：「經濟學和金融模型大都認為風險偏好是穩定的特徵，就像你的身高一樣。但是我們的研究發現，這種假設只是誤導。人類的風險偏好天生就是不斷變化，這是我們應對壓力和挑戰不可或缺的一部分。」

我們再次發現，原本以為是內心自我意志的決策和想法，其實是可以被外部因素大幅度地操縱。而正確的金融冒險，也不是純粹依靠意志力和推理的智力謎題。

對虧損的恐懼永遠不會消失

從一九〇〇年到二〇一三年，美國股市總共經歷一百二十三次「修正」（跌幅一〇%或更高），平均起來每年超過一次！至於跌幅更大的空頭市場，發生頻率是要少一點，平均每三年半發生一次。

像那種一〇%到二〇%跌幅的下挫，媒體說得好像世界末日一樣，其實只是像春天會開花一樣的定期把戲，而且也不曾改變長期持有讓人賺大錢的趨勢。在這一百多年的時間裡頭，年度投資績效既可期待兩位數的報酬率，也曾出現兩位數的虧損，可真是讓人難以置信。要在這等莫大痛苦之中尋求巨大報酬，投資人必須特別注意自己對於虧損的恐懼，我們不完美的生物特性讓這個任務變得非常困難。雖然我們不希望自己會這樣，但我們的身體似乎特別擅長緊緊抓住恐懼不放，然後在最不恰當的時候失控。

另一個可稱典範的實驗也證實了這點。神經科學家勒杜（J.LeDoux）在一九九六年透過電擊及聲音刺激，讓老鼠制約恐懼。到最後老鼠只要聽到聲音就開始害怕，想必巴夫洛夫（Ivan Petrovich Pavlov）對這個結果也會很滿意吧。等到老鼠完全受到恐懼制約以後，研究人員又開始只提供聲音刺激，但不再伴隨電擊，來消除老鼠的恐懼。恐懼果然逐漸減弱，到最後老鼠聽到聲音也不再有恐懼反應。我們可能以為，恐懼完全消失了吧，但事實卻是更加離奇。

研究人員接著切斷老鼠大腦皮層與杏仁核之間的神經連接（這些人肯定是非常討厭老鼠才辦得到），然後再播放那個聲音，這時候老鼠又嚇壞了。所以，恐懼根本沒有消失！更確切地說，恐懼只是被腦皮層壓制，但還是隱藏在杏仁核裡頭，在痛苦的刺激下重新出現。勒杜的研究顯示，我們的身體一向熱中於保存，也真的會抓住糟糕的經驗不放，在類似壞消息重新出現時，又把它們帶回表層。

管理壓力的四個步驟

蜜雪兒・麥唐納（Michele McDonald）開發的「RAIN 模式」模式雖然很簡單，卻是處理緊急壓力很有用的方法。各位下次要是感受到壓力，不妨試試：

一、辨識（Recognition）：謹慎觀察，明辨自己身心兩方面發生什麼狀況。例如：「我覺得自己心臟狂跳，腦子轉個不停。」

二、接受（Acceptance）：承認和接受上述的觀察。你不必喜愛這些狀況，但一味排斥只會更嚴重。

三、探查（Investigation）：檢查自己當下的想法，問自己正在想什麼。

四、超脫（Non-identification）：你現在已經辨識、接受並且探查自己的壓力，知道自己不是完全只有情緒而已。你感受到這些情緒，但不必被它們左右、制約。

本章重要觀念

- 身體狀況會影響情緒，正如情緒會影響身體狀況。
- 虧損厭惡幫助我們祖先活下來，卻讓我們無法成為成功的投資人。
- 身體渴求平衡，但想到錢就會干擾生理平衡。
- 壓力既是生理現象，也是精神現象。
- 承擔財務風險會導致真正的生理痛苦。
- 恐懼不會消失，身體會儲存恐懼以備不時之需。
- 股市的壞消息，比你過生日還頻繁。

PART TWO.
INVESTOR PSYCHOLOGY

第二部
投資人心理學

如果你不了解自己，華爾街就是發現自己的好地方，只是代價很高。

「如果你不了解自己，華爾街就是發現自己的好地方，只是代價很高。」

——亞當．斯密（Adam Smith）

《金錢遊戲》（*The Money Game*）

我小時候很喜歡看吉卜林（Rudyard Kipling）的《原來如此故事集》（*Just So Stories*），這些故事原本是他對女兒說的床邊故事，因為女兒想知道很多事物為何「原來如此」（這是她常常掛在嘴上的話）。書中的每個故事都對生物演化奇思幻想一番，描述各種動物最特別的特徵是怎麼來的。

在〈鯨魚的喉嚨怎麼來的〉（How the Whale Got His Throat）那一篇，我們看到被鯨魚吞掉的水手為了防止別人跟他一樣再遭遇不幸，所以在鯨魚的喉嚨綁了一排木筏，結果鯨魚現在只能吃浮游生物。從〈駱駝的駝峰怎麼來的〉（How the Camel Got His Hump）裡頭，我們才曉得駱駝的駝峰是因為牠偷懶，才被一個駝背精靈下詛咒，要做更多苦工才能休息。每個故事裡頭的動物都會碰上一些艱難狀況，但最後卻獲得一種演化適應上的獨特特徵。跟這些故事一樣，這些「原來如此」的動物都非常獨特。

認為自然世界是在幫助我們，當然是比較舒心，但遺憾的是，在財務決策方面並非如此。各位從前面幾章也已經知道，我們的身體和大腦雖然能以超高效率完成許多事情，但投資剛好不是其中之一。事實上要是有什麼半人半神、邪惡精靈或者意圖報復的水手想要設計出最爛、最糟糕的投資人，就是設計成現在這樣。要是說到投資的話，我們可是並非天生如此！

我們設計上的天生缺陷，自然導致某些行為上的怪癖，而我們創造出來的任何穩健的投資理念，基本要素裡頭也都包含那些怪癖。雖然優秀的後衛可以贏得冠軍，但四分衛才能獲得女孩的芳心；就像是風險管理可以帶動績效，但是高額報酬才能引起注意。所以，在我們討論如何成為投資高手之前，其實是要先回答這個不太性感、但非常重要的問題：要怎樣才不會成為投資低手？說得含蓄一點，就是要先學會管理風險。

各位如果接受這個事實，然後翻開風險管理的教科書，大概

會讀到說投資風險主要分成兩種：系統性和非系統性。

系統性風險也稱為「市場風險」，這純粹是來自大盤的波動，並不是什麼特定產業因素造成投資人虧損。非系統性風險也稱為「業務風險」，這是指個別證券因為產業因素而下跌的可能。但各位的教科書大概會完全忽略第三種風險：「行為風險」。其實這個才是最重要的風險。

要先把「行為風險」全部找出來，才談得上成功管理這些風險。不然，一個看不見的怪物，我們怎麼可能打敗它呢？我們找到的「行為風險」，大都來自投資人不當行為的研究。丹尼爾．康納曼在《橡皮擦計畫》（*The Undoing Project*）裡頭說道：「我們要怎麼理解記憶呢？不是去研究記憶，而是要研究遺忘。」理查．塞勒（Richard Thaler）在行為經濟學領域的原創神作《不當行為》（*Misbehaving*）中談到，當時認為設定紀律應該是既簡單又有效。但他對有效市場的種種假設非常懷疑，所以召集研究團隊一起動腦，找出現實生活中跟理論上的「經濟人」（Econs，永遠追求效用最佳化、理性做出財務決策的虛構人物）各種不同之處。塞勒只是利用一個簡單的思考實驗，就找出許多異常行為，而且從此衍生出許多研究計畫，擴大探索、深入理解我們這些凡夫俗子如何進行財務決策。

雖然發現和記錄這些異常行為是重要的第一步，但接下來缺乏更具組織的研究和觀點，對投資人也很欠缺實用性。現在儘管已經找到許多我們不完美的例證，可惜實務上後續的處理卻很少。正如研究所指出，沒有具體解決辦法的壞消息，事實上只會讓問題更加嚴重！

受到簡單又精確的塞勒研究所啟發，我也開始動腦找尋各種可能妨礙財務決策的異常行為，總共找到超過一百一十七種偏誤和認知錯誤，這些都是認真的投資人做出最佳決策的阻礙！為了讓這份清單對投資人更有用，我在各種錯誤模式中找到一些共同的心理基礎，據此進行分類。我一開始並沒想過這會顯示什麼訊息，但最後出現了以下四種表現一致的行為風險：

一、自我意識。
二、保守傾向。
三、關注方向。
四、情感傾向。

各種行為風險的核心，都帶有以上四個風險因素中的一個或多個。這個分類也是本書獨創，是投資人了解行為、進而管理投資的重要起點。

接下來幾章，我們會依序討論這四種行為要素。

你知道嗎？

羅聞全、雷彬（D.V.Repin）和史汀巴格（Brett Steenbarger）的研究指出，並沒有所謂「最好」的交易員人格類型。成功投資人通常被形容為性急、粗魯、外向、愛冒險；他們會在金融市場獲得成功，更多是在於掌握行為風險的四個方面，而不是符合特定的投資人模式。

4 活著，就一定會「膨風」

「你還沒那麼偉大，不必太謙虛！」

——梅爾夫人（Golda Meir）

「貴子弟的智力在一般平均範圍之內。」

我每次說到這句話，都會因為對方可能吐槽而緊張。我以前是心理系的研究生，常常被找去評估小學生的智商，而且很快就發現沒有哪個當爸媽的愛聽「一般」或「平均」。「天資聰穎」本身就是個獎勵，「學習障礙」會讓爸媽想方設法進行協助，可是「一般」呢？「平均」呢？都沒有人想要。自從一九六九年出版《自尊心理學》（*The Psychology of Self-Esteem*）[27] 以來，拿撒尼爾・布蘭登

（Nathaniel Branden）就認為自尊是個人福祉最重要的一面，自尊運動也始終是最深遠的影響之一。美國一向是最愛充實自我意識的國家。打從一九七〇年代和八〇年代起，任何妨礙自我價值感的限制都陸續被排除。表揚好學生的金色星星滿天飛，代表糾謬改正的紅筆被束之高閣。第一名不重要，參加就有獎。在這種新環境中，大家都是勝利者、每個人都最特別。

這個立意甚佳的自尊運動獲得廣泛支持，學術界也隨後進行研究。在進入二十一世紀之前的三十年內，總共有一萬五千多篇討論自尊的論文，你想得到的各種主題幾乎都有人寫了吧。然而，有許多研究的結果常常讓人困惑或不能確定。為了搞清楚這些論文的成果，心理科學協會邀請一向支持自尊理論的羅伊．鮑梅斯特（Roy Baumeister）博士對這一主題的資料進行統計整合分析；結果鮑梅斯特博士後來說這是他「職業生涯上最大的失望」。

在一萬五千個研究中，只有〇．〇一三％（也就是只有兩百個）的研究符合嚴格標準可以納入整合分析。首先，是許多影響政策的自尊理論，顯然只是出於種種目的而絕非科學的垃圾。更糟糕的是，那些符合標準的研究對於整個學門也沒有提升多少預測能力。自尊理論不能預測學習成績、專業成就，也不能預測藥物濫用或暴力行為。從自尊運動中獲得的最大發現是，給予讚美也不保證提升自尊，當然也未必能夠達成什麼成就。如果對方不是努力來贏得讚美，光是說他們有多特殊也沒用。我們對於自己是否贏得讚美，心中自有一種準確的感覺。只是被人拍拍肩膀鼓勵一下，不會讓你的自尊提升多少。[28]

在自我恭維的狂熱中，沒問出口的是：「有必要做到這種程度嗎？」就算正面的自我價值感很重要（而且表面上看不出來），也找不出什麼跡象顯示大多數人欠缺自我價值感。事實上，大多數人可能是自信太多，而非太少。我們之前已經說過，因為大腦太飢餓、太耗能，身體為了節能減碳，只會做出「還算可以」的決策。在許多情況下，提升決策品質的成本會超過收益，所以我們用一種非常特殊的方式來簡化抉擇：利用「自我和諧滿足」（Egosyntonic Satisficing）。

在這個充滿荒謬字句的世界，這想必也是最荒謬的一種，不過用來作為社交談資還滿唬人的，所以讓我解釋一下吧。所謂的「自我和諧」，就是跟理想的自我形象一致，相信這是最好的自我。滿足，是指在所有的選項中挑選一個「還算可以」的，而不是追求卓越。所以，「自我和諧滿足」就是輕鬆做決策的過程，讓你自以為是個善良的好人，通常還會覺得自己是在一般平均水準以上。很多的人類行為，包括政治、宗教、金融等方面，都可以透過以下事實來解釋：我們都以為自己最棒，又不想付出努力去實踐。

關於這一點，證據可就多了。以數學能力來說，美國高中生在全球剛好只是在中等水準，但要是被問到對自己的能力有沒有信心，那可就真的是領先全球啦。詹姆斯．蒙蒂爾（James Montier）的研究報告說，九五%以上的人都以為自己的幽默感高於平均水準。在畢德士（T.Peters）和華特曼（R.H.Waterman）的《追求卓越》（*In Search of Excellence*）書中，接受訪查的男性百分之百認為自己在人際互動上優於一般水準；九四%的男性覺得自己在運動方面優於眾人。

我們愛自己是不必有什麼正當理由的，但這個事實對投資決策卻是非常危險。為了保持這樣的自溺自愛，又要保存珍貴的認知處理能力，我們會採取三個步驟：先尋找支持證據、相信並且慶幸自己站對邊，然後針對反對者強烈反彈。

立身處世的格言

「在人類理性思考方面，如果要找出特別值得注意的問題，確認偏誤（Confirmation Bias）必定是列為考慮的候選之一。這個偏誤其實已經有很多人寫過，但這個問題實在是太普遍也太厲害，所以反而讓很多人懷疑是否真的有這種偏誤，也在個人、團體甚至國家之間引發種種紛爭和誤解。」

——雷蒙．尼克森（Raymond S. Nickerson）

「要小心，大家都只喜歡聽到那些原本就知道的事情。記住這一點。你要是跟他們說一些新事物，他們會不高興。新事物……哎呀，他們並不期待什麼新事物。他們想知道的是，比方說，狗會咬人。狗本來就會咬人嘛；但要是人咬狗，他們就不想知道。因為這世界不該是這樣子啊。總而言之啊，大家都以為自己愛聽新聞，其實他們只想聽舊聞……不要新聞，要舊聞，只要告訴大家原本都知道、以為是真實的事情，那就夠啦。」

——維提納利大人（Lord Vetinari），摘自泰瑞．普萊契（Terry Pratchett）所著「碟形世界系列」（Discworld）小說《真相》（*The Truth*）

人人都愛舒適圈

「我的思考和理解是，我們在接納某個意見以後（不管是從外附加或本身令人欣然接受），就會開始找來其他事證加以附和及支持。」

——法蘭西斯．培根（Francis Bacon）

人的本性就是會想要去證實現有信念，而不會去懷疑它。我們都以為：「我應該是對的。」而不是：「我可能錯了嗎？」

替先入為主的信念找尋配合資訊的傾向，是我們維護自我的重要部分，而心理學研究就把這個狀況稱為「確認偏誤」。這個問題雖是到了晚近才有科學研究和正名，但其實在歷史上早就有人注意到這一點。古希臘史學家修昔底德（Thucydides）就曾寫道：「對於自己想要的，粗心大意地抱持盼望，對自己不喜歡的就用理智加以排斥，這正是人類的惡習。」

在《神曲》（*The Divine Comedy*）中，聖托馬斯．阿奎那（St. Thomas Aquinas）在天堂規勸但丁（Dante）說：「輕率之見經常傾向錯誤的一邊，固執己見更是約束限制自己的心靈。」著名小說家托爾斯泰（Leo Tolstoy）在《托爾斯泰藝術論》（*What is Art?*）中也說過人的這種傾向：

我知道大多數人，不只是那些受到尊敬的聰明人，甚至是絕頂聰明者，他們能夠理解最困難的科學、數學或哲學問題，但要是被迫承認自己的結論錯誤，就會連最簡單、最明顯的事實都難以分辨。那些他們引以為傲的結論，是他們傳授給他人、在其上建立生活的看法，也就難以自己承認錯誤。

美國前副總統迪克．錢尼（Dick Cheney）曾下令說，他的辦公室裡頭只准播放福斯新聞台，就是親身示範這種傾向。他希望自己身邊能少點批評意見，但這個作法反而招來民主黨對手和其他自由派媒體的大肆批評。雖然要批評錢尼副總統的確是不難（他後來打獵還誤傷友人），但我們其實也都一樣愛待在同溫層，是非對錯不重要，讓自己覺得舒服最重要。俄亥俄大學在二〇〇九年的研究指出，對於與自己觀點一致的文章，我們的閱讀時間會增加三六%。二〇一六年美國總統大選的選民，不管是支持川普或希拉蕊，大都宣稱他們的朋友絕對不會支持他們最討厭的對手。

令人遺憾的是，對於誠實地追求真相來說，要躲避那些跟你不一致的資訊可是愈來愈容易。在這種新聞台遍天下、專家名嘴滿街走的時代，反而變成是真相在爭求閱聽大眾，而不是大眾在探求真相。不喜歡自己看到、聽到的消息嗎？換一台就好！一定可以找到口味適合的媒體。

一般而言，我們都會跟擁有共同文化、宗教、政治觀點或意識形態的人在一起。這些跟自己看法一致的人，會更加強化我們擁護自己的觀點。因為面對衝突容易造成情感波動，所以把自己浸泡在意識形態的同溫層，顯然就是比面對異質異見更加容易。要是我們只跟看法、行動和思考都跟我們一致的人待在一起，當然就能「成功地」躲開許多艱難的內部衝突。

不斷證明自己很厲害的渴望

我們對於自我意識的保護，不只是在各種錯誤的地方尋找真相，而且還會在心中引發激烈反應來加強既有信念，這在研究文獻中稱之為「選擇支持偏誤」

（Choice Supportive Bias）。為了說明這個狀況，我們先做個練習。

現在假設各位都同意參加我正要進行的研究。我會帶領各位進入一個房間，向你展示六件藝術品。請你為這六幅畫作排名次，第一名是你最喜歡，然後依序而下到第六。最後我說，各位今天都可以選一幅畫帶回去。

等到你完成排名以後，我告訴你可以選一幅畫帶回去。各位當然會選第一名那一幅，因為那是你最喜歡的畫呀。所以我又回到原先那個房間，準備去拿那幅畫。不過我很快就愁眉苦臉地回來，抱歉地說你排名第一、二、五、六名的畫作都被挑走了，只剩下排名第三和第四的。各位還是可以從第三或第四名的畫作挑選一幅帶走。各位想必會選第三名吧，畢竟你還是比較喜愛這幅畫。

現在想像一下，我給各位兩個星期的時間，再請你回到我的辦公室，按照你的喜好為同樣那六幅畫排名次。你認為狀況會是怎樣？你的偏好會跟以前一樣保持不變，還是會改變呢？有什麼因素會導致排名改變或不變嗎？

參加這個實驗（通常稱為「自由選擇範型」Free Choice Paradigm）的人再度回來以後，大都會改變偏好。通常是，之前排名第三的畫作會變得更高，而排名第四，那幅沒被選中的畫作，評價會變得更不好。為什麼在這麼短的時間內，會出現這麼大的變化呢？這兩幅畫原本都只是排名中等，既不是受測者最喜歡、也不是最不喜歡的畫作。那麼它們現在為什麼會各自靠向兩極呢？答案就在於我們會維護自我意識，要認定自己最厲害、是根據理性標準做出選擇，是個有能力的決策者。

哈佛大學教授兼「幸福感」研究專家丹．吉伯特（Dan Gilbert）博士如此描述受測者的思維過程：「我得到的那個，真的比我想像的還要好。另外那個我沒選的，就真的爛透啦。」[29]這裡頭的精華是：我們一旦做出決定，馬上就開始為自己找理由，強調自己是正確的。我們會對自己說，更喜歡那幅畫的明暗表現啦、質感啦，或者是那幅畫填補原本空蕩的客廳，更添風采、韻味之類的。不管我們找出的是什麼理由，大方向都是不變的，我們不是在尋找真理，而是在尋求安慰。我們會安於自己的選擇，同時也會開始攻擊我們沒有選擇的道路。在我們用力穩固自己承諾的時候，也一樣用力摧毀沒有挑中的選項。各位只要問一下那些被分手的男女，他們對於過去的伴侶必定是「不管怎樣我都不喜歡了」。

更讓人難以置信的是，我們內心深處的選擇支持偏誤是如此強大，那些短期記憶缺陷的人也一樣無法倖免。吉伯特團隊曾找來一群「階段前記憶缺失」（Anterograde Amnesia）的患者來做自由選擇範型的實驗，這些住院病患都無法形成新記憶。跟腦神經正常的受測者一樣，這些失憶症患者也依照要求，為六幅畫作進行排名，最後可以選擇保留第三名或第四名畫作。選好畫作之後，研究人員就說幾天後會把畫作寄來，然後離開那個房間。[30]

但三十分鐘以後吉伯特團隊又回來，再次向那些失憶患者做自我介紹，但那些人並不記得見過這個團隊，或參加過實驗。為了確認失憶患者的確無法形成記憶，研究人員會要求他們指出之前選中哪一幅畫，大家的表現果然就跟隨便亂猜一樣。然後受測患者又再次進行畫作排名，結果就讓人驚訝了。跟腦神經功能正常的人一樣，失憶症患者的新排名，也會把之前選中的畫作調高，並且貶低原先沒選中的畫作，儘管他們根本不記得自己曾經做過這樣的選擇。我們那種維護自我意識、肯定自己很厲害的需求，竟然深深地埋在心底，連認知能力障礙都無法影響這種需求。

你理性，因為這事與你無關

美國二〇〇四年的總統大選，是小布希總統尋求連任，和民主黨候選人凱瑞(John Kerry)捉對廝殺。當時也為大腦專家提供機會，研究信念為何如此固執。研究人員先召集一批對特定候選人有明確偏好的選民，然後給他們閱讀一份似乎出現矛盾的聲明，這可能是來自小布希總統、凱瑞參議員或政治立場中立的第三方公眾人物。受測者還會得到更多資訊，讓前述矛盾聲明看起來似乎更合理。然後研究團隊會詢問他們，會不會覺得發表聲明的候選人其實已經做出前後不一致的陳述。

在思考和評判過程中，科學家透過核磁共振（Magnetic Resonance Imaging,MRI）監看受測者，觀察他們的大腦活動。當受測者評估看似矛盾的聲明，來自不支持的候選人時，他們大腦中的情緒中心可以保持平靜，所以他們能夠冷靜、理性地評判這些聲明。但若聲明來自偏好的候選人，他們大腦的情緒中心就會變得非常活躍。彙整實驗結果，就會發現因評判對象不同而出現明顯差異。

不支持的候選人說了什麼矛盾話，受測者可以馬上指出；但若是自己支持的人，就很不可能承認他說錯話。簡單地說，要是他們支持的候選人說錯話，選民的情緒馬上淹沒理智，但要是對手敢說些五四三的，他們又都能理性指出錯誤。也就是說，對於跟我們看法不相干的事物，我們都可以保持中立理性客觀；但要是跟我們看法一樣的，情緒馬上會影響到我們的判斷，這正是我們維護自我意識「正確性」的一部分。

跟我們討論的各種行為怪癖一樣，對於信念自矜自誇的錯亂也是有其原因。理論指出，這是一種規避後悔、不留遺憾的作法，讓不幸感降至最低、幸福感升至最高，同時不必浪費認知處理能力，保留給更重要的任務。要是我們一直在懷疑自己是不是錯了，這會多累人又多沮喪啊？但有趣的是，如果只是偶然或隨機的選擇，我們並不會受到選擇支持偏誤的影響。只有在我們的個人選擇和信念受到挑戰時，自我意識才會奮起防衛。

逆火效應

「我認為失敗者就是，犯錯以後不反省、學不會教訓，只會感到羞愧難堪，只想自我防衛而不會把握新訊息，只想解釋為何犯錯而不思進取。」

——納西姆．塔雷伯（Nassim Taleb）

「紙製品還是塑膠製品？」

這個問題，你大概被問過一千次，但可能沒有深入思考過。那麼我現在再問一次：「你覺得哪一種有助於環保？」各位在購物時，會選用紙袋還是塑膠袋？各位要是跟我一樣，大概都會選紙袋，以為這樣對大自然比較友善吧。各位如果是這麼想的話，也不妨參考一下網站「你沒那麼聰明」（You Are Not So Smart; YANSS）提供的幾則事實：

- 製作一個紙袋的耗水量，是製作塑膠袋的三倍。
- 紙袋重複使用率只有二四％，塑膠袋重複使用率高達六七％。
- 造紙所產生的空氣汙染比生產塑膠原料多七〇％。
- 回收一磅的紙所消耗的能源，比回收一磅塑膠多九一％。

很驚訝，對吧？看到這些新資訊，你下次去百貨商場買東西，會有不一樣的決定嗎？如果你以前是選用紙袋，現在也許會再想一想。或許紙袋和塑膠袋的問題，你本來就沒有太大感覺，所以你很容易就根據這些新資訊來調整自己的想法。那麼接下來，我們來試一下會引發更大情緒反應的事情：槍枝管制的問題。

「槍枝管制的法律應該更嚴格。」

上面陳述，不管你贊成還是反對，至少你在情緒上會比紙袋塑膠袋的問題更有感。說不定你已經注意到自己的呼吸、姿勢或想法出現一些變化，因為你準備好要進行有意義的討論，捍衛自己深信不疑的信念。各位也請參考以下有關槍枝管制的觀點，同樣是來自「YANSS」網站，也請注意這些新資訊對你的身體帶來什麼影響：

- 被用於犯罪的槍枝，有九八%是偷來的。
- 成功用槍保護自己的人，每年超過十萬人。
- 保護自己的槍枝擁有者，十次有九次不會開槍。
- 從一九八〇年以來，每年淹死的人都比遭到槍擊喪命者還多。
- 每年死於廚房用刀的人數，是死於攻擊性武器的十倍。

我先聲明，如果必要的話，我也可以提出一連串有利於嚴格管制槍枝的事實，但這不是重點。重點是，各位看到這些跟你原本深信不移的想法相符或相反的資訊時，會有什麼反應。

各位先前如果是支持紙袋，但接收到相反的資訊，或許也沒有太大焦慮就調整自己的看法。但現在你要是贊成嚴格管制槍枝，看到有人引用上述統計數字，你的反應很可能會有很大不同。研究指出，要是原本深信不疑的信念遭到挑戰，很可能反而讓這些想法更為堅定，而不是毫無罣礙地調整改變。

李・羅斯（Lee Ross）和克雷格・安德森（Craig Anderson）運用「任務報告範型」（Debriefing Paradigm）的方法進行幾個實驗，檢測我們面對新資訊時有多頑固。[31]受測者在實驗中閱讀某個想法的假證據，等到他們的態度因此改變之後，才揭發所有偽造的過程和細節。然後再次測量他們的態度，找出那個遭到揭發的想法是否仍有殘留影響。雖然很詳細地告訴他們說，原先提列的證據都是假的、完全都是虛構的，儘管真相已經如此大白，錯誤信念還是會殘留下來。史丹佛大學有個類似研究，是讓學生閱讀厭世筆記，再從筆記去判斷該人是否自殺。有些學生被告知說他們很有天分，很擅長分辨那些會自殺的人，而其他學生則被告知他們對此預測並不擅長。唯一的問題是：這整個任務都是假的。

然而被告知判斷幾乎全對的學生，其實在這些任務中並不比其他人更有天賦。在研究的第二部分會揭開這個欺騙，告訴受測者說，這個研究的真正目的是要衡量他們認為自己的對、錯反應。在這些新資訊揭示以後，再要求他們評估之前完成的任務，這時候奇怪的狀況發生了。那些接收到天賦假消息的學生，還是會認為自己比一般人聰明很多，而第一輪得分不佳的學生也還是認為自己做得不好。所以，不管是真實或是虛假，概念一旦扎根之後，就很難被清除。

甚至在面對否定證據揭示資訊含糊不清或意義不明時，這種固執己念的傾向也會更加明顯，這就叫「逆火效應」（Backfire Effect）。史丹佛大學有項研究，是向原本就對死刑有強烈看法的學生，展示一份同時條列支持與反對死刑的證據清單。在那些接受調查的人中，有二三%表示他們在閱讀該文件以後，看法變得更加極端，而這些觀點的變化都是朝著既存偏好的方向發展。

泰伯（C.S.Taber）和羅吉（M.Lodge）也有過類似研究，要求對於槍枝管制，和種族與性別平權運動已有強烈看法的人，閱讀正反雙方的論點。結果原本在政治上即有明確偏好的受測者，後來又朝著既有信念呈現更嚴重的兩極化。當自己的信念受到挑戰時，激進派只會變得更激進。

在邪教發展中，往往會有個信仰「蒸發降溫」（Evaporative Cooling of Beliefs）的過程，到最後只有那些最激進的狂熱分子才會留下來。原本深信不疑的邪教信仰未能實現時（比方說，世界會在某個特定日子毀滅），比較溫和的信徒會發現自己的錯誤，並退出邪教組織。但是裡頭那些最狂熱的信徒，往往更加沉迷於那套說法，不斷地找藉口、找理由，例如說：「也許我們就是不夠虔誠，預言才不會實現！」於是教內成員愈來愈狂熱，激化過程不斷重複，直到發生類似瓊斯鎮（Jonestown）或天國之門（Heaven's Gate）那樣的悲劇為止。

各位要是站上磅秤，看到那個數字覺得很高興，再來你會怎麼做？大概是馬上跳下來，因為知道自己達到減重目標而雀躍一整天。但要是磅秤上那個數字很不友善地瞪著你呢？你可能會先下來，又再站上去試一次，而且是小心翼翼、不偏不倚地站在正中央，以免對那個顯示壞消息的傢伙施加不必要的壓力。我們要是從醫生那兒拿到清爽俐落的健康報告，就蹦蹦跳跳地離開；萬一拿到一張很糟糕、很可怕的診斷書，必定疑心重重地做第二次、第三次檢查。我們天生就是設計好來接收肯定自我的好消息，對於任何冒犯都深表懷疑。

深刻了解自我意識的負面影響，有些投資公司會專門指定一位「魔鬼辯護士」（Devil's Advocate）來挑戰基金經理人的想法。但對於批評之預防效用的研究顯示，這些人一旦面對證據揭示其觀點不符科學要求時，反而會錯得更離譜。我們行為投資人當然是知道，光是批評和糾正是不可能改變錯誤想法的，必須設計出一套系統來對抗謊言和虛假，才是更好的作法。

投資界最常忽視的名言：我不知道

「沒被未知的痛苦折磨過的人，難以領略發現的快樂。」

——克勞德・貝納（Claude Bernard）

投資名家坦普頓（John Templeton）爵士曾說過一句名言，他說在投資界，代價最昂貴的一句話是：「這次不一樣。」的確，這種以為「新時代來了」的想法，正是爵士時代窮奢極侈（後來導致經濟大蕭條）、達康公司的網路股超大泡沫的主要原因。一些原本足以信賴的指標，例如「獲利率」、「營收成長」被什麼「心智占有率」（Mindshare）或「網頁吸睛博眼球」（Eyeballs On the Page）所取代，災難也就不遠了。如果「這次不一樣」是投資界最昂貴的一句話，我想提名「我不知道」作為投資界最被忽視的一句話，而「我錯了」緊跟在後是第二名。在尋常的投資脈絡下，這兩個信念的實用性，其實跟它們相應的行為難度成正比。所以啦，接受不確定性、理解人容易犯錯，這兩件事才會是有利可圖。因為我們就是很難接受這些事實。

想起來也真是奇怪，很多最有效的投資策略，其實核心重點都是「我不知道」。所謂「我不知道」的投資，就是被動式的投資。如果你不知道哪些是好股票、哪些是爛股票，那就去買大盤指數吧！大概是這種謙虛的態度，不管是長中短期，被動式投資工具在任何時段的績效都打敗主動式投資基金。各位只要看看標準普爾公司彙整的大盤指數與投資基金的績效比較「標普指數報告」（SPIVA Scorecard）就知道，以大型股基金來說，不管是五年或十年為期，投資績效落後大盤指數的機率分別高達八八．六五%和八二．〇七%（而且基金管理費還沒扣掉呢！）。至於價格起落較大，一般認為基金經理人最容易展現實力的小型股投資，也一樣是讓人沮喪，有八七．七五%的小型股投資基金落後大盤指數。

分散投資也是類似想法：「如果什麼都不能確定，那麼各種股票都買一點好了。」這證明承認不確定性，並不一定就代表對於投資報酬不利。事實上，證據顯示，大規模分散和重配置，每年可以提高投資績效半個百分點，這個幅度看似不起眼，但各位要是投資一輩子，它的複利效應可是一點都不小。

關於投資分散與重配置的效果，可以參考《投資前最重要的事》（*A Wealth of Common Sense*）引用的歐洲、太平洋和美國三大地區的股票行情。從一九七〇年到二〇一四年的投資報酬年率如下：

- 歐洲股票：一〇・五％
- 太平洋股票：九・五％
- 美國股票：一〇・四％

三個地區的投資報酬相差不大，不過讓我們看看，如果把這三個市場合併起來，每年底都以同樣加權並重新配置，維持一致的投資組合，狀況又是如何呢。這樣的分散只能以奇蹟來形容，因為這段時間內的投資報酬年率可達一〇・八％，比任何單一市場都來得高。所以啦，原本投資前要是覺得毫無頭緒，其實也不錯。

雖然「我不知道」投資具備功效，但還是一種沒被充分利用的方法。這正是因為我們內心深處那種維護自我意識的心理，就算是面對強而有力的證據，也絲毫不肯退讓的關係。

無法承認我不知道

「追求確定性，正是理解風險的最大障礙。」

——捷爾德．蓋格瑞澤（Gerd Gigerenzer）

「高空恐懼症」（也叫做「航空恐懼症」）就是害怕搭乘飛機或直升機，據估大約二五%的航空乘客會出現這種症狀。飛行恐懼當然不會博得誰的尊重，甚至對某些知名人士也會帶來不好的影響，例如幫派饒舌歌手 KRS-One、足球隊教練約翰．麥登（John Madden）、紋身歌手崔維士．巴克（Travis Barker）（樂團 Blink-182 的鼓手），還有專制二人組史達林和金正日。雖然膽敢犯下違反人道的滔天大罪，好像也不保證就夠膽搭飛機。

但就算大家搭飛機都是提心吊膽，它其實還是比較安全的交通工具，如果不是最安全的話。根據美國旅行安全委員會二〇一四年的統計，該年度中商用航空客機的乘客死亡人數是零[32]，反觀汽車事故光是一年內就造成三萬八千三百人死亡、四百四十多萬人受傷。其實各位如果開車的話，只要開車超過十九．三公里，你所承受的風險就比你一年搭一次飛機還高。所以嘛，大多數美國人每年駕駛里程數可是高達一萬九千公里以上，搭飛機風險與此相較簡直是可笑。

不過飛航安全也未必都會像現在這麼高，而且這些改善其實也有很大一部分要歸功於「我不知道」和「我錯了」的承諾。航空公司虔誠篤信簡單而有效的安全最佳實務，例如飛航之前的檢查清單，還有系統思考，這是一套結合飛行員、工程師、航管人員、監管機構和航空公司一起檢討錯誤，為乘客提升安全服務的計畫。

但是讓人驚訝的是，像這樣對於提升安全的承諾，並未推廣到一個各位絕對也會希望採用的地方：醫院。捷爾德．蓋格瑞澤在《機率陷阱》(*Risk Savvy*) 中談到醫院時說：「全國通報體系和從嚴重錯誤中學習教訓，像航空業那樣，幾乎是完全不存在的。」[33]醫學研究所推估說，每年有四萬四千人至九萬八千人是死於可預防的醫療失誤，這就是最大原因。對！沒錯！醫療失誤造成的死亡人數，是汽車事故的兩倍，在美國也是僅次於心臟病和癌症的第三大死亡原因！我們在資本市場中因為傲慢自誇付出昂貴代價，在醫療界這筆爛帳更是一筆血債，是用人命來支付的。

我們尋求確定性還有一個怪癖是，愈是碰上隨機發生的事情，我們反而覺得愈肯定。傑森·茲威格的一項研究中，有六八%的受測者表示，有能力分辨亞洲小朋友和歐洲小朋友的繪畫；同樣的，有六六%的大學生說，他們知道全美大學生畢業率最高的是哪幾個州。但其實呢，這兩個比例根本跟隨機機率差不多甚至更低。

還有一個相關概念，大概是心理學裡頭我最最喜歡的概念「鄧寧—克魯格效應」（Dunning-Kruger effect）。這是康乃爾大學的大衛·鄧寧（David Dunning）和賈斯汀·克魯格（Justin Kruger）發現的，有些人的確是傻到不知道自己有多傻。[34]

他們對這個問題的研究，是受到麥克阿瑟·惠勒（McArthur Wheeler）案件所啟發。麥克阿瑟·惠勒是個銀行搶犯，他用檸檬汁抹臉來掩飾身分。因為他發現隱形墨水裡頭有檸檬汁的成分，所以麥老哥就認為抹在臉上也會發揮隱形效果。藉由研究這個白痴和其他跟他一樣的傻蛋，鄧寧和克魯格確認無能的人無法認清自己欠缺技能，也難以衡量他人的技能水準。

總而言之，醫生和投資顧問都具備專業知識，也都很受人尊敬，所以他們難以依賴某些簡單工具，例如檢查清單，或是自己說出一些貶低身分的話，像是「我不知道」。而另一個極端呢，那些愈沒能力的人就愈容易誇大自己的能力。再加上，碰到愈隨機的狀況，我們愈是肯定其結果。所以，不管是聰明或愚笨、年輕人或老年人、專家或菜鳥，我們都很難接受不確定性，也很難承認自己犯錯。

每個人都是獨一無二的不平凡

范．蒯因（Willard Van Orman Quine）是哈佛大學的邏輯學家、哲學教授，也是二十世紀最有影響力的哲學家之一，據說他辦公室的電腦與眾不同而傳聞在外：他移除鍵盤上的問號鍵，宣稱「我只處理確定的事情」。雖然蒯因教授這則軼事好笑又誇張，但其實是大多數人處理生活的極佳寫照。我們都把自己看作是宇宙的中心，誇大好事發生的可能，壞事就指派給別人。這種傾向讓我們早上起得了床，讓我們敢在酒吧和帥哥美女搭訕，鼓勵我們開餐廳啦、開公司啦，如果純粹從機率來看，這些舉動的成功率都不高。

雖然我們現在都很熟悉這樣的制約，而且生活上的各方面也都適應得很好，但對於投資人的需求卻是非常不合適。要成為行為投資人，就表示要用完全不同的方式來檢視這個世界，把自己當作是花花大世界裡頭微不足道的一分子，沒有特別的天賦、知識或運氣。也就是說，我們只擁有一般平均的資質。

但是在擁有一般平均資質的同時，從最嚴格的意義上來說，每個人卻又是獨一無二的不平凡。但這不是說你要相信自己有多特別，事實上是剛好相反：你愈是了解自己不需要顯得特別，你才會愈是特別。

投資作家詹姆斯・歐紹納西（James P. O'Shaughnessy）在《百戰百勝華爾街》（*What Works on Wall Street*）中說道：「成功投資的關鍵，就是要先認識到，我們跟每個人一樣，都受到行為偏見的嚴重影響。」各位如果不要那麼拚命，我們每個人都可以獲得很棒的投資成果。

本章重要觀念

- 「相信自己」對投資人來說是非常糟糕的建議。
- 你最想搜尋的資訊，就是證實自己早已相信的事情。
- 你無時無刻都想拍背稱讚自己，做了明智決策。
- 對於既有信念受到挑戰時，我們的反應激烈，而且可能更會陷入其中，難以自拔。
- 因為大家都不敢說「我不知道」，所以坦承無知就有利可圖。
- 矛盾的是，狀況愈模糊，我們就愈是肯定。
- 要是你對某個投資點子熱情充沛，大概就是想得還不夠透澈。

5 以不變應萬變

「只有失去一切之後，我們才能為所欲為。」

——恰克．帕拉尼克（Chuck Palahnuik）

《鬥陣俱樂部》（*Fight Club*）

幾年前有個德國小鎮出現了一次大概是前所未聞的好機會，可以徹底改造整個城鎮。這個小鎮的位置剛好就在當時西德政府迫切需要的珍貴礦藏上頭，政府想要開挖地下褐煤，城鎮的大部分地區就不得不夷為平地，所以政府承諾馬上擇地造鎮，而且完全配合鎮民的要求。

政府之所以心安理得地摧毀小鎮，有一部分原因，實在也是小鎮樣貌沒什麼好保留的。幾代人繁衍生活的小鎮恣意成形，道路崎嶇，曲折蜿蜒，行旅不便，功能欠佳，景觀也乏味。現在由政府出資重建，正是大家一起規畫新市鎮的好機會！結果城鎮鄉民提出的重建計畫……你猜對了！跟原來的小鎮一模一樣。

儘管可以實現願望，想蓋成什麼樣子就蓋成什麼樣子，結果大家還是非常自然地遵從人性傾向，又恢復到原來的樣子。這種以不變應萬變的普遍傾向，正是人類許多行為的主要原因，也是投資人行為的第二根支柱：保守傾向。

維持不變的幸福感

二〇一六年大概有一萬人因酒駕事故死亡，高達三分之一的民眾在其一生中必定會跟酒駕事故發生關聯；各種家暴事件的絕大多數（五五%）是發生在酗酒人士的家中。

雖然我們都知道酗酒真的很危險，但像這樣的統計數字還是會讓人嚇一跳吧。那些從小見識過飲酒過量而蒙受創傷的人，成年以後應該都會避開酗酒吧。可是，出身酗酒家庭的小孩，成年後卻有五〇%又會跟酗酒者結婚，這又是為什麼呢？

這種選擇「熟識魔鬼」（Devil That We Know）的傾向，牽涉到許多心理因素，其中一個原因是「維持不變」讓人比較安心。我們都會想知道自己處於什麼環境，會碰上什麼樣的事情，就算生活讓人覺得無聊、不好或是不滿意。研究疼痛的專家發現，就算是痛感刺激的強度完全一樣，有所預期的疼痛都不像意外疼痛那麼可怕。就像歌手寇特・柯本（Kurt Cobain）唱的：「我想念，悲傷中那一絲安慰。」

我們也自然傾向保守以避免後悔，認為自己擁有的事物比較珍貴；雖然很想賺錢，但是更排斥虧損。不管心理基礎具體為何，這些保守傾向的陷阱可說極其普遍，常常會讓我們陷身其中難以自拔。如果是在投資脈絡下，大概就是死抱著下跌的股票，遲遲不肯認賠重新進行調整，不肯處理掉風險資產，到最後導致整個癱瘓全部失靈。

改變需要大量投入，包括認知力、適應力，又可能造成虧損、帶來後悔，所以心理上的難度很高。但這也是成為行為投資人必要的基礎。不管是在生活還是在市場，變化才是唯一的不變。

人類都懶得用腦

各位猜猜我們一天要做出多少決定？你可以花點時間，想想這一整天會做多少決定。不妨大膽地猜一下。我問過的人大都回答，大概一百個吧。但這實在是差太遠了！各位可以試試：三萬五千個。[35]

沒錯，各位每天會做出三萬五千個決定。

標準的決策模型處理兩種決策：確定決策（從幾個已經知道結果的方案中做選擇），以及不確定決策（從不知道結果也不確定選項中做選擇）。理論上來說，在確定條件下做決策，就是對已知方案做排序，然後選出最好的那一個。很簡單吧。不確定決策的原理也差不多是這樣，只是我們對不同結果可能性的判斷，會被主觀意見所影響，而決策者又是根據發生機率高低來做權衡及選擇。

我們每天大概都會想到一些不錯的點子，也能事事考慮到合理，但各位沒想到我們每天竟然會做出這麼多決策吧。這樣算一算，一年要做一千二百七十七萬五千次決策，而且每次都要權衡發生機率，實在是不可置信啊。而且這樣好累啊！要做出那麼多決策。沒錯，研究證實，決策的確很累。所以啦，我們才會更加依賴熟悉的舊模式。

薩繆森（W.Samuelson）和察克豪瑟（R.Zeckhauser）的論文〈決策時的維持現狀偏誤〉（Status Quo Bias in Decision Making）指出，過去的決策模型都大幅低估我們維持不變的決定。在各種不同的決策中，不管是投票、商業決策、選擇健康保險或退休儲蓄帳戶，兩位專家發現，絕大多數人都會選擇維持現狀不變。

他們用現任政客面對挑戰者的比喻來說明這種傾向的強度：「從我們實驗結果來推斷，就好像現任政客會以五九%對四一%的差距贏得連任。而且在中立條件下只獲得三九%支持度的候選人，如果是現任者尋求連任，還是能夠險勝獲選。」[36]各位還認為選民會冷靜思考政客的優缺點嗎？省省吧。他們更可能投票給現任者。

康乃爾大學的瓦辛克（Brian Wansink）和索巴（Jeffery Sobal）發現，我們每天做出二百多個跟食物有關的決策，也一樣受到保守傾向的影響。[37]在他們的第一項研究中，教授們研究受測者是否真的知道自己做出食物決策。他們研究的一百三十九位受測者，平均做出二百二十一次食物決策，但每個人都低估這個數字。這證明了我們在意識層面上，仍然依靠「自動駕駛」般的自動模式做出許多決定。他們的第二項研究是運用「預設環境因素」（給受測者一個大碗），來檢視飲食過量的問題。被問到為什麼會吃太多時，幾乎沒人注意那個維持現狀的環境因素。有百分之二十一的受測者根本不承認自己吃太多，七五%的人說是因為很餓，只有四%的人直接承認：只是把碗裝滿而已，而那個碗就那麼大啊。

你的Netflix影片櫃裡頭，那些實驗電影、藝術片、紀錄片，永遠都不會看是有原因的：因為你每天都面對數量驚人的決策，大腦已經太疲累。累了一整天以後，你只想看麥可・貝（Michael Bay）的電影，而不是拉斯・馮提爾（Lars von Trier）。

愛德華茲（W.Edwards）針對這一點深入研究（一九六八年），發現我們的大腦因為太疲憊，所以不會理性地更新信念，而且「愈是常用的證據，就愈不容易做出合理的更新」。[38] 各位可以暫停片刻，稍稍咀嚼一下，這句話是讓人多麼難以相信。重要資訊幾乎都是比較難以消化，所以我們疲憊的心智只會把新資訊擺在一旁，而去依賴過往經常使用的心智捷徑，儘管它的品質堪慮。

之前曾說過，大腦是身體中代謝率低落的部位，節能方法之一就是使用預設系統。所以我們不會刻意計算每天早上要吃多少麥片，只要把碗裝滿就是；不想列表比較退休帳戶的優缺點，五年前那一份就繼續用吧；重新調整投資組合好麻煩，所以就擺爛不理。

保守傾向是生活中常見的事實，因為我們的決策能力其實都已經到達極限。這也談不上好壞，而是實際狀況即是如此。但我們在之後的章節也會討論到，還是有辦法讓這個狀況轉為有利。

不敢承擔改變帶來的風險

現在假設，你一個人在家，還有一個小朋友睡在嬰兒床上。這時候你突然有件急事要辦，雖然只需要大概十五分鐘就能完成，但必須馬上去做，不能拖延。請問各位，你會把小孩叫醒，帶他跟你一起去辦那件急事，或是放他在家裡睡覺，覺得他就算醒來也還是待在嬰兒床上比較好？大多數人（包括我自己）應該都會說，把孩子叫醒，帶他一起去吧。原因很簡單：避免遺憾。萬一你外出辦事的時候，房子失火或發生其他意外，可能造成的遺憾是讓人無法承受的。但是這樣的判斷其實也忽略了小朋友受到傷害的可能性。事實上家庭失火的情況極為罕見，而小孩自己在嬰兒床睡十五分鐘，在這段時間會受到傷害的可能性，其實也是非常非常低。另一方面，汽車事故卻是極為普遍，開車帶小孩出去辦事，結果碰上事故造成孩子受傷，這樣的風險反而非常真實。但是那個留小孩單獨在家而發生遺憾的想像，比汽車事故傷亡統計數字更加突出和生動。想像會激發心靈所感，而統計數字只會讓人昏昏欲睡，所以我們就帶著孩子上路了。

康納曼和特維斯基（A.Tversky）說，我們會有這種思考謬誤：是因為「面對同樣不好的結果，新行動造成的遺憾比無作為後果更讓人覺得後悔」。[39]行動會產生責任感，但要對不確定結果負起責任又是個大難題。同樣是碰上市場大跌二〇%，在大跌前剛好調整過投資組合的人，會比之前無作為的人覺得更糟，但其實兩者的虧損幅度都一樣。第一種狀況的投資者會覺得更有責任，而這個責任感很難承受。讓我深刻體會到那種為了避免遺憾而不作為的心情，是我有生以來第一位醫療患者，在此姑且稱為布魯克女士。

雖然我後來的工作都是在金融界指導行為矯正，但我的博士學位是臨床心理學。當時為了完成博士班學業，我必須為很多緊急患者提供諮詢服務，累計總共幾千小時。後來發現，這些經歷真是太有用啦！讓我學會怎麼跟驚惶失措的投資人做溝通。我第一個客戶布魯克走進辦公室後，掏出六個信封擺在我面前，她說：「我碰到一個問題。」布魯克長得很漂亮，衣著得體，口才又好，我從檔案資料了解到這是一位優等生。坦白說，我還真不曉得像這樣的人會碰上什麼過不去的事情。

療程啟動後，布魯克開始說明她的問題，我則是努力裝模作樣，不要讓她看出我只是個害怕的菜鳥醫生。布魯克是個很有抱負的科學家，她申請了好幾家名校的博士班，對方也都有回覆，就是她一開始拿出來的六個信封。她從小就夢想成為科學家，高中時努力讀書考進好大學，大學時代更是用功的模範學生。她之前的種種努力，都是為了現在這一刻！

然而回信都收到了，她卻什麼事都做不了。為了現在這一刻，她投入大量時間和努力，已經做好一切準備，但是等到答案要揭曉了，她卻完全膽怯癱瘓，不敢面對自己會被接納或拒絕的答案。隨著入學期限逐漸逼近，她不得不去面對自己的恐懼，她必須打開信封，採取行動，但她什麼也做不了。萬一自己已經這麼努力還是被拒絕該怎麼辦，她無法忍受這樣的想法。

在整個療程中，我實在是一團混亂。我的教科書從未談過像布魯克這樣的案例；讓我更困惑的是，一個看起來這麼正常的人怎麼會有這麼不正常的舉動呢。我清楚地記得自己吞吞吐吐，手忙腳亂，有一會兒還把檔案資料弄到地上，看起來很沒用。我被教導說不要直接給建議，而是要問一些有助於患者自己找到答案的問題。這個說起來容易，做起來可一點都不簡單。

因為一直無法引導她朝著比較好的方向而感到沮喪，我終於脫口而出說：「照我看，你因為不敢承擔風險，反而必定帶來最害怕的結果。」這話說得雖然不漂亮，可是還挺有用。在那一天，布魯克和我都了解到，我們對不確定性的管理，就算做得再好，有時候也還是會帶來失望；這不只是在投資方面，在真實生活中也是如此。布魯克擔心採取行動會帶來遺憾，已經到了非理性的程度，但好笑的是：正是因為不敢採取行動，幾乎就必定會帶來她最擔心的結果。

像布魯克一樣，有很多投資人如同鴕鳥，把頭埋在沙子裡，一廂情願地盼望不會有壞事發生。自滿自得的衝動雖然可以理解，但因此產生財務惡果的疼痛感並不會減輕。

孩子是自家的可愛

另一種保守傾向的表現是，我們常常把自己擁有或做過的事情看得比較有價值，沒有或沒做過的事則比較沒價值。在之前討論過的「自由選擇範型」實驗中，受測者從沒有特別偏好的圖畫中挑選一幅之後，馬上會因為擁有這幅畫而產生偏好。丹・吉伯特說這個過程叫作「合成幸福」（Synthesizing Happiness），在真實世界中有許多正面應用。對於某些人、事、物，比方說，對自己的配偶擁有一種非理性的偏好和不切實際的高度評價，對整個社會的穩定都有好處。然而在討論真愛的時候也許可以容忍盲目，但投資決策上可不能打迷糊仗。一世良緣好婚姻的基礎，就是能夠寬恕和容忍不完美。但正確投資則需要明智決策、審慎買賣。

這種喜愛擁有物的傾向，稱為「稟賦效應」（Endowment Effect）。雖然這已經在幾百個實驗中獲得印證，不過還是艾茵・蘭德（Ayn Rand）的小說《源泉》（*The Fountainhead*）對它做出最精采的描述。書中的懷南德非常直白地說：「我是全世界占有欲最強的人，東西到我手中就不一樣。我去十元商店隨便挑個菸灰缸，付錢買下、放進口袋以後，它就變得完全不一樣了。跟世界上任何菸灰缸都迴然不同，因為它是我的。」跟我們書裡討論的許多概念一樣，「稟賦效應」也具備顯著的演化特點，在三種靈長類動物的行為都可以觀察到，而且在涉及維持生命所需時（例如對於食物），會比涉及簡單需要（例如對於玩具）更為強烈。

關於「稟賦效應」最出名的研究，是康乃爾大學的巧克力棒和咖啡杯實驗。這兩樣東西的市場價值一樣，而且喜歡的學生也大概都差不多，就是有一半的學生喜歡巧克力棒，有一半喜愛馬克杯。研究人員隨機發送這兩樣東西給受測學生，之後又允許他們可以互相交換，讓他們拿到自己最喜歡的東西。因為原本是隨機發送的，所以各位可以猜想，必定會有一半的學生進行交換吧。然而實驗結果卻發現，只有一〇%的學生會交換。他們原本可能喜歡另一個，但拿到手以後，手上那一個就變得更有價值。

這對投資的影響很清楚，就是我們傾向於高估自己擁有的，而低估那些沒有的替代品。就算是專業的交易員也有這種傾向，有些股票明明已經出問題，但交易員還是遲遲不肯出脫；被問到重新開始的話，會不會再買進這些股票，他們卻又坦白承認不會買進。

在某些狀況下，我們會比較高估自己擁有的實體物品，也不是不合理，但這種傾向有時候也會延伸到我們花費時間和金錢的決策評估，而且是時間和關注愈高的決定，就愈容易扭曲我們的判斷。這種所謂的「沉沒成本謬誤」（Sunk Cost Fallacy）的意思是說，對於資源投入愈多的決策，後續會愈傾向於繼續保持現狀。

有的人加入健身俱樂部以後，雖然一次也沒去過，但會費還是每個月照付，因為一旦停繳退出，就表示過去那些錢都浪費掉啦。開心農場（Farmville）的鐵粉每天花費許多時間玩遊戲，雖然現實生活的責任因此荒廢，還是繼續沉迷，因為一旦停止以後，之前投入的幾百小時就全部白費了。

這個謬誤的影響如果只是沉迷網路遊戲或沒上健身房變成大肥宅，那麼它也不過是基礎心理學裡頭的幾個字而已，但歷史上滿滿都是沉沒成本帶來重大影響的案例。薩繆森和察克豪瑟在〈決策時的維持現狀偏誤〉中還分享了以下例子：

- 美國提頓水壩（Teton Dam）在建造過程中一直出問題，但政府不但置之不理，還堅持完工。最後水壩崩潰，造成十一人死亡，還淹死一萬三千頭牛。
- 洛克希德公司（Lockheed）浪費幾百萬美元的公款補助，也要完成絕對不會賺錢的 L-1011 型飛機，只是為了證明過去的研發工作沒有白費。
- 越戰之所以會拖那麼久，據說是因為美國之前投入的士兵性命已經太多、財物損失太大，才更難以收手。
- 據說，美國「曼哈頓計畫」（Manhattan Project）耗費幾十億美元，杜魯門才因此決定在二戰時動用原子彈對付日本。因為如果都不用的話，可能會被視為浪費。

雖然絕對不像上面所引的例子那樣影響重大，基金經理人在進行買賣決策時，也常常會成為沉沒成本謬誤的犧牲品。有些人認為基金經理人應該親身去考察一些投資目標，我們來看看這個主張是否合理。

首先，我們對整件事情一開始就抱著一種樂觀偏見，認為親自去檢視某個投資點子，必定是值得這麼做。等到沉沒成本開始累積以後，分析師和基金經理人也會進而覺得考察行程應該要獲得正面結果。萬一被審查的經營團隊讓人失望，那麼這次考察的所有投入都白費了。你知道為私人飛機加油有多貴嗎？

第二個問題是，直接從被審查方找答案，他們一定會拿出最漂亮的資料，而且潛意識裡頭也覺得自己最厲害。格雷姆（J.R.Graham）和哈維（C.R.Harvey）檢討杜克財務長調查（Duke CFO Survey），發現調查結果偏向樂觀，在科技股泡沫接近最高峰時，還是有將近九成的科技產業財務長認為自家股價被市場低估。大家都認為自己的小孩最可愛、自家公司最厲害，但這在統計上是不可能的。況且因為這種過度膨脹的自信，你也可以確定，管理階層根本不知道自己是在誤導你。最後一個是，關於分辨別人對我們是否誠實的能力，我們其實是比亂猜還糟糕。

雖然那種親身訪查好像挺有吸引力，其實只是浪費錢的無聊作秀，而且還會給基金經理人帶來錯誤的信心，增加扭曲決策的沉沒成本。

馬里蘭大學的新研究展露一些希望，顯示經驗或許可以減輕「稟賦效應」的影響。約翰・李斯特（John List）觀察到，經驗愈是豐富的運動紀念品交易者，比資歷短淺者更不容易出現保守傾向。新手傾向於高估手上物品的價值，使得買賣遲緩，而經驗豐富的交易者會根據個別狀況來評估交易，做出比較不受稟賦效應影響的冷靜決策。人在面對更好選擇時仍緊抱原有東西不放，這也是人性的自然表現，但知道經驗可以破除這種習慣，也滿能振奮人心的。

最害怕的事，最可能成真

保守傾向有許多表現方式，厭惡後悔、高估既有物品、遷就沉沒成本，但所有這些表現的核心其實是厭惡虧損。厭惡後悔基本上就是害怕知道自己沒能力；「稟賦效應」像是演化上的搶占地盤，讓我們不會被占便宜；沉沒成本謬誤則是因為害怕浪費時間和資源。由此看來，保守傾向的各種表現都是某種形式的虧損厭惡。

在行為金融學的各種發現中，最廣為人知的大概是我們對於風險與報酬的偏好並不對稱，跟獲得報酬比較起來，我們更在意避免虧損。現在還不是很清楚這種現象背後的大腦運作，美國《科學人》（*Scientific American*）報導指出，羅素．波德拉克（Russell Poldrack）博士及其團隊發現：「……當我們評估潛在損失時，處理價值和獎勵的大腦區域可能會更加沉默，評估類似大小的收益時，才會比較活躍。」虧損厭惡不但是一種心理反應，也是一種生理反應。波德拉克發現，收益逐漸增加之後，大腦的獎勵迴路活動會增強，但是對於潛在損失的反應則是更為強烈；研究人員稱之為「神經性虧損厭惡」（Neural Loss Aversion）。[40]恐懼虧損和伴隨該恐懼而來的行為癱瘓，都有很深層的生物根源，各位如果想發揮我們身為人類和投資人的真正潛力，就一定要擺脫它的操控。

各位可以想想自己做過的最有意義的事情。我敢打賭，那肯定是要冒著某種程度的風險、不確定性和付出一定的努力，才能完成的事情。考慮到那些風險，我們獲得的珍貴教訓是：如果凡事都要確定，最後只會讓自己陷於平庸。冀求安全，結果最不安全；光想著規避虧損，結果一定虧損。你看看有些人因為害怕失落、擔心失望，最後就是孤家寡人，孤伶伶過完一生。有些人原本應該去創業，走出自己的路，但是沒信心跨出去，結果一輩子都在上他們最討厭的班。有的投資人害怕市場波動而遲遲不敢行動，拖到退休時，手邊資源難以滿足所需。人生的諷刺是，那些我們最害怕的事，反而會因為我們一直躲避而成為事實。

熟悉的甜味

跟所有八〇年代的好孩子一樣，我對可樂大戰還記得很清楚。因為厭倦自己始終當不了老大，百事可樂開始推出一系列廣告，讓消費者直接對可口可樂和百事可樂這兩種飲料進行盲目測試（盲飲）。讓百事可樂（和大多數盲測者）感到驚訝的是，測試結果常常是說百事可樂比較好喝。所以從一九七〇年代中期一直到整個八〇年代，百事可樂那段可說是傳奇的廣告活動，就一直在吹捧這個經過科學驗證的結果。理論上來說，如果大部分人覺得這個飲料比較好喝，那麼它也應該會賣得比較好吧。但是到我寫這本書的這個時候，可口可樂在美國的市占率是一七％，仍然幾乎是百事可樂的兩倍。而可口可樂的健怡可樂（Diet Coke）市占率是九．六％，而百事的輕怡可樂（Diet Pepsi）只有四．九％。

有許多原因可以解釋這種差異（比方說百事可樂比較甜，光是喝一兩口的測試也許勝出，但喝整罐的話也許又覺得膩），但這種偏好和銷量的巨大差距，似乎也可以歸因於保守傾向。在那十二年裡頭，可口可樂照樣在市場上領先，它建立品牌形象的廣告可謂經典。可口可樂當時就推出以生活形態為訴求的廣告，那時候可是連這種廣告叫什麼名字都不曉得的時代喔。可口可樂就靠著這些廣告把自家產品和美國人的生活綁在一起，在銷售上達到前所未有的成績。很難想像有哪種品牌能像可口可樂這樣膾炙人口，被大家所熟悉和接受。所以盲測結果雖然比較差，但是歷經挑戰仍是屹立不搖，毫髮無傷。百事可樂雖然想利用理性更新來改變可樂愛用者的偏好，但可口可樂很清楚，再好的味道都比不上熟悉的老味道。[41]

本章重要觀念

- 思考是莫大的生理負擔：我們每天要應付幾萬個決策。
- 最好的資訊通常也最難吸收，因為它常常是透過數學，或一些複雜的觀念表述。
- 如果最後結果不好的話，行動比不動更讓人後悔。
- 我們會高估自己的選擇、貶低自己不選的，來「合成幸福」（但不能從錯誤吸取教訓）。
- 對於自己擁有的東西，我們會馬上提高它的價值。
- 太過強調沉沒成本，只會讓我們在乎能否完成，而不是整件事的品質優劣。

6 投資人的眼睛都在看哪裡？

「殺一個人是壞人，殺幾百萬人就變成英雄。數字能讓你超凡入聖，我的老兄！」

——電影角色凡爾杜先生（Henri Verdoux）

卓別林（Chalie Chaplin）飾演

快！各位，把所有K開頭的單字都列出來。對，我是認真的。各位就花點時間，把你記得的單字列出來。

結果你想出幾個呢？現在，請各位再做第二張列表，把第三個字母是K的單字列出來。你這次又能想到幾個？

各位一定會發現，找出K開頭的單字比較容易吧。但各位可知道，第三個字母是K的單字，其實是K開頭的三倍之多啊！既然這樣的話，我們為什麼會覺得找出K開頭的單字比較容易呢？

這證明，我們的心智檢索功能很不完美，有許多認知上的怪癖都會影響我們記憶資訊的能力。心理學家說這種記憶檢索功能上的缺失是因為「易得性快捷法」（Availability Heuristic），也就是說，我們只是因為它容易想到就認為這種情況經常發生，並不了解它真實的發生機率。

康納曼和特維斯基在一九七三年的論文中首次談到這種效應，指出資訊若與背景或過去狀態不同，就會具備顯著特性（也就是好記、難忘）。所以我們對於經常碰到（由於重複）或特別奇怪的事情，便記得格外清楚。行為經濟學家羅伯特．席勒（Robert Shiller）就曾表示，因為網際網路無所不在，投資人在網路股泡沫期間才會前所未有地看好科技股價格。因為不管到哪兒都看得到「WWW」的符號，對於網路能夠造成典範轉移（Paradigm Changing）的論述就更方便。像經濟大蕭條這種黑天鵝事件，也一樣是事隔多年還在公眾意識中徘徊不去，具備非比尋常的影響力。

但很不幸的是，這種「易得性快捷法」會讓我們在生活和從事投資時，特別難以正確衡量各種相關作為的風險程度。

故事的力量

關注方向的基本假設是，我們對於機率的判斷極不敏銳，因為我們對於資訊是依賴其鮮明強烈與否，而不在意它的正確性。麻州大學的研究人員利用簡單的糖豆來說明，我們依賴突出特點而非數學的傾向。現在各位可以跟我們一起玩，這裡使用的說明文字會跟原本的實驗稍有不同。

現在假設各位蒙上眼睛，要從兩只碗裡頭拿出一顆糖豆。要是你拿出的是白糖豆，就不會得到任何東西（好吧，就是那顆好吃的白糖豆而已），但要是你拿到紅糖豆，就能獲得一百元。第一個碗裡頭有九顆白糖豆、一顆紅糖豆；第二個碗裡頭有九十一顆白糖豆、九顆紅糖豆。各位會從哪一個碗裡頭碰運氣，看看能否贏得一百元呢？簡單地算一下，第一個碗裡頭的成功機率是一〇%，但第二個碗裡頭只有九%；所以挑選第一碗才是理性選擇是吧。但你要是跟大多數人一樣，就不會選擇第一個碗，而是感覺更可能中獎的第二碗，就算你知道數學上是怎麼回事。

我們心中那股騷動的感覺是從何而來？為什麼就算揭露機率以後，還是有三分之二的受測者會選擇第二碗呢？其中一位說：「我選擇那（碗）有更多紅糖豆，因為看起來更容易中獎啊。雖然我知道白糖豆更多，機率也更低。」[42]所以人的思考是透過故事，不是透過機率；第二碗有九個故事都會邁向成功，但第一碗只有一個故事是快樂結局。

這就是人生導師，從耶穌到伊索都喜歡運用寓言、故事來傳教、傳達訊息的原因：大家都愛聽故事嘛。對於這一點，我們或許是很直觀地察覺，普林斯頓大學的尤利・哈森（Uri Hasson）檢測說故事和聽故事的大腦，更進一步了解故事的威力。哈森發現一個女人對一群陌生人說感情故事的時候：「……雙方的大腦也會同步運作。當她的腦島出現活動時，這是大腦的情感區域，那些聽眾也出現一樣的活動。當她的額葉皮層開始活躍，聽眾也一樣。光是講故事，那個女人就可以把想法、思考和情感灌注到聽眾的大腦。」所以聽故事和說故事，一起分享的可不是只有那則故事，還有聽者與說者的生理反應。就好像說故事的人把自己的腦袋打開，直接把想法用最純粹的方式放進聽者的腦袋裡頭。

說故事可以繞過我們為資訊收集所設置的多種過濾裝置，所以我們看電影時會那麼沉迷，而且也會因此很快接受一些錯誤資訊。正因如此，故事就是行為投資人的大敵。

我們再仔細觀察一下故事的威力。如果我拿出一只單手的手套，上面綴滿亮片，看似一九八〇年代風格，問你願意為它付出多少錢？我猜應該是不會很多吧。現在我跟你說，那是麥可．傑克森戴過的手套，你願意付多少錢？故事會徹底改變你對物品的評價。如果只是一九八〇年代的流行文化紀念品，或許也還好，但要是影響到你怎麼買股票，那就危險嘍。

敘事威力最能充分展現的場合，當數股票首次公開上市（ＩＰＯ）的時機。首度公開上市的當然都是新股，也大都是屬於新奇而成長強勁的產業，而且通常也會選在整個市場處於多頭上漲期間。我認識的投資人，幾乎個個都幻想過，要是當初在蘋果、特斯拉、亞馬遜或什麼大飆股上市的第一天就買了股票，現在他們會有多少錢啊。敘事威力、情緒刺激再加上錯失良機的恐懼，三方結合起來的力量讓新股上市充滿了魅力，不管你是專業投資人還是散戶都難逃魅惑。

那麼新股上市的蜜月行情可有好好報答投資大眾?柯里亞提（G.M.Cogliati）、

帕里利（S.Paleari）和維斯瑪拉（S.Vismara）的〈新股上市價格的成長率〉（IPO Pricing: Growth Rates Implied in Offer Pricing）指出，美國新股上市後三年內的股價表現，平均比大盤指數低了二一%。儘管表現不好，也沒有充分理由認為新股上市的需求在未來幾年內會退燒，畢竟大家都愛聽故事。

見血才是頭條

如果尋常故事對我們的心智就有如此威力，那麼有一種類型的敘事威力更是特別強大：恐怖故事。跟其他各種故事一樣，恐怖故事也會繞過重要的心智過濾器，但出於某些演化因素，它們的威力會持續得特別久。驚險、恐怖的記憶會根深柢固，是因為對我們的生存有幫助。好消息對死活沒關係，所以很快就會被遺忘；但是創傷記憶會給我們警戒教訓，這是重要的演化功能，僥倖求生是沒有犯錯的餘裕啊。我在夏威夷的歐胡島北岸當老師時，學到一個非常真實的體驗。當時我才剛新婚，所以在這兒的教學工作過得非常愉快。儘管當時的住房簡陋，我跟太太都很高興住在這個像天堂一般美麗的地方，沉浸在文化和自然美景之中。不過，這是在我看到電視上的「鯊魚週」專題報導之前。

各位要是沒聽過的話，我就先做個說明。「鯊魚週」是探索頻道（Discovery Channel）連續七天的紀錄片特輯，主題就是那些長鰭的恐怖動物。這個節目詳細介紹鯊魚經歷千萬年演化的掠食威力，有些倒楣的衝浪客因此而喪命。隨著每部記錄片的最後，主持人都會為這些高貴海獸呼籲大家一起保護生態環境，但是這些訊息根本就被滿滿六十分鐘的恐怖報導所淹沒。

我整整一個星期都在看這些紀錄片，看到一些只剩一條腿的衝浪客不向悲慘命運低頭（「一定要再回去衝浪！老兄」），還有一些僥倖逃過一劫的泳客。結果這些報導完全讓我破膽。我過去一向是出色的游泳健將，也非常熱愛海洋活動，但在那個星期以後我絕對不下水。事實上後來我都無法下水海泳。因為看到那些容易吸收的壞消息，我完全不敢再去浮潛、潛水或進行任何一種一星期之前熱切期盼的水上活動。

但事實上，我幾乎是不可能遭到鯊魚攻擊。我犯下殺人罪但逃過法律制裁的機率是二分之一；被教廷封為聖人的機率是兩千萬分之一；穿著睡衣著火自燃的機率是三千萬分之一。這一切都要比我被鯊魚咬到的機率三億分之一還要高得多。我因為收看這些報導人類恐懼的紀錄片，使得心智對於風險高低的排序大為扭曲，並且行動上出現對應表現。我這個老故事實在是很傻，但也沒造成什麼太大損失，這可以說明我們對於恐怖資訊不成比例的重視，對於健康和財富都可能帶來嚴重破壞。

二〇〇一年九月十一日的恐怖攻擊對美國人造成的心理傷害，是其他任何事件都難以比擬的。九一一恐攻讓幾千位無辜民眾失去性命，並且因此啟動許多行動程序、政治和軍事決策，對美國後來幾乎所有的事情，從投票到搭飛機，都有著持續不斷的影響。各位可以猜想得到，九一一恐攻以後，美國人開始減少搭飛機，畢竟在全國人民心中，那些飛機慘遭劫持的恐怖故事還是非常嚇人。當時的新聞報導全天候不斷放送飛機撞擊世貿雙塔，這個畫面後來在許多美國民眾心裡一再重播。可是這其實是前所未有的情況，發生機率非常之低。然而在全國異常悲痛之際，這個事實還是不能帶來絲毫安慰，只會讓那個危險看起來特別真實。於是愈來愈多的美國人紛紛開車進行長途旅行，結果自然又是無數的災難。德國風險專家捷爾德·蓋格瑞澤估算說，在九一一事件發生後一年，因為不搭飛機而開車總共造成一千五百九十五人喪命，幾乎是世貿雙塔死亡人數的一半。

這裡更重要的一點是說，風險管理的考量絕不能跟機率分離。唯有清晰地看見風險，才能有效管理。

股票投資刺激人類的「故事大腦」

剛剛那個「如果在蘋果上市就買進」的話題，還有一層意思是說：單獨買一支個股其實是非常危險的舉動。根據摩根大通（JP Morgan）指出，從一九八〇年以來總共有四成的股票遭遇「災難性虧損」，這是下跌七〇％以上的超級災難！但要是把這些高風險股票都納入一個分散的投資組合裡頭，情況又是如何呢？傑諾米・席格爾（Jeremy Siegel）的《長線獲利之道》（*Stocks for the Long Run*）發現，從十九世紀末到一九九二年之間，任選三十年期間（三十年滾動期），股票表現都優於債券和現金。如果是十年滾動期，有八成的時間是股票優於現金，而且如果是觀察二十年滾動期的話，股票從來沒有虧損過。考慮到風險的時候，我們都以為債券和現金最安全，但它們大都無法對抗通貨膨脹的侵蝕。

席格爾就說那個邏輯實在扭曲：「隨便抓二十年來比較，股票是從來不曾虧損，而債券在通膨調整以後是少了一半。你說哪種資產的風險更大？」以三十年滾動期來計算，股票經通膨調整的平均報酬率是七．四%，而債券才一．四%，根本是完勝！像那種投資報酬平均一年可達五〇〇%，而且表現極為一致的資產，我是不曉得你會說它屬於哪個等級，但我是絕對不會說它高風險。

另一種危險是做不了長期投資，只會陷在市場的日常波動跟著上沖下洗。各位要是每天看盤，股票真的是非常恐怖。克雷格．戴維斯（Greg Davies）說，你要是每天都查看自己的股票帳戶，看到虧損的機會高達四成一。這實在是太可怕了！尤其是人類天性對於虧損的感覺是賺錢時的兩倍強。如果是五年才看一次行情，那麼只有一二%的機會看到虧損；要是你十二年才偷瞄一次，那就永遠不會看到虧損嘍。[43]十二年好像是滿長的時間是吧，不過各位請記住，大多數人一輩子的投資壽命可以長達四十年至六十年。

股票投資會刺激我們的「故事大腦」朝著極度貪婪和極度恐懼發展，因為歷史上多得是股票創造財富和破壞財富的突出事例。但所謂的風險、真正的風險，是永久虧損的可能性，不是投資過程中可能會有的波折與顛簸。真正的風險管理，是要走出我們告訴自己的那些故事，盡可能不受情緒左右來衡量訊息。事實上如果是懂得適度分散，而且適當地長線操作，以股票為主的投資組合最有可能提供高額報酬，而且風險非常小。各位，要說故事，這樣的故事才值得一說啊。

見樹不見林的大數據時代

我們常常認為資訊和市場效率之間存在著正向的線性關係。至少在某種程度上，我們掌握到某證券資產愈多的公開資訊，就愈能準確評估它的價格。然而資訊太多，會不會跟太少一樣，也會影響到市場效率呢？根據美國《科學人》（*Scientific American*）雜誌的報導，我們製造出來的資料，每年都翻了一倍。說得更明白一點，我們在二〇一六年生產出來的資訊量，等於是人類有史以來一直到二〇一五年的總量那麼多。《科學人》雜誌估算說，未來十年全世界會有一千五百億個連結網路的測量監視器，不管男女老少，平均每個人都能分到二十個。到那個時候，我們生產出來的資料總量將是每十二小時就翻一倍。

我們的文化就是某種熱愛資訊的文化，說到衡量、記錄和描述時，總是以為多就是好。然而大量資訊所產生的後果，其實有許多都是負面的。請看看以下幾個研究：

蘭頓（A.P.Lenton）和法蘭西斯柯尼（M.Francesconi）分析八十四場聯誼見面會的三千七百個約會決策，發現聯誼者的選取標準愈多（身高、工作、教育程度等），就愈少提出邀約。這些人就是資訊太多，反而什麼也做不了。

迪孟嘉（A.Dimoka）研究受測者參與複雜綜合拍賣時的大腦活動。資訊開始湧入時，背外側前額葉皮質也跟著活躍，這是大腦進行決策和控制衝動的部位。隨著研究人員提供愈來愈多的資訊，大腦的活動反而突然降低，就像斷電器燒斷一樣。「因為資訊太多，」迪孟嘉說：「我們就愈來愈難做出決定。」

你曾經因為想吃點甜食，到了甜點專櫃，面對一大堆選擇，反而不知道該從何選起嗎？研究指出，選項太多會讓人不知從何選起，就算最後做出決定也不會感到滿足。有好幾個實驗都顯示，選項太多反而會妨礙購買，而且購物後的感覺也比較不快樂。

財務資訊超載的另一個後果，是可能造成變數之間的虛假關聯。奈特．西爾佛（Nate Silver）報告指出，每年有四萬五千個經濟數字是官方造假！[44]各位把這個事實跟經濟大事相當稀少（例如，從二戰結束至今，經濟衰退才十一次）的狀況一併考慮的話，就會了解為什麼西爾佛說那是把經濟資料丟進攪拌機隨便亂攪，就端出來說那是高級法國菜。

各位聽說過標準普爾五百指數和孟加拉奶油產量高度相關的怪事嗎？對，你沒看錯，孟加拉的奶油產量。兩者的關聯性高達九五％。這當然是湊出來的，但湊得還真是剛好。這是研究人員為了凸顯關聯性並不等於因果關係，才故意從大數據資料中篩出來的。雖然的確可以發現兩者之間的關聯性，但完全沒有任何因果關係。

在這個大數據時代，我們經常見樹不見林，只看到一些奇特難解的高樹，卻沒看到一整片森林都在問：「這真的是門好生意嗎？」不管未來會出現什麼學院派或權威專家夢想的奇特經濟指標，必定會有一些跟股票報酬呈現短暫關聯，但要檢測是否值得投資入股，卻是無法通過考驗。大數據浪潮來襲，對於市場行為的指示，似乎也只是帶來大量的假訊息而已。

以簡單規則掌握大局

康納曼和特維斯基的研究「銀行櫃台人員琳達」，也是說明更多資訊未必是好事的有力事證。這個研究想要證實他們已經觀察到的現象：情緒訊號可以壓倒機率分析。我們現在稱之為「基本比率謬誤」（Base Rate Fallacy）。這兩位專家提出了這個問題：

琳達今年三十一歲、單身、坦率直言、非常聰明。她主修哲學，學生時代極為關注歧視問題和社會正義，並曾參與反核示威。

請問以下哪一個更為可能？

一、琳達是個銀行櫃姐。

二、琳達是銀行櫃姐且熱中女權運動。

各位要是考慮到機率而且理性地回答，應該會知道選項一的範圍要比選項二大得多。但是大部分受測者卻都說選項二比較有可能，這就是在眾多雜音中迷失了真正的機率訊號。我們對於女權運動充滿了迷思和偏見，而琳達的背景正符合其中好幾個。

就像琳達的資訊太多反而讓我們抓不住重點一樣，有很多投資建議也只是在推銷做生意，除了標題聳動之外毫無營養。任何明智的篩選方法，就是要能排除雜音，找到重點，讓我們可以專注其上。如果篩出來的結果是每個都很重要，那就是毫無重點。

英格蘭銀行貨幣分析與統計局主管安德魯・霍丹（Andrew Haldane）在演講「狗與飛盤」時，談到簡潔樸素的道理。霍丹以接飛盤為例，說這「需要衡量一大堆複雜的物理因素，甚至還要考慮到大氣條件，包括風速啦、飛盤的轉動啦」。但他問說：這麼複雜的過程，為什麼大多數人照樣辦得到，而且狗甚至表現得更讓人佩服呢？其實就是很簡單的概測法嘛：配合飛盤的速度跑過去，讓它保持在眼睛的高度。霍丹認為，問題愈複雜，解決辦法就要愈簡單，才能避免參數太多造成的問題；這個問題在統計上稱為「過度配適」（Overfitting）。

霍丹談到幾個過度配適的例子，首先是關於運動彩券。複雜演算法必須根據過去比賽成績的記錄來進行運算，但再複雜也比不過你用簡單的「認知快捷法」（Recognition Heuristic），也就是押注你聽過的球隊或球員會贏。他接著說：「實驗證據發現，很多活動也是如此。醫生診斷心臟病時，簡單的決策樹（Decision Tree）比複雜模型好用；警察在抓連續殺人犯時，簡單的地緣關係比複雜心理側寫有用；商店老闆也都很清楚哪些東西好賣，老闆的預測常常比複雜模型還準確。」因為複雜問題有太多雜音，所以只能遠觀大局，以簡單的架構來理解。

霍丹談到管理已知風險與面對不確定狀況（如投資股票市場）的不同。他說：

在所謂的風險條件下，策略對付的是針對每一個雨滴，這是從微調細部著手。若是在不確定狀況下，邏輯剛好相反。複雜環境通常需要簡單的決策規則。因為有規則總比無頭蒼蠅強。在不確定狀況下，策略只能針對一場大風暴來設想；這就是從大處著眼。

正因為影響市場的變數是如此之多又複雜，才需要一套簡單規則來掌握大局。你要是忙著計算速度、轉速、風速、各種飄浮軌跡，肯定是接不到飛盤；如果陷在各種市場細節裡頭，投資人除了非常頭痛之外，還會表現奇糟。

噪音的好處

科學和工程學上的「訊號／噪音比」（Signal-to-noise Ratio,SNR），是在背景雜訊中衡量重點訊號的強度（通常以分貝為單位）。投資顯然也是如此，不但重點訊號愈來愈多，還有一大堆噪音雜訊讓人分心誤導，無法辨清真正價值。但我們也不能一味排斥噪音雜訊和根據噪音做買賣的「噪音交易員」，要是沒有他們，金融市場也不可能存在。一個沒有任何噪音雜訊的市場，一個完全效率的市場，所有訊號都被完美理性的市場參與者明確地解讀；這種市場毫無驚奇，水波不興。要是大家對資產都很了解，支付的都是公平價格，那麼你還做什麼買賣啊？

就像費雪．布雷克（Fischer Black）所言：「就是因為有噪音雜訊，才會有金融市場，但這也讓市場顯得不完美。」欠缺噪音雜訊，市場就不會動。噪音愈大，市場流動愈激烈，因為資產會經常轉手。但這顯然就是造成一種兩難困境，有噪音雜訊的市場，資產才會流動，可是價格表現並不完美。但讓人更糊塗的是只要大家都接受，噪音也就變成真正的訊號。我們在市場中跟在其他地方都一樣，感官上的真切感受都有可能變成現實。

必須提醒各位的是，「噪音交易員」雖是市場運作之所需，各位也不必忙著充當這個角色，為市場的沒效率而努力。作為「噪音交易員」就跟船主一樣，最好是讓別人來當。我們要在噪音市場中獲利，必須先了解為什麼有人會聽從噪音雜訊來做交易。費雪．布雷克提出兩個原因：第一、是讓他們有種歸屬感；第二、他們不知道那是噪音雜訊。

行為投資人要發誓絕不聽從噪音做交易，所以他要做的剛好相反：一、要樂於堅守原則、逆勢操作；二、要培養實力，加強對訊號的實證特徵與心理特徵的理解。

面對投資媒體，精明分辨

- 評估消息來源：特定個人是否夠資格談論這件事，夠權威、夠專業嗎？或者只是因為儀表出眾、個人魅力或是能言善道等等外在原因才被選中？
- 質疑聳動爆料：市場波動雖然是穩健投資的敵人，但混亂動盪對唯恐天下不亂、渴望點閱率的媒體可是大好良機。
- 檢查新聞調性：報導是否刻意聳人聽聞或者訴諸人身攻擊？各位從一件新聞是如何呈現，比實際新聞內容更能看出一些蛛絲馬跡。
- 探索動機為何：新聞媒體不是慈善組織，它跟其他產業一樣也是營利事業。那麼你身為決策者，就必須判斷這個報導是否只是在照顧媒體自己的利益，而不是你的？
- 驗證事實：新聞內容是否符合最權威的學術研究或與該領域的其他專家意見一致？所報導的事實或意見是否有根據？是根據哪個調查研究？

隨處都有的資訊不代表有用

市場動盪了幾個星期，一家財經新聞網就找我連線開直播，問我最近狀況到底是怎麼回事，對投資人會有什麼影響。雖然這是公關宣傳的好機會，但過去幾次電視經驗總是讓我感覺很不適應。這樣出現在有線新聞裡頭，採訪我的主播是在遙遠的彼端，我完全不知道對方正在幹什麼。而且更糟糕的是，我戴的耳機不是只有主播講話，還有新聞製作人一直在裡頭吼吼吼，忙著倒數計時、發號施令。腦袋裡一陣亂烘烘，感覺像是快精神分裂了，要駕馭這個任務實在是高難度。

到了直播採訪那一天，我先跟製作人分享我的深入看法，他叫我用語不要太過含糊，不妨一語驚人，武斷誇張。我嘟嘟囔囔地表示反對，希望他不要在這個譁眾取寵的媒體祭壇上叫我拿誠實信用當犧牲品吧。製作人開始倒數計時，「現在，五、四……」我先咳兩下、清清喉嚨，「三、二……」我擠出自己最上鏡頭的笑容，「一……上線嘍。不要像個書呆子！我們是在賣新聞。」我很震驚，想必攝影機也捕抓到那副表情。

我跟媒體打交道當然也知道他們不會總是在為民喉舌，以投資人最佳利益為優先考量。但就算是我見多識廣，看遍世態炎涼，也沒聽過有人這麼直言不諱地承認「我們是在賣新聞」。這真是讓我吃驚。原來財經新聞是為了點擊率和引人注目而存在，而不是為了金融和貨幣啊。我那天要是有什麼剛好相反的想法，也都被這盆冷水澆熄啦。新聞只是為了聳人聽聞，而不是翔實報導，結果就會像富蘭克林坦伯頓全球投資情緒調查（Franklin Templeton Global Investor Sentiment Survey）那樣。調查詢問投資人，標準普爾五百指數在二〇〇九、二〇一〇及二〇一一年表現如何。那三年裡頭，前兩年標準普爾指數都呈現兩位數的漲幅，而第三年只是小幅上揚。雖然市場在那三年裡頭表現非常優異，有很多投資人卻回答說是大跌。在我們的演化過程中，通常會特別注意那些可怕而不尋常的事情，尤其是以故事呈現的時候，而新聞媒體在聳人聽聞這方面可說最是拿手。我們這個時代，資訊可謂唾手可得，但是隨處都有的資訊並不代表它真的有用。

隨著媒體分黨結派而且更趨專業細分，資訊價值驟然頓減，有時竟然是不利而有害。那些原本販賣訊號的人，現在都成噪音雜訊的放送者。更糟糕的是，因為海量資訊不斷湧入，這表示我們必定會更加依賴某種快捷認知法，畢竟它們就是演化過程產生的捷徑，幫助我們面對巨量資訊時做決策；不然還要它們幹嘛呢？

但訊號偽裝成噪音，對熟知其禍害的行為投資人大有好處。吉卜林的經典詩作〈如果〉（If）寫道：

如果大家對你已經失去理智、一味指責，
你還是要保持頭腦清醒；
如果大家都懷疑你，你還是要相信自己，
但容忍他們的懷疑；
你要耐心等待，不急不躁，
遭人誹謗中傷，不要開口傷人，
遭人嫉恨，也不必以忿洩忿，
無須裝模作樣，也不要說漂亮話。

我們的大腦原本是設計成擺脫過多資訊，所以要在這個資訊時代保持大腦清醒，就成了永遠停不了的任務。要培養出堅守原則的逆勢操作、了解行為、熟悉歷經考驗的金融經驗原則，這些都不會自然到來，卻都是嚴打假資訊的關鍵，才能掌握自我，創造財富。

本章重要觀念

- 我們常常把容易想起的事當作是經常發生。
- 我們的思考是透過故事，而不是透過數字。
- 對於那些影響力大而發生機率低的恐怖事件，我們總是高估它們的可能性。
- 沒有考慮到行為的避險措施是無用的。
- 資訊是過猶不及，太多或太少都會導致市場效率低下。
- 很奇怪的是，複雜的動態系統就需要簡單的解決方案，才能避免過度擬合。
- 有噪音雜訊才有市場，但這也是大盤難以擊敗的原因。

7 快樂的人比較容易中樂透嗎？

「這個世界，對那些用心去感受的人是個悲劇，但對用腦思考的人卻是喜劇。」

——霍勒斯．渥波爾（Horace Walpole）

情感，是我們的朋友還是敵人？

我必須一開始就聲明，對於進行投資決策時，情感因素是幫助還是阻礙，行為金融學界的看法仍然處於分歧。有一方認為情感提供的資訊極有價值，強化了決策時的脈絡背景，但反對者認為它們只會妨礙理性思考。就某種程度來說，這兩方的看法都沒錯，我們現在就來看一些相關研究，探索情緒因素到底是有助還是有害於我們成為行為投資人。

支持的正方很明確指出，情感因素原本就是決策的先決條件，這完全正確。丹妮絲．夏爾（Denise Shull）在《讓情緒為投資護盤》（*Market Mind Games*）中曾說道，有些大腦情感中心嚴重創傷的人，常常連一些很簡單的事情，例如要穿什麼衣服或早餐吃什麼，都無法做出決定。[45] 即使是每天常見、沒什麼風險可言的日常決策，其實都潛藏著情感因素，也只有在缺席的狀況下我們才會注意到它們的存在。另外，查榮茨（R.B.Zajonc）一九八〇年的研究指出，無意識的情緒反應深具定向效應，對後續的資訊處理和判斷提供指導方向的支持。[46] 也許還不是影響的全部，但它們的確為我們指明方向，帶我們穿越大部分路程，讓我們可以運用更精細的理性來處理其餘的部分。

正如羅文斯坦和沙卡德（D.Schkade）指出的那樣，關於情感因素正常發揮定向功能，我們可以找到許多事例。他們寫道：「毫無疑問的，絕大多數的情感預測都是合理精確。我們會明白，自己要是失業、失戀、考試不及格時會覺得難過，剛開始從事新工作的頭幾天會感受壓力，慢跑完覺得通體舒暢。」對於忙得要死的大腦來說，這些簡陋但快速的定向捷徑是再重要不過的，而情感因素在這些狀況下也都能出色地完成任務。

除了是認知上的方便捷徑之外，情感也具備深刻的演化利益。保羅．斯洛維克（Paul Slovic）及其研究團隊甚至表示，我們的情感運作「讓人類得以通過長期的演化考驗。在機率理論、風險評估和決策分析出現之前的遠古時代，先運用直覺和本能告訴人類，哪些動物可以安全靠近、哪些水源可以安全飲用」。[47] 斯洛維克團隊認為，一直到生活變得愈來愈複雜以後，我們才開始更為倚賴分析工具來進行決策，這也導致情感因素的重要性相對降低。麻省理工學院的羅聞全也支持這個觀點，他說：「從演化角度來看，情感是一種作用強大的適應力，讓動物從環境與過去經驗的學習得以提升效率。」[48] 演化論的證據似乎很清楚地表明：如果缺乏情感因素，人類早就滅絕了。

然而，過去在演化上發揮作用的功能，未必會是現代生活之所需。這問問你的盲腸就曉得啦。情感對於決策雖然有某些方面的作用，但似乎又會在其他方面造成阻礙。之前談到情感的定向功能，也可能讓我們徹底迷失方向。情感雖然正確地告訴我們，被分手一定很痛苦，但又可能錯誤地讓我們相信更大的房子或更多的薪水才是幸福生活的關鍵。研究文獻後來都告訴我們，這兩樣都不是真的。

心理學家艾森（A.M.Isen）發現，少量的正面情感可以改善創造性決策，但正面情緒也被證實對認知的其他方面，例如記憶、演繹推理和規畫等功能造成妨礙。[49]研究表明，正面情緒會影響我們對正面資訊的記憶，但另有研究指出，快樂感覺會抑制大腦的處理能力，導致認知處理障礙。研究證實快樂感覺可以提升某些任務的表現，例如登克（Karl Duncker）的「蠟燭難題」（Candle Task）；但對其他任務的執行功能卻造成減損，例如「史楚普測試」（Stroop Test）和「倫敦塔測試」（Tower of London Test）。

大家現在已經看得很糊塗了吧？

雖然正面情緒好像會改善決策的某些方面，又對其他方面帶來妨礙，但比較沒有爭議的一點是：幸福感確實會導致我們更加依賴認知上的快捷法，即所謂的捷徑。波登豪森（G.V.Bodenhausen）、克雷莫（G.P.Kramer）和莒瑟（K.Süsser）一九九四年的研究發現，正面情緒會讓我們更加依賴刻板印象來判斷他人。[50]佛格斯（J.P.Forgas）和費德勒（K.Fiedler）一九九六年的研究也指出，正面情感會導致我們對外部群體更多歧視。[51]這裡的啟示似乎是說，人類的心智像個幸福快樂的保護器，當事情進展順利時，對其他就不必太過深究，這樣才能增加幸福感。思考得太過深入徹底總是殺風景，或者就投資人的角度來說，仔細閱讀企業財報可不會帶來什麼快感吧。

總而言之，情緒和情感似乎是好壞參半，優缺點都有，但若是放在投資決策的脈絡來說，我們可以針對情緒的運用和誤用提出更具體的建議。情感因素會讓我們更加依賴快捷法，並因此產生許多相關的後遺症：忽視規則、輕忽機率、截斷時間感、產生同質化行為和改變風險認知。但這些都沒有絕對的好壞，一切都要放在脈絡下檢視才能清楚分辨。上述這些影響，有許多是在生死關頭發揮正面作用。但我們現在已經不是在叢林過活啦！而且金融市場那個水泥叢林所需要的規則，也跟過去完全不一樣。

誰說人是理性的？

想像一下，你正坐在自己最喜愛的戲院，熱切等待新片上映。你要是仔細觀察戲院裡的人，大概會看到許多不同的行為。有一對已婚夫婦可能是在討論小孩要挑選哪家學校最好；有個漫畫店老闆正大口地嚼著爆米花，邊專心查看這部新片的評論，但小心避開劇透爆雷；幾個孩子跟兄弟姐妹一起吵吵鬧鬧；一對青年男女大概是第一次約會，笨頭笨腦地互相試探了解。總而言之，在銀河系這個遙遠又遙遠的星球上，你跟他們雖然是來到同一個地方，抱著相同的興趣，但彼此的行為還是很不一樣。

接著再想像一下，這時候要是有人在那家戲院高聲大喊：「失火了！」這些影迷的行為又會怎樣？在一片慌亂中，之前行為個個不同的觀眾現在又都擁有同樣一個目的：趕快逃到外面去。少量情緒導致想法和行為的高度分散，但強烈情緒會發揮決定性的同化效應，即使意志堅定的投資人恐怕也撐不住。情感的爆發會讓你無視自己定下的規則。

丹恩・艾瑞利（Dan Ariely）在《誰說人是理性的！》（*Predictably Irrational*）一書中報導自己和團隊進行的某些還滿開心的研究，證實情感有時會讓我們無視遵守規則。艾瑞利團隊詢問一群學生有關於性的問題，包括他們會進行什麼「奇怪」的性行為、會不會劈腿欺騙伴侶、性行為安全防護和對於伴侶的尊重等十九個問題。

他們先向處於冷靜狀態下的學生提出這些問題，這時候學生在情感和性方面都沒有受到刺激。各位大概也能猜想得到，處於冷靜狀態的學生都說性行為要注意安全啦、要取得雙方同意、要尊重伴侶的願望，並且都曉得維護既有的愛情關係。

接下來，艾瑞利團隊用色情圖片幫大家暖場，這是為了要刺激受測者的情感和性欲。等到大家「性」致都來了以後，受測者對那十九個問題的回答就大不相同嘍。在劈腿欺騙伴侶方面，可能性大增一三六%，從事奇怪的性行為的可能性增加七二%，無防護性行為的可能性也增加二五%。艾瑞利的結論是：「什麼預防、保護、保守傾向和道德都從雷達螢幕上消失啦。他們根本不知道激情會讓自己變成怎樣。」

這場可怕的實驗，可能會讓我們以為激情的影響只限於性方面，各位如果也這麼想的話那就錯了。正如艾瑞利在一條附注中說明：「……我們還可以假設其他情緒狀態（憤怒、飢餓、興奮、嫉妒等）也會以類似方式運作，讓我們都認不得自己。」[52]

受測學生也都知道規則，要戴保險套啦、不該劈腿欺騙伴侶啦，但是在那個當下，他們就是不管規則是怎樣。各位也一樣，都知道明智投資的許多規則，但是到了恐懼或貪婪的時刻，就沒人理會嘍。

心理學家兼交易訓練師白瑞特．史汀巴格（Brett N. Steenbarger）也說過，他指的是一群他研究過的交易員：「……情感對交易的淨效應就是會破壞管理規則……在情感亢奮的狀態下……他們只專注到自己，不再注意規則。他們在情緒之下並不是質疑規則，常常就只是忽略了。」[53]無論多聰明，投資人一旦陷溺在情感、情緒之中，就會變成完全不一樣的人，也不再理會規則。

明尼蘇達多相人格量表（Minnesota Multiphasic Personality Inventory,MMPI）是美國廣泛使用的精神障礙評估工具，也為美國人的心理狀況留下有趣的記錄。根據這個量表的檢測，從一九三八年到二〇〇七年之間，美國人的精神病理狀況顯然大幅上揚。具體上升領域包括：

- 抑鬱寡歡／心神不寧／不滿不平／精神不穩／自戀自憐／自我中心
- 焦躁憂慮／不實的自我正面評價／衝動控制

考慮到整個社會在那段期間的各種進步，心理健康方面會有如此表現，就讓人更難以理解了。但是這些情緒反應，卻可能成為某種長期的投資優勢，而且也確實在增加中。

情感會影響機率評估

讓投資人堅守機率原則如此困難的原因之一，是情感對我們評估機率會造成顯著影響（但也因此更有利可圖）。可以猜想得到的是，正面情緒會讓我們誇大發生好事的可能性，而負面情緒則剛好相反。這種對於機率認知的扭曲，導致我們誤判風險。

憤怒會讓人比較感受不到風險的威脅，悲傷則會讓我們感受更大威脅。我們對於某種行為的個人傾向，也會改變我們對它危不危險的看法。划船和滑雪都是比較危險的活動吧，但因為它們都很好玩，所以很多人就忽略它們可能造成身體傷害。好投資可能很乏味，但它要是真的只是無聊，就不該貼上高風險的標籤。我們在評估風險的時候，常常是問「好玩嗎」而不是「危險嗎」。

快樂的人更容易覺得自己會中樂透，當然啦，好心情也是不能提高中獎率的。雖然風險評估受到情緒影響似乎是很尋常，但扭曲強度還是會讓人嚇一跳。羅滕史崔奇（Y.Rottenstreich）與何塞（C.K.Hsee）在二〇〇一年的研究指出，受到情感因素嚴重干擾的賭注，對於吸引力變化極不敏感，機率評估可以從〇．九九（幾乎確定）變成〇．〇一（極不可能）。[54]羅文斯坦團隊在二〇〇一年的研究發現，不管中獎機率是千萬分之一或萬分之一，受測者對於贏得樂透的自我評估都一樣。[55]他們進一步指出，情感因素讓不確定結果變成全有或全無的感覺，受測者因此專注在「會不會發生」而非機率。

我們都像電影《阿呆與阿瓜》（*Dumb and Dumber*）中金．凱瑞（Jim Carrey）的角色，只是不想承認。當他喜歡的女孩說他只有百萬分之一的機會把到她時，他還是笑著說：「所以還是有機會嘍！」我們也常常把自己的極度渴望誤以為就是獲勝機率。

下雨天和星期一

赫許雷佛（D.A.Hirshleifer）和舜威（Tyler Shumway）研究陰天影響情緒時，會對二十六家證券交易所的每日報酬率帶來什麼結果。在二十六個股市中的十八個，陰天都和報酬率低落有關聯。以紐約市來說，假設的投資組合如果只在無雲的日子進行投資，報酬率是二四．八％，如果是在陰天則只有八．六％。各位的對沖基金操作，看來只要跟著氣象報告來做就可以啦。

情感影響對時間的看法

「快樂時光總是過得特別快」雖屬陳腔濫調，卻也掩蓋了一個重要事實：我們的情緒對於時間看法會有很大的影響。具體來說，強烈情感會截斷時間感，讓此時此刻像是現在的一切，而且以後還會繼續下去。而時間對投資人來說可是財富的重要因子，但情感傾向會讓他們局限於短視而受到嚴重傷害。

林區（B.S.Lynch）和寶尼（R.J.Bonnie）一九九四年對吸菸行為的長期研究證實，強烈情緒儘管只是當下，卻可能造成危害一生的決策。他們的研究是詢問高中生在五年後會不會吸菸。偶爾吸菸的人有一五％認為自己在五年後還會吸菸，而每天吸一包菸的人則有三二％預期自己在五年後會繼續抽菸。五年以後，偶爾吸菸者有四三％仍然繼續吞雲吐霧，而重度吸菸者則有七〇％都養成了壞習慣。這是一千個情感渴望串聯在一起，最後變成一輩子的糟糕決定。同樣的，投資人在市場中每天陷在一些細枝末節的瑣事，經歷各式各樣的情緒，很可能就會做出以一千個來說是微不足道的決定，但最終落得退休時身無分文的處境。

消除情緒讓你發大財

要是激烈情感對投資結果如此負面，那麼我們應該來考慮一下，是否應該降低甚至完全消除情緒的影響。蘇可若—赫斯納（Sokol-Hessner）團隊在二〇一二年研究發現，減少賭注、擴大視角以降低情感因素，可以減少生理刺激反應，改善決策結果。邁阿密大學的研究表明，受測者從一般財經新聞會學到更多相關知識，而不是只限於那些跟我們投資組合有關的個股消息。這是因為觀看一般財經新聞時可以保持冷靜，但要是跟切身利益有關時，情緒就會扭曲學習過程。最後，美國《科學人》雜誌引證指出，雙語人士運用外語思考時會提升決策品質，因為比較少自我反思（Reflexive）也比較不情緒化。

諸多證據逐漸顯示，情感因素在其他方面雖然都適應得很好，卻是穩健投資的障礙。為了更直接進行研究，羅聞全、雷彬和史汀巴格觀察八十位志願者網路交易過程的行為，並檢測他們對於標準化獲利與虧損的情緒反應。他們發現那些最情緒化的人，包括正、負面情緒，「都表現出更糟糕的交易績效，顯示成功交易行為與情緒反應存在負相關。」研究學者繼續說道：「……我們的研究結果與目前神經科學研究的證據一致，即恐懼和貪婪等無意識情緒反應，經常勝過那些更加節制、即所謂『更高級』的反應。情緒反應在某種程度上，會讓更複雜的決策功能出現『斷電』……所以最後的交易績效比較差，也就沒什麼好奇怪的。」[56]

要是抑制情緒比較好，那麼完全消除是否會更好？這就是史丹佛大學「投資行為與情感負面因素」的研究主旨。在這個實驗中，研究人員找來十五個大腦情感處理區域受傷的人和十五個腦神經正常的人一起進行賭博比賽。研究發現，大腦受傷的受測者勇於下大賭注，而且遭遇挫折後能夠馬上恢復，所以比賽成績輕鬆地超越腦神經正常的對手。腦神經正常的受測者在整個過程中都更為小心謹慎，一旦表現欠佳就特別厭惡風險（但這時候市場的投資吸引力往往特別高）。大腦損傷的受測者不會自艾自憐、只想挽救受傷的尊嚴，因此在整個比賽過程可以保持行為一致，才會輕鬆獲勝。

所以這就是說：想要變成有錢人，大腦就動個手術吧！好啦，大概不是；但情緒乃投資之大敵，還是個事實。神經病理學家安東尼．貝卡拉（Antoine Bechara）曾說，投資人如果像個「功能性精神病患」，就可以發大財。這像是在開玩笑，但其實不是。事實上，每個人應該在每次遭遇曲折時，都能把情緒排除掉才是上策。

情感會先於理性表現出來

在十字路口等紅燈時，排在第一排的車子可說是身負光榮與神聖任務。具有如此榮耀，就該負起更大責任，就該特別警覺，在燈號轉換之後要盡快轉彎或前行。不過並不是每個人都像我這麼自覺，有些人就是行動慢吞吞甚至錯失燈號，他們也許是忙著收發簡訊或忙別的事情而耽誤了吧。這時候我都會快速按一下喇叭，提醒前車注意他們有失榮譽的行為。

最近有個週末，我就在路上碰到一位分心的司機，所以我跟平常一樣給他一聲喇叭。前面那個人馬上生氣地瞪我一眼，在轉彎的時候回我一記中指。也算是幸運吧，到了下個路口時，我又剛好停在那輛車的旁邊，這時候對方搖下車窗向我道歉。「是我自己應該注意的。」他說：「別人要是那樣對我，我也會不高興。」他對我按喇叭，一開始是覺得生氣的情緒反應。要等到再次仔細思考以後，他才能體會他人的感受，這時候他的「慢想」（Thinking Slow）反應讓他願意負起責任。雖然我一向認為那些等紅燈時不負責的人十分可惡，但這個人就像我們所有人一樣，只是在深思熟慮之前，先表達了情緒而已。

神經科學家勒杜和同事在一九九六年做了一些有趣研究，跟我在十字路口等紅綠燈時觀察到的一樣：情感會先於理性表現出來。他們研究老鼠後發現，具備感覺功能的視丘（Thalamus，執行基本訊號處理）和杏仁核有直接的神經連結，這是大腦的情緒中心。這種直接連結不必彎彎曲曲地經過新皮質（Neocortex），表示訊號在進行推理之前已經先由情感處理。老鼠確實是在牠們根本不知道發生什麼事之前就先感到害怕，這個系統可以為行為選擇提供快速評估，但品質頗為粗糙。這個研究是以查榮茨於一九八〇年、一九八四年及一九九八年的發現為基礎，證實人類也能在理性分辨之前，先直覺地感到喜歡或不喜歡。此外，我們對刺激的情緒反應會長久留存在記憶中，遠遠超出那個刺激的任何細節。例如，你可能很討厭某部電影，卻又不記得任何細節。

決策時理性與情感的交會狀況，討論重點主要在於「強度」問題。當情緒慎重控制時，似乎只是扮演通知事況的顧問角色，不會有壓倒性的作用。這樣的話可能很有用，而且可以帶來對決策者有幫助的資訊。但是情緒調節，在「量」上並不精確，強度升高時幾乎可以完全阻斷決策。羅文斯坦就寫說：「沒有人會『決定』在開車時睡著吧，但實際上很多人都這樣做過。」

安東尼·格林華德（Anthony Greenwald）一九九二年研究指出，人類大腦的記憶標記是為了日後回想方便，但理性思維卻找不到這樣的機制。有一項研究囊括一千四百部廣告片，探索其中情感訴求和嚴格理性訴求的對比。結果情感訴求的廣告片被回想到的次數，是那些比較屬於理性訴求廣告的兩倍。研究人員認為，就因為我們大腦中的情感能夠毫不費力地運作也比較執著，所以才會產生這種效果。麗塔·卡特（Rita Carter）在一九九九年寫道：「當思想和情感發生衝突時，後者被設定成會讓大腦神經迴路斷電，所以必定獲勝。」因此想要依靠邏輯理性對抗情感情緒，就好像帶刀赴槍戰！

適當的時候才運用情緒

大多數動物已經演化出壓力的適應反應，能在危險時保護自己。受到威脅時，眼鏡蛇昂首吐信、河豚憤怒鼓氣、烏龜縮回殼內。人類則是剛好相反，一旦承受壓力，似乎注定就要做錯事情。當我們需要表現出最稱頭的時候，竟是滿頭大汗；在後台等待發表重要演說時，嘴巴乾得快裂開。我們預期、猜測和擔心的能力可能是讓我們和整個動物王國區分開來，但也讓我們和大筆財富無緣。我們生命中最好的時候往往就是情緒高漲的時候：結婚、生孩子、慶祝親朋好友大學畢業。就算是在生命中最悲傷的時刻，也具備透過獨特記憶來教導和形塑行為的持久能力。然而情感雖然豐富靈魂，卻會害我們耗盡錢財，所以最好是保留到最適合的時間和季節才使用吧。

本章重要觀念

- 正因為我們愛錢，所以在做財務決策時，要更少依賴情感而非更多。
- 情感提供原始但重要的捷徑，這是為了減少消耗心智能力。
- 強烈情緒會讓我們更加依賴各種認知快捷法。
- 碰上生死交關、時間緊迫的抉擇時，情緒是可以帶來幫助，但在其他狀況下就不是那麼有用。
- 情感會讓我們無視自己立下的規則。
- 強烈感受會對行為產生同質化的影響。
- 我們很容易把自己對於結果的渴望，誤以為是它發生的可能性。
- 我們常常以為好玩的活動就比較不危險（反之亦然）。
- 強烈情感會截斷時間感受，導致我們只注意當下的自己，而不考慮未來。

PART THREE. BECOMING A BEHAVIORAL INVESTOR

第三部 成為行為投資人

我們的差異讓世界這麼有趣，但是華爾街可不是各位表現這些獨特性的好地方。投資人要做的則是，在今天先看到別人明天才會看見的投資市場。

「我們每天都在種因造業……自己遭遇的不幸禍害，大部分都能直接追溯到自己的行為。」

——亨利．米勒（Henry Miller）

日本導演黑澤明最著名的傑作可能是《七武士》，但《羅生門》才是不同凡響的神作，也是他真正的突破性創作。一九五二年奧斯卡最佳外語片《羅生門》說的是有個作惡多端的惡人接受審判，他被控殺死一名武士，還強姦了武士的妻子。這個案子總共有四個目擊證人重現案情，被告、死者（女巫觀落陰）、行腳僧和樵夫，雖然大家都很認真地描述事實，結果說法完全不同甚至是互相矛盾。這部電影探索的是主觀下的真相，並演示經驗、動機和性格如何影響我們的判斷。這故事的真正含義是，那幾段證詞其實都是在描述供證的人，案件真相反而不重要。

劍橋大學心理系主任巴特利（Frederick Bartlett）爵士是最早在控制環境下研究真相主體性的學者之一。巴特利的實驗是請受測者先閱讀一些美國原住民的民間故事，日後再請他們回憶這些故事。巴特利發現，要求受測者重新講述這些故事時，他們會以反映自身優先事項和文化環境的方式來改變這些故事。他們會省略一些自己覺得不好或感到陌生的情節，而且用自己文化的特徵來取代原住民文化。正如莫．寇斯坦帝（Mo Costandi）所言，巴特利開創的觀念是說，記憶重現時也幾乎是在重新改造。[57]

所以我們就根據自己的種種條件，以自己的形象來建立投資組合。美國人偏愛美國股票；鋼鐵工人熱愛產業股；金融從業者大買銀行股。因為害怕而不敢分散投資，又因為太過自信而重押個股。這樣的投資組合如同老夫老妻一樣，會跟你長得愈來愈像，而這種相似性其實很危險。

我們每個人的生理、心理和神經系統生來都會有點不一樣，而這樣的差異才讓整個世界這麼有趣，但是華爾街可不是各位表現這些獨特性的好地方。我們每個人要做的是打造出只有我們自己可以寫的故事，運用與眾不同的眼光來觀察世界。但是投資人要做的則是，在今天先看到別人明天才會看見的投資市場。我們每個人都需要表達自我，但成為行為投資人更需要征服、克制自我。磨練意志，對抗自己與生俱來的生理／心理／社會渴望，可能是我們必須做到的最困難又最具報酬潛力的事情之一。在本書第三部，我們要討論一些達成這個目標的具體方法。

佛洛依德的心理研究，是從描述人的心理挫折開始（提示：跟你媽媽有關），然後精神分析學派就此延續一百多年。一百五十年後又被「正向心理學」（Positive Psychology）的臨床研究所取代，這是研究我們人類感覺自己快樂、強大和特殊的原因。

對於臨床心理醫師來說，診斷是一定要的，但診斷並不是治療。他每小時收費兩百美元，可不能說你有病，然後就指著門口說你可以走了。然而現在的行為金融學卻是這樣：只是舉出一長串的偏見、誤謬，卻沒有什麼解決的好辦法。不過這種狀況就到今天為止啦！我們會從第二部中確定的行為風險管理的四大支柱入手，詳細說明它們在管理資金時的含意。請先看看以下的快速提點：

一、自我意識：傾向於過度自信，所作所為只想維護自身的能力感，而不是清醒理智的決策。

二、保守傾向：對於報酬／虧損、維持現狀／改變的不對稱偏好。

三、關注方向：以相對方式評估資訊的傾向，並且在進行決策時會先注意突出特例而忽視發生機率。

四、情感傾向：對於風險和安全的感知，都會受到個人情感穩定水準和短暫情緒狀態所影響。

讀完本書第一部和第二部之後，各位現在已經明白不良行為的成因何在，知道「為什麼會發生這種事？」，但對於「所以，我該怎麼做呢？」還不是很清楚。

接下來我們就開始這段旅程，藉著詢問：「我們真的有什麼好驕傲的嗎？」來檢視一些能夠抵抗自我意識的工具，以建立投資組合。

8 行為投資人克制自我

「我們這個時代的痛苦在於，那些擁有想像力和理解力的人都遲疑又猶豫，而那些既不遲疑又不猶豫的人卻都很蠢。」

——伯特蘭．羅素（Bertrand Russell）

「有一部分的我認為自己是個魯蛇，但另一部分又覺得自己是全能的上帝。」

——約翰．藍儂（John Lennon）

鐵達尼號沉船、車諾比核融、挑戰者號太空梭爆炸、墨西哥灣漏油，這些重大意外事故和你最喜愛的那家餐廳開店好像是沒什麼共同點是吧？但它們其實都是因為太過自信。必須明確指出，過度自信並不全然是壞事，至少有某些情況下不是。我們或多或少都希望政客表現出自我意識，也希望餐廳老闆和企業家都有自信，在面對極端不利的條件下還是敢開店做生意。[58]那麼，過度自信會是「起床追逐夢想」，還是變成一場「悲慘大災難」，又是怎麼決定的呢？為了回答這個問題，我們必須檢視自我意識的演化根源，以及它在哪些不同環境下變成我們的助力或阻力。

倫敦大學學院的認知心理學教授塔莉．沙羅特（Tali Sharot）認為，我們大概有八〇%的人都受到過度樂觀的影響。她引用一個很好笑的例子說，有七五%的人都認為自己的家庭一定會碰上什麼好事，但是認為自己家庭正朝向好時光的人卻只有三〇%。[59]康納曼的《快思慢想》（*Thinking Fast and Slow*）也說過度自信的狀況很普遍，是「最顯著的認知偏誤」，而且在某次採訪中表示，如果他能揮魔杖施法術的話，這會是他最想消除的偏誤。[60]康納曼更指出過度自信會讓其他各種偏誤變得更加嚴重，並且合理化草率和考慮不周的行為。考慮到人類本性也不是隨意演化而成，過度自信顯然是在某些環境、某些時候的確有其用處，而狀況確實如此。

要開始解開過度自信的演化適應因素，我們要先了解它的多面結構。具體來

說，過度自信有三種類型：[61]

一、過度精確：對於個人信念的精確太過確定。

二、過度定位：過度認為自己優於他人。

三、過度估算：對於成功的掌握和勝算，抱持不切實際的樂觀。

(一) 過度精確

以過度精確而言，例如我現在問各位，《聖經》裡頭提到過幾本書，請各位回答一個可以包含正確數量的範圍。請問你會提供多大的範圍？試試看吧！

你可能會回答說，例如二十五本到五十本書（詹姆斯欽定本中提到六十六本書，如果連《聖經次典》都算進去的話則有八十本）。不過各位甭管是幾本了。我剛剛說的是一個可以包含正確數字的範圍，所以你為什麼不猜是「一到一千萬」呢？像這樣的答案一定會對吧，可是實際上完全沒用。所以嘛，我們人類，就算是在不確定的狀況下，還是會努力發揮用處，即使是那樣的精確度被認為是欠缺一致性。

同樣的，如果叫股票分析師對蘋果公司一年後的股價做預測，可能也會提供一個太過精確的數字，例如一百七十三．四二美元。這雖然不是惡意，而且儘管只是猜測，精確一點總是比模糊來得好，這也是一種讓人可以理解的傾向。但糟糕的是，這也可能在無意中造成誤導，有些人可能據此採取行動，過度高估股市的預期性。

過度精確的直接後果是，根據逆勢操作投資人大衛．德雷曼（David Dreman）的調查發現，華爾街各家分析師預測各項指標的「共識」，大部分（五九％）都高估或低估超過一五％以上。[62] 德雷曼進一步分析指出，從一九七三年到一九九三年間總共出現將近八萬個預估數值，但與實際數字差距不超過五％者，只有一百七十分之一。[63]

詹姆斯．蒙蒂爾在他的《為什麼總是買到賠錢股？》（*Little Book of Behavioral Investing*）也談到預測實在不容易。二○○○年時，多種個股預測的平均值是上漲三七％，結果最後是上漲一六％；二○○八年，大家的預測平均是上漲二八％，結果後來股市大跌四〇%。從二〇〇〇年到二〇〇八年的九年中有四年，分析師甚至連漲跌的方向都猜錯。

最後是，哈佛大學的麥可・山德雷托（Michael Sandretto）和麻省理工學院的桑迪・米克里希納穆提（Sudhir Milkrishnamurthi）研究眾多分析師對一千家企業的一年期預測。結果發現分析師的預測總是不一致，誤差率平均高達三一・三%。[64] 預測股票，唯一不會出錯的是：「我不知道，其實也沒人知道！」但是這樣預測的話可就沒有龍蝦大餐可以吃了，而且也無法滿足我們那種想要掌握可預見未來的期望。

（二）過度定位

我們說到過度自信時，大多數人想到的就是過度定位：也就是以為自己比別人厲害。在二〇〇六年名為「表現糟糕」（Behaving Badly）的研究中，研究員蒙蒂爾發現，接受訪查的三百名專業基金經理人中，有七四%認為自己的投資績效高於平均水準。其餘二六%的大多數，則認為自己剛好就是那個平均水準。這讓人很難相信吧，認為自己的投資績效達於平均水準甚至更好，幾乎就是百分之百。其實大概只有五〇%的受訪者優於平均水準，那些基金經理人的過度定位顯然是非常嚴重。

詹森（D.D.P.Johnson）和佛勒在〈過度自信的演變〉（The Evolution of Overconfidence）研究中，指出過度自信可以提升決心、意志和野心以競爭稀少資源。[65]提出的模型顯示，過度自信是一種自然、甚至可說是很不錯的演化結果，當衝突中的競爭資源大於競爭成本時，過度自信可以讓個人適應力和族群穩定性達到最高。

（三）過度估算

庫克大學的一項研究中，受測者的過度估算十分明顯。在被問到一些好事（例如中大獎、結婚）和壞事（例如死於癌症、離婚）影響他們生活的可能性時，受測者對於好事的發生機率是高估了一五%，而壞事則是低估二〇%。同樣的，希瑟．雷奇（Heather Lench）和彼得．迪托（Peter Ditto）拿六件好事和六件壞事讓受測者圈選會影響到生活的可能性，上頭還附上這十二種狀況的發生機率。結果受訪者只認為六件好事中的四．七五個會影響到自己。

沙羅特博士在TED演講中曾提到，過度估算影響我們推理的幾種方式。她提到過度自信會讓我們很難向新資訊學習，而且只願意以符合自己信念的方式來更新資訊。她說有些病人原本以為罹患癌症的機率是五〇％，要是被告知機率其實比較低，例如只有三〇％，那麼他們再次評估罹癌機率時，就會向下修正到三五％左右。但要是新資訊與其原有信念不符，比方說原本預期只有一〇％，要是告訴他們發病率其實高達三〇％，那麼再次進行評估時也只是稍稍提高到一一％而已。過度估算表示我們看待自己生活，是自有一套準則和機率，跟整個廣大世界不一樣，就算是無可反駁的事實也難以改變這種看法。

＊＊＊

過度自信常常會以「我們就是又傻又自大」的滑稽方式表現出來，使其複雜性和在社交、金融及演化上的真正優勢受到掩蓋，導致在許多領域都會有自誇自負的情況。過度自信已被證實在體育、政治乃至健康方面都具備優勢。過度自信的人在遇到挫折、處理煩事難事時，會表現得更有恆心毅力，而且跟自信心較少的人比起來，他們的心理狀況會更健康。[66]

儘管過度自信可以帶來一些特定優勢，我們在此結構下所蒙受的好處實在有限；尤其是涉及一般商業和投資的話，就更沒什麼好說的。貝恩（Bain）團隊研究指出，有八〇%的企業執行長認為自己為客戶提供「更好的體驗」，但同意此說的客戶卻只有八%。[67]福利研究所（EBRI）則發現，受測者有六〇%認為自己會存夠錢過舒服的退休生活，但真正算過舒服退休生活需要多少錢的人卻只有四一%。[68]

史塔曼、索雷（S.Thorley）和渥金（K.Vorkink）的研究發現，大盤走多頭的時候，投資人都會誤以為是自己智力超群，強調自己的成功是因為操作技術好，而不是因為大盤都在漲，所以水漲船高。[69]結果，大盤正好的時候，交易量就激增；大盤不好的時候，交易量就急遽減少，這都是標準的追高殺低。研究報告〈共同基金投資決策的樂觀幻想與錯誤預測〉的作者指出，大多數受測者對於自己過去和未來的投資績效，一向都是過度高估。[70]三分之一的人認為自己表現比大盤好，其實是落後至少五%；還有四分之一的人落後一五%甚至更多。更加確鑿的證據是葛拉瑟（M.Glaser）和韋伯（M.Weber）的研究發現：「投資人對於自己的投資組合，根本無法正確估算過去表現。報酬估計與實際數字的相關係數幾近於零。」[71]

投資人誤報戰績並不奇怪，但會誤報到什麼程度才是問題所在。有三成的受訪者認為自己只是「一般」投資人，卻誇口自己的投資報酬，每年平均高估一一．五%！更讓人吃驚的是，投資組合表現與誤報差距呈現負相關；也就是說，投資報酬愈低，投資人就愈記不清楚自己的實際報酬。這正是因為過度自信，所以他們無法準確回憶和報告自己的績效。

提升自我意識可能讓你找到配偶或拿下參議員席位，自我意識能夠提升政客，也可以毀掉一個投資人。所謂的理性行為未必要符合某些普遍的思維標準，而是在整個環境條件下懂得修正自己的行為。就投資決策來說，最理性的人就是要小心地把自我意識擋在門外。

對抗自我意識的工具

各位現在要是相信自己在投資方面需要更加謙虛的話，下一個問題自然是要問：「要從哪裡開始？」承認自己的無知和不足並不容易，但會帶給你財務上和人際上的獎勵。

以下是各位可以做的事。

散播財富

每次的演講活動，我最喜歡的是在演講後，會有很多觀眾過來找我聊天。這些互動通常分為三種：讚美、批評或請教（跟網路貼文的留言評論差不多）。而我大概看臉就曉得他們會採用哪種方式。在某個值得紀念的場合，我碰上一群超乎尋常的長長人龍，也正如預期那樣，有人過來謝謝我的演講、有人罵我是個白痴，也有人找我問些免費的建議。

雖然那個罵我白痴的人可能最有趣（也最準確？），但我現在要說的是那個問我蘋果股票的先生。這位先生在對我的演講簡單致謝之後，就問我對於蘋果股價的看法，因為他總值兩百萬美元的投資組合中，這檔股票據說是占了很大一部分。嘿！我當時的個人帳戶也有這支股票，而且是我那時候最為推薦的個股，所以我是完全看好蘋果股價的。

但是，我並沒有吹噓說我對蘋果是多麼看好，反而是注意到他問題的另一部分。我問他說：「是占多大部分？」他有點不好意思地回答說：「占了一半。」我幾乎是反射動作似地說道：「你自己也知道這樣做實在是太白痴了啊！不管我對它

個股的災難性虧損

產業類別	1980 年至 2014 年期間，遭遇災難性虧損的企業比例
綜合類別	40%
選擇性消費品	43%
必要消費品	26%
能源類	47%
原物料類	34%
工業類	35%
醫療保健	42%
金融類	25%
資訊科技類	57%
通信服務類	51%
公用事業類	13%

資料來源：Isaac Presley, 'How Concentrated is Too Concentrated? A Mistake That Costs You the Whole War', blog. cordantwealth.com

是看好看壞，你這樣分配都是錯得離譜！」結果之後蘋果股價從七十四美元一路飆到一百四十二美元，但我還是希望那位先生把我的話聽進去，讓他的投資更加分散。行為投資最重要的規則之一，就是過程比結果更重要；也許最後是你對，但這只是傻人有傻福而已。

多元分散已是資產管理中大家普遍接受的好方法，不過有很多人好像已經忘了為何要這麼做。從行為理論的角度來說，多元分散就是謙虛的具體化，是管理自我風險的體現。多元分散是對金錢管理上必定帶有的運氣和不確定性表示同意，承認未來是不可知的。

正如前一頁的表格，摩根大通的研究證實：如果只擁有單一股票確實會讓人很痛苦，因為將近一半的股票都可能碰上災難性虧損。

不過多元分散也像是吃藥（或者像是糖果啦、小孩啦），吃幾顆是不錯，但吃太多就未必更好。事實上，很多人不曉得減少持股也是一種分散，而過度分散還是會造成妨礙。

真正要做到多元分散的股票投資組合，不必搞到要買幾百檔股票。最早辨析這種誤解的研究之一，是華盛頓大學約翰．伊文斯（John Evans）和史蒂芬．艾雪（Stephen Archer）做的。伊文斯和艾雪發現，投資組合的股票如果超過二十檔，多元分散的好處反而急遽下降。賴利（F.K.Reilly）和布朗（K.C.Brown）在其著作《投資分析與組合管理》（*Investment Analysis and Portfolio Management*）中首先提出這個觀點：「……多元分散的利益達於最大者，有九〇%是來自十二檔至十八檔股票的投資組合。」另外，投資大戶葛林布萊特（Joel Greenblatt）在其著作《你也可以成為股市天才》（*You Can Be a Stock Market Genius*）就說，光是把股票分成兩檔，風險就可以降低四六%，分四檔降低七二%，八檔八一%，十六檔的話可以降低九三%。從葛林布萊特的著作就知道，只要開始進行分散，它的好處就會迅速展現出來，但要是超過二十檔的上限，也會很快被侵蝕掉。

最後是晨星基金公司（Morningstar）檢視低分散（少於四十檔股票）和高分散（兩百檔以上）基金的波動狀況，發現到：「……持股較集中的基金，其波動狀況並不會比高分散基金更激烈，有些基金的持股種類雖然很少，卻是出人意料地穩定。」以下這些全球最偉大的投資大師也是所見略同，可說是絕非巧合。

投資大師對於多元分散的看法

- 班傑明・葛拉漢（Benjamin Graham）：挑選十檔到三十檔「財務穩健的大型績優股」。
- 凱因斯（John Maynard Keynes）：挑選十二或十三家「你認為自己有點了解，而且對於管理狀況完全可以相信」的公司。
- 巴菲特：「如果你是知識型投資人，了解商業運作，能找到價格合理且具備重要長期競爭優勢的企業」，從中挑選五到十檔股票。
- 賽思・卡拉曼（Seth Klarman）：挑選十檔至十五檔股票就好，因為「深入了解少數個股，要比照顧一大堆股票卻個個只懂皮毛要好得多」。

各位必須真正理解多元分散並不是要收集很多種股票，而是為了隔絕災難性虧損的機會。從這個角度來思考，就會知道我們持有個股，不但要注意數量的適當，也要對之有所了解。

行為投資人要做的，就是穿越各種思潮流派的極端觀念，找到合情合理的中庸之道。有人以為只擁有少少幾檔股票，就足以翱翔在機遇、不確定和人性錯謬之上，這當然是愚蠢的。但若是以為要把大盤買盡才叫多元分散，那還是一樣荒謬可笑。也有人認為我們對股票其實是什麼都不知道，也沒有任何可用資訊，股價、趨勢、財務數字、量化指標、內部人員的行為等，這些都無法讓人判定投資的風險有多大；這種想法也是太悲觀，所以還是很荒謬。我們如果以為自己可以預測未來，那是太自大；但若是覺得什麼也不知道，那又太虛無。

投資組合充分地分散，就能讓個股或個別產業的非系統性風險降至最低，因為手上個股減少到一定檔數，才能進行適當的審查。就像巴菲特在一九九三年的股東報告所言：「如果投資人對某個產業有更深入的了解，而且在買進股票前對其財務指標感到滿意的話，我們認為投資組合集中也是可以降低風險。這裡所謂的『風險』，按照字典定義，就是『虧損或受傷的可能性』。」

賽思．卡拉曼在剛好叫作《安全邊際》（*Margin of Safety*）的書中進一步闡釋，深入了解個股及產業和風險管理之間的關係：「我的看法是，深入了解少數幾檔股票，要比知道一大堆股票但只懂一點點要好得多。我們最好的投資點子當然會是在既定風險下產生最多報酬，其他那些五四三的想法只是做陪襯而已。」可以見得，要防止財富遭到毀滅性破壞，不只是個數字遊戲而已，同時也需要深入理解。

跟隨大眾就是人類本性的一部分，甚至（說不定尤其是）那些最激烈反對這一點的人也一樣。由「精確」和「態度」組合而成的《精態》（*Exactitudes*）是一本攝影集，從那裡頭就能看到即使是最離經叛道，宣稱自己從不跟著大家一起走的人，也一樣遵守同一套嚴格的社會規範。那本書原本是攝影師亞力・佛斯路易（Ari Versluis）和服裝設計師艾立・葉藤布洛（Ellie Uyttenbroek）的創意，以十二個人的影像為一組，分別記錄了許多種次文化類別，例如龐克族、足球流氓、畫報女郎、背包客等。這些影像的諷刺意義在於，一些離經叛道、自以為與眾不同的人，其實在裝扮和姿態上也跟同類沒什麼差別。釘飾皮鍊、超誇張的摩霍克（Mohawk）髮型和破破爛爛的牛仔褲，那些都跟預校生穿藍外套、懶人鞋當制服一樣。我們就如同雪花，雖然片片不同，其實都差不多。

同樣的，那些主動式管理的基金經理人百分之百會說逆勢操作是他們的基本價值，其實四分之三還是在模仿某個大師或典範，這樣也敢收那麼高的費用。真正的主動式管理和被動式管理都可以是明智的。但現在市場上宣稱主動式管理的基金帳戶，大多數只是收費高昂但對於投資的理解有限，這對廣大投資人來說就是應該躲得越遠越好的市場腫瘤。就一般人的了解而言，多元分散具備更多細緻概念，只有真正理解以後才能獲得根本性的管理，表達出獨特觀點，進而發揮它的財務潛力。

如果懂了，就教別人

我現在問各位一個簡單的問題：你知道馬桶怎麼運作的嗎？從一分到十分，你對於馬桶運作的了解，可以得幾分呢？現在回答我吧。都答完了嗎？好！請開始解釋馬桶怎麼運作。都說完了嗎？那麼，現在我再問一次：從一分到十分，你對馬桶的理解可以得幾分呢？

布朗大學史帝芬．斯洛曼（Steven Sloman）和科羅拉多大學菲利普．芬恩巴赫（Philip Fernbach）的研究指出，在教導概念時會產生一種謙虛效應，讓我們的信念更符合實際理解。他們運用這套技巧來修正各種信念，從單一保險人醫療保險到馬桶怎麼運作，發現到：「通常，對事物的理解愈深入，就比較不會產生強烈的情緒反應。」

這套叫作「費曼技巧」（Feynman Technique）的方法，是以物理學大師理查．

費曼（Richard Feynman）來命名，以「量子力學」聞名的大師曾提出簡單的求知三步驟：

一、先找出自己不知道的東西。

二、教育你自己。

三、再教給小孩或初學者。

簡單又漂亮的費曼技巧，既說明我們容易過度高估自己的能力，也很會把事情搞得很複雜後就自以為了解。當我們要把一個概念寫出來或向他人解釋和教導時，這些行為會發揮謙抑效果，讓我們更準確地衡量出自己對它的理解。各位下次要是覺得哪檔股票一定要買進賣出或大盤會往哪個方向走時，不妨花點時間詳細解釋為何如此。各位很很可能會發現，這時候冷靜的大腦已經可以趕上熱切的心，而透過教導的方式是讓心智和情感得以同步的最好辦法。

採取外部觀點

在進行決策時，我們傾向於依賴社會科學家所說的內部觀點。內部觀點是指我們根據自己的偏好、處世經驗、方便事例和任何想得到的資料，來認知該項決策。相反的，採取外部觀點是更多依賴機率和事實，而非方便事例和個人經驗，據此得以進行更為冷靜的評估。麥可．莫布新（Michael Mauboussin）在其著作《再想一下》（*Think Twice*）針對外部觀察，提出四個步驟：

一、選擇參考類別：可以跟你的問題互相比較。
二、評估各項結果的頻率分布：檢視成功率和失敗率。
三、估算機率：根據外部事證、時間預估、失敗率和成功的障礙等加以評估。
四、精微調整預測：順應過程中各種突發意外和環境變化調整你的估算值。

各位依靠外部資料來掌握事況，會比只根據自己的經驗更切合實際。要是某件任務大家普遍需要兩年才能完成，你也不可能六個月就做得完。外部觀點可以提醒各位就是跟普通人一樣，所以是對抗自我風險的有效方法。

成為鋼鐵人

各位可能聽過一種「稻草人論證」（Straw Man），就是以拙劣模仿手法來呈現反對意見，主要就是為了在大家面前把它拆毀，顯示自己很厲害。另有一個比較少人討論但更有效的批判性思維技巧，是為反對意見創造出一個鋼鐵人，它必須具備最佳思考和最嚴格的經驗論證。我們不需要運用稻草人作為修辭論戰的沙包，以餵養自我，而是要去建立一個能夠提升思維的鋼鐵人，會逼你在黑暗角落尋找和探索自己的新優勢。

喜歡問題

德國詩人里爾克（Rainer Maria Rilke）在《給青年詩人的信》（*Briefe an einen jungen Dichter*）中對年輕後輩說：

親愛的先生，我要不厭其煩地拜託你，對於心中的一切疑難，一定要多多忍耐，要去愛這些問題本身，把它們當做是上鎖的房間，或是用外國話寫的書。你現在還不要去找答案，因為你還體會不出來，所以你找不到的。這一切的重點，就是要親身經歷。現在，就親身去體驗那些問題吧。不知不覺中，也許在某個遙遠的日子，你就會親身體驗到答案。

西方文化喜愛確定性和虛張聲勢，但市場的不確定性讓我們必須採取一種執著於過程的動態方法，而非尋找可以解決一切問題的妙方。這裡頭的矛盾在於，必須學會去愛那些問題，我們才會找到答案。

不要急，慢慢來

多年來，科學家一直對憂鬱症的演化因素感到困惑，因為物種通常不會演化出對自己有害的東西，而憂鬱症對人類實在找不出有什麼好處，只有許多傷害。但是最近的研究顯示，深刻的悲傷可能也有強烈的演化目的，因為憂鬱傾向可以反芻問題。我們心裡一再重播某個負面事件，通常到了某一天會找到解決方法。因此當前的傷害也可能會在未來變成極大的好處。

按照杜威（John Dewey）在《我們如何思考》（*How We Think*）中所說的，我們就會做得很好：「真正的深思熟慮，必須維持和延續充分調查的懷疑狀態，在找到合理原因之前，不能接受或贊成某信念。」

傾聽大師

提出「鄧寧──克魯格效應」的大衛．鄧寧也提出四個管理過度自信的小技巧：[72]

一、終身學習：人類行為的怪癖是，知道得愈多就愈不確定。鄧寧建議終身努力學習，反而就會讓你保持謙卑。

二、敬始慎初：根據第一個建議，鄧寧警告說：「知識淺薄最是危險。」所以剛投入某種想法或計畫時，要小心剛剛了解的一些知識，可能會讓自我過度膨脹。

三、慢下來：「快思」思維是帶有偏見的思考。思慮快速進行就需要依靠過去運作過的快捷法，而不會從頭到尾徹底檢查問題。這雖然是進行低風險日常選擇的好方法，但絕對不適合投入時間與金錢的重要決策。

四、分辨自信的時機：鄧寧也承認信心自有用處，特別是在說服別人接受我們的想法時必定是要展現自信。他建議說，我們在進行評估和準備提案時要小心謹慎，不失之於過度自信，等到最後要傳達給眾人時才運用自信說服大家。

追隨人群

在行為金融界，「群眾」的名聲通常不太好，但在某些情況下，許多不同利益相關者的意見匯聚在一起，確實會產生智慧。在某些意見分歧的領域中，各類判斷匯集在一起反而展現強大的預測能力，例如好萊塢大片、運動競賽和選舉結果等等。與典型估算的判斷相比，經濟指標的平均值也能大大提升預測品質。[73]效果發揮得相當快，只需要八到十二個估算值，就能獲得跟大型樣本一樣的穩健結果。[74]

當然，這是假設錯誤都有不同來源，照書上的話來說，就是每個人都有不同的想法和假設。但這裡的危險性在於，因為人常常陷於「確認偏誤」，只會找同溫層取暖，反而讓「群眾」智慧的好處減到最低。

這項研究對投資人的實際影響，理論上至少有兩種應用。首先，當我們預期股價會劇烈偏離現況時，必須能夠清晰表達優勢。證券價格畢竟都反映出千百萬位市場參與者的預測共識。要是我們敢大膽地說，那千百萬人很快都會被證實是錯的，那麼我們最好有充分理由這麼想。其次，投資團隊也要盡量追求心理上的多元分散。投資委員會通常也是根據教育水準、社經地位、種族與性別身分來組合，這很可能也會造成大家在認知上的同質化。

再次猜想

各位現在知道群眾確實擁有某些智慧，而錯誤來源分散的估算值，其表現會比單一來源來得好。但行為決策者若發現自己只是單身一人，又該怎麼辦呢？別害怕，透過辯證的驗證過程，各位也一樣可以區分思路，減少決策錯誤。

這種名稱拗口的辯證概念是來自哲學家黑格爾（Georg Hegel），他提出正反合三步驟的真理辯證法。首先找到主題或原始概念，再接觸對立或相反的意見。黑格爾認為經過一番討論之後，正反雙方會找到綜合看法，一種合乎邏輯的中間立場。

分析證券跟黑格爾研究哲學是一樣的，你可能根據某種假設，對某支股票有某種看法。比方說，你可能看好艾克美公司的股票，因為你相信這家公司的競爭力強勁、整個經濟情勢大好，還有其他一些因素也都不錯。這個就是你的主題，而大多數的金融分析師的研究也僅到此為止。但各位必須繼續思考，萬一這些假設都錯了該怎麼辦？這就是在決策之前先進行辯證。要是出現一個強勁對手，威脅到艾克美的品牌，要怎麼辦？萬一有個低能總統說要打貿易戰，威脅到整個經濟景氣呢？各位慎重思考種種不同狀況，就會掌握股價相應變化的目標。透過各個股價目標——這是藉由原始假設與後來的修正假設而得出的平均，我們就達成了綜合看法，這就是最好與最壞狀況的中間點。

何索（S.M.Herzog）與赫維希（R.Hertwig）的實證研究發現，辯證法確實是提升決策的強大工具。雖然還比不上彙整不同族群的意見，但是透過不同假設進行估算後再綜合彙整，也可以篩檢掉七五%的樣本誤差。[75] 也許不能時時依靠群眾智慧，但透過這個簡單的辯證過程，單獨一個人也可以模擬出許多人的智慧。

＊＊＊

總而言之，行為上的自我風險是為了滿足自我、覺得自己很厲害，反而以犧牲明智決策作為代價。具體例子可能包括老派的自我感覺良好，當自以為是的信念遭到挑戰時馬上轉為防禦傾向（「逆火效應」），或者僅僅是因為自己參與其中，就覺得這個計畫比較可能成功的信念（這有個令人敬畏的名稱，叫作「IKEA效應」）。

交易日誌中過度集中的部位、頻繁的買進賣出、融資融券槓桿比例過大，都可能是自我風險留下的具體證據。不管最後是幹了什麼蠢事，源頭始終都是一樣的：為了自我感覺良好而犧牲正確決策。覺得自己與眾不同、超凡出眾是人性的自然傾向，但行為投資人要牢牢謹記的長久教訓是，一定要小心謹慎控制過度自信。我們在愛與生活之中，固然都期盼最好的結果；但若是在投資方面，就是要依照勝算來操作。

本章重要觀念

‧要提防自我意識，而投資既需要技巧也需要運氣。所以呢？要堅守超越個人天分的規則。

‧預測的正確性，跟擲銅板差不多。所以呢？如果一定要提出對於未來的預測，應該採用根據長期指標平均值的假設，而不是依靠故事。

‧投資人會為了自己的喜好，大幅誤記他們的報酬。所以呢？要詳細記錄交易決策，並監控能對財務決策產生負面影響的命中率、投資績效和外部變數。另外，派對聚會上那些吹噓自己有多神勇的傢伙直接無視即可。

‧多元分散是謙卑的具體表現，主要好處是可以保護資金。所以呢？請記住，要防止災難性暴跌，是要擁有足夠多的不同類股，也需要了解自己擁有的股票。

‧大家都會說自己是逆勢操作。所以呢？真正的逆勢操作其實滿痛苦的，而且還會懷疑自己。各位要是逆水上游也不覺得痛苦的話，可能就不太奏效。

9 行為投資人克服保守傾向

「大家都想改變世界，就是沒人想要改變自己。」

——托爾斯泰

「船停泊在港口當然很安全，但這不是船的用途。」

——美國神學家石威廉（William G. T. Shedd）

一個安詳的週六早上，你坐在沙發上正享受早晨的第一杯咖啡和你最喜歡的小說。很意外的是，你聽到敲門聲，即起身看看是誰如此輕率打斷你的週末遐想。站在門口的是一個看起來很正常的男人，髮際線稍退，前額有點禿，戴著飛行員墨鏡，穿著黑色西裝。他匆匆秀了一下證件，自稱史密斯先生，說要告訴你一些你可能不太想聽的消息。

「出了一個可怕的錯誤！」他一開始就這麼說，你早上隱隱感覺的嗡嗡聲現在很快變成焦慮：「你的大腦被誤植神經科學家做的經驗創造裝置，你生活中經歷的一切其實都是模擬，就像是醒著在做夢一樣。」史密斯先生讓這個驚天動地的消息暫時沉澱一下，好讓你可以充分理解狀況，才為你提供一個選擇：他可以幫你解除裝置、中止模擬，讓你可以過「真實的生活」，雖然這個真實生活到底是怎樣你完全不知道；或者你願意待在模擬體驗之中繼續夢下去。史密斯先生沒什麼耐性，他堅持要你現在就做出決定。你會選擇哪條路呢？

這個情境題是杜克大學研究員菲利普．德畢格（Felipe De Brigard）提出的另一版本，他的研究結果可能會讓各位感到驚訝。直覺告訴我們，接觸現實應該是很重要的，所以我們大多數人都會希望活在「真實世界」裡頭，而不是神經科學家精心炮製的虛擬人生吧。結果有五九％受測者選擇跟模擬裝置過日子，只有四一％的人挑選「紅藥丸」解藥。雖然接觸現實的衝動也許很強烈，但還不到我們以為的那樣強烈。

我們的保守傾向也表現在可說是有史以來最出名的商業個案研究：可口可樂公司在一九八〇年代推出新口味的可樂。新口味的可口可樂在商學院被視為極為罕見的商業失誤，但可口可樂高層主管大概以為，他們面對的是理性的經濟人而不是善變的智人。

如果不是真的做過密集的焦點小組測試，可口可樂也不會做出那樣大規模的改變，事實上他們做了很多次口味測試，發現接受盲測的試喝者以顯著的差距，顯示更喜歡新口味。然而，等到可口可樂真的推出新口味，原始口味的銷售量還是以三倍優勢遙遙領先！正如薩繆森和察克豪瑟在《風險與不確定季刊》（*Journal of Risk and Uncertainty*）的論文所言：消費者雖然對新口味有明顯的偏好，但在銷售上卻是舊偏好占上風。大家也許更喜歡新口味，但這個新喜好仍然不敵舊的舒適感。[76]

保守傾向的來源

如果我們對於維持現狀的偏好只限於無聊的《駭客任務》（*Matrix*）場景或可樂口味，我們大概就不必如此浪費時間來討論這個問題，但是我們的保守傾向卻對生活和投資決策的品質都有嚴重影響。

退伍軍人常常又回鍋重新加入部隊，因為他們不知道自己還有什麼選擇。[77] 業務員努力地把自家產品或服務定位於競爭對手之上，其實是面對著一個更加頑強的敵人：消費者的慣性。根據銷售指標指數（Sales Benchmark Index）公司的調查，有六〇%的合格潛在客戶最終「不會採取行動」，表示他們不會做出選擇。儲存退休金是我們面對未來最重要的財務任務吧，然而退休金儲戶卻總是傾向於接受企業的原始設定；理查．塞勒團隊將此傾向巧妙地轉為投資人優勢。[78] 沒錯，保守傾向無處不在，這是因為我們的心理及神經運作過程都需要這種傾向。

倫敦大學學院的一項研究檢視維持現狀傾向的神經運作過程，發現我們面臨的決策愈困難，就愈不會行動。該研究成果後來發表在《美國國家科學院院刊》，受測者是在玩網球的「邊線裁判遊戲」，由研究人員透過功能磁振造影（functional Magnetic Resonance Imaging,fMRI）掃描大腦。受測者看到網球在邊線附近觸地的影像，就要馬上判斷它是在界內還是界外。

在遊戲的每一回合，都會提供一個預設選項，受測者必須按住按鈕才能表示同意，放開按鈕才能改變選擇。調查結果顯示出一致的接受預設選項的傾向，而且是主觀判斷愈明顯時，接受預設的傾向也愈明顯。隨著任務難度提高，這種趨勢導致的錯誤判斷也愈來愈顯著。同時磁振造影掃描發現，受測者在否定預設選項時，大腦視丘下核（Subthalamic Nucleus,STN）會變得特別活躍；研究人員也注意到前額葉皮層的活動增加，這是大腦處理困難心理問題的區域。這項早期研究顯示，視丘下核可能是大腦處理困難決策、改變現狀的最重要部位之一，而這樣的行為既費力而且認知運作的成本高昂。[79]

後來又做了第二次研究發現，錯誤地否定現狀比錯誤地接受現狀更加燒腦。簡單來說就是，要是多動多錯的話，我們的大腦寧可什麼也不要做，就這麼維持現狀繼續錯下去也沒關係。這種不對稱的偏好跟我們厭惡後悔的心理是一致的，也就是說，雖然不採取行動可能遭受同樣的損失，但要是採取行動仍然遭受損失，就讓人感到更加懊惱。保持現狀不會被當作是一種選擇，判斷錯誤才是，所以在不好的結果發生時，我們的自我滿足也臻至最高，這會讓我們覺得好過一點。[80]

我們觀察到的保守傾向行為，大多數是因為大腦處理資訊的方式所致。在我們處於平靜狀態時，大腦處理新資訊得花上八到十秒，要是處於壓力之下還得大幅延長。因為壓力可能將處理速度變成緩慢爬行，所以我們會特別倚重某些解決方式，例如接受預設或維持現狀，而不去考慮其他選項。演化心理學家認為這種近乎癱瘓的心理狀況，其實也會帶來一些生存優勢，因為獵食者有時候就是看不見靜止不動的獵物。不過就像一頭鹿可以在森林裡維持不動，但要是僵在公路上就很不好，各位可以在非洲大平原上維持不動，可是在華爾街不行。

前面討論過的神經運作過程導致的人類保守傾向，在許多不理性認知過程，包括稟賦效應、單純曝光效應、家鄉偏誤、後悔厭惡和虧損厭惡等的相互作用下，就會在行為上表現出來。各位請記住我們之前就說過的，人類的大腦和身體都希望以最節能的方式來運作。而依靠過去曾經有效或延續一直以來的作法，就是一種非常有效的認知方法。所以嘍！當決策變得更加複雜、權衡取捨都非常燒腦的時候，維持不變的傾向就會更加明顯。

理查．塞勒認為這種傾向是源於稟賦效應，也就是僅僅因為某個東西是屬於我們的，我們就認為它特別有價值。不管這種東西是觀察世界的方法、政治上的意識形態或者是實體物質，我們都會因為自己擁有而傾向於更喜歡。這種傾向雖然對於提升自我價值感有明顯好處，卻會讓人在面臨新舊事物做比較時，更難冷靜評估真正的價值。康納曼說這種慣性行為是來自我們對於虧損的厭惡，他說維持現狀會變成我們的基準點，而與它發生的任何偏差，甚至是正面偏差，都會被當作是虧損。又因為虧損感受的強度是獲利獎賞的兩倍，所以行為模式都傾向維持不變。

對抗保守傾向的工具

各位現在已經知道自己做決策時會傾向依靠安全和熟悉的作法，但這種傾向反而招致危險後果。我們實際上要怎麼克服這種自然的保守傾向呢？

立足家鄉、放眼世界

「家鄉偏誤」是指，認為本國股票比國外股票更安全也更容易理解的傾向，這表示全世界投資人的國外股票投資比重都明顯不足。因為按道理來說，我們對於特定國家的股票投資比例，應該與該國股市占全球總市值的比例一致。根據摩根士丹利公司的估算，美國股市總值占全球不到一半，但是美國人投資美股的比例平均高達九〇%，真是讓人不敢相信！[81] 某些區域甚至也會出現這種地理偏好的傾向，例如東北部就特別喜愛金融股、中西部比較偏重農業股和能源股。

各位如果覺得這種傾向在美國這種經濟大國算是相當危險，那麼請想想那些市價總值只占全球一小部分的國家，投資人更會因此遭遇多大的破壞。比方說英國吧！英國人的股票投資平均將近八〇%是保留給英國企業，然而大英帝國的股市總值甚至不到全球的一〇%。

更讓人難以相信的是，不只業餘人士會有「家鄉偏誤」，專業的投資專家竟然也一樣嚴重。曼徹斯特大學和蘭開斯特大學的研究人員調查美、英、歐、日基金經理人，問他們對美國股市的預期。從一九九五年至一九九九年的調查期間，美國基金經理人的一年期預測，都比其他地區樂觀許多。同樣地，在問到對其他國家股市的成長預期時，美國基金經理人的預估數值又比其他國家低很多。[82]

馬克・吐溫曾諷刺說：「旅行專治偏見、頑固和心胸狹窄，我們有許多人都很需要這帖藥方。人的一生要是只在地球的一個小小角落長大，是無法獲得對人對事的寬容開闊、健康而慈悲的心態。」當然，馬克・吐溫說的就是旅行去接觸新地方，但各位投資人也該明白這段話能應用到投資上。我們對於投資不熟悉的地方，普遍存在著狹隘的想法。但我們都應該明智地認識到，勤勞和聰明不會是任何地方的特權，因此對於投資更應該實事求是。

人無遠慮，必有近憂

我們的自我保護系統有其演化根源。直到不久之前（相對於演化的長遠歷史），我們的祖先還是每天都要被迫做出生死決策。生活在非洲大草原的老祖宗可能一個彎轉錯邊就完蛋了。在長久以來的歷史中，決策一向是跟人身安全和生理需求密切相關。在這種生死攸關的場景中，以犧牲自我實現為代價來降低風險，才是唯一王道。但是到了最近幾千年來，事情發生變化，但我們的思維方式還沒跟上腳步。

以馬斯洛需求（Maslow's Hierarchy of Needs）而言，已開發國家的基礎需求都已獲得滿足，大家都有足夠的食物、飲水、睡眠和安全。在滿足基本需求之後，大家就不得不面對更多形而上的問題，例如尋找認同歸屬和追求自我實現。可是我們這個大腦和長久以來的決策模式，卻不適合這個現代環境。我們的天生設定是選擇安全，即使是犧牲快樂都在所不惜，但現代這個環境卻是安全很多而快樂很少、很難找。除非我們學會訓練大腦以更平穩的方式來評估風險與報酬，否則我們會一生陷在風險厭惡之中，任何一丁點能帶來絲毫快樂的風險都無法忍受。

請各位想像一下，現在有兩個投資選擇，資產A和資產B，而各位必定會選擇風險小的那個。在過去一百多年以來，資產A在十年滾動期的表現都優於資產B，而且若是拉長時間到三十年期來做比較，更是百分之百居於領先；這個時間區段和退休儲蓄一致。在二十年滾動期上，資產A百分之百可以對抗通貨膨脹，但資產B只有三一%的時間打敗通膨。經通膨調整的年度報酬率，資產A是七%，資產B是一%。

各位認為哪個風險比較大？資產A還是資產B？

對這兩個隱藏名字的資產，我想大家都會選擇資產A，覺得它的風險比較低吧。資產B的投資報酬，在大部分時間是連通貨膨脹都比不上，說得直白一點就是一直在虧錢啊。但是這裡的資產A，其實就是股票，現在大家還是認為它的風險比資產B——債券——更高。

我們對於股票和債券風險的看法，跟實際表現偏離嚴重，又會造成什麼後果？不管是在市場還是在日常生活，我們對於風險的評估都只會注意到短期損害，而不考慮長期報酬。股票無疑是有可能帶來短期損失，雖然它在長期上一向是可以預測也會帶來報酬。因為我們對於今天的重視更甚於未來，寧可選擇平庸的確定，而不敢追求偉大的可能，所以膽小投資大眾提供給行為投資人的股票風險溢價就會大到難以想像。這個溢價只需「反其道而行」就能到手：要優先考慮明天更甚於現在。

買你（不）知道的

如果要各位說出一幅全世界最有名的畫，你會說哪一幅？很多讀者大概會說達文西的「蒙娜麗莎」吧，這可說是全世界最有名的藝術品。但各位可知道，這幅大師鉅作其實在沒多久之前，也被認為是達文西的凡庸作品嗎？「蒙娜麗莎」之所以超凡入聖成為神作，其實是跟一樁犯罪引發的人類心理反應有關。

一九一一年，羅浮宮有個雜務工把這幅畫拿下來，從博物館帶回家。超過二十四小時以後，才有人發現「蒙娜麗莎」不見了！各位從畫作完全欠缺安全防護就可以知道，當時這幅畫絕對不像現在所說的那麼偉大。但隨著報章傳媒開始報導，熱烈哄炒竊案種種謎團，大家才漸漸知道這幅畫。兩年後這幅畫找到了，「蒙娜麗莎」

也就成為羅浮宮的鎮館之寶，大家都吵著要來看它到底是何方神聖，竟能引發這麼多人大驚小怪。直到發生竊案以後，「蒙娜麗莎」才真正獲得公眾關注，也才贏得藝術界的推崇和尊敬。我們一直以為「蒙娜麗莎」是因為它很特別才會這麼受歡迎，但事實上剛好相反，她是先受到歡迎才讓人覺得特別。[83] 心理學管它叫作「曝光效應」(Mere Exposure Effect)，也就是因為熟悉而產生偏好的過程。

很多人都聽過彼得．林區(Peter Lynch)給投資人的建議是「買你知道的東西」：從每天使用的產品和服務中去尋找好股票。雖然他是非凡的投資人，但那個建議還是很蠢。因為我們天性傾向保守，所以會把自己熟悉的東西看作是風險比較小，因此就會特別注意那些自己已經知道的東西。我們會把熟悉的東西誤以為是好選擇，甚至嚴重到以為股市代碼可以發音的股票(例如代碼為 MOO 者)會比不能發音的股票(例如 NTT)來得安全。所以，不要再小鼻子小眼睛地在當地小商場找什麼偉大投資嘍！要跨越地理區域和資產類別，同時蒐羅熟悉和陌生領域來擬定投資計畫。

不要知道自己擁有什麼

「電車難題」是很多哲學、倫理學課程常常討論的主題。這個問題有一個版本是這樣的：

軌道上有一輛失控的電車，前方有五個人被綁在軌道上無法動彈。電車正朝著他們飛奔而去，這時候你雖然站在離車站有點遠的地方，旁邊卻剛好有個轉轍桿，可以改變電車行走的軌道。但你發現另一軌道上也綁著一個人，而且是你的朋友。你有兩個選擇：

一、不要拉轉轍桿，讓電車壓死那五個人；

二、拉動轉轍桿，讓電車改變軌道，壓死你的朋友。

這兩個肯定不會讓人覺得愉快的選擇，你會選哪一個呢？從功利主義的角度來說，應該要拉動轉轍桿，挽救最多條人命才對。在所有條件都一樣的情況下，我想很多人都會同意，拯救五條人命比一條人命更好吧。但我猜有很多人還是不會去拉轉輸桿，雖然拉桿確實是最可能帶來更好的結果。各位會這麼選擇的原因有兩個，都跟保守傾向有關。

首先是，選擇拉動轉輸桿來改變現狀，完全就是做出決定的感覺。而不行動的話，雖然也是一種決定，但跟行動比起來就是沒什麼感覺。第二的原因是，你的朋友是因為熟悉感而獲得偏愛，另外那五個人就沒有這等幸運嘍。就因為那是你認識的朋友，所以你的是非對錯觀念就徹底改變了。各位在尋找、買賣和追蹤股票時，也是一樣的（當然沒這麼生死關頭啦）。由於「稟賦效應」發揮作用，你會對你熟悉的股票和擁有的股票特別重視，進而高估它們的價值。

那麼該怎麼辦呢？最可靠的方法是：不要知道自己擁有什麼。這個建議雖然會讓大多數人覺得怎麼可能，但其實是有常識根據的。事實上，現在有些基金經理人已經接受這個想法。《今日美國報》（*USA Today*）曾報導過認同行為投資的基金經理人湯瑪士．霍華（C. Thomas Howard），報導寫說：

湯瑪士．霍華的投資方式可能是有史以來最奇怪的一種。這位以前在商學院擔任教授的六十六歲投資人買賣股票，卻不知道那些股票是哪家公司的，也不知道自己花了多少錢買進那些股票，而且從不費心追蹤股票的漲跌。但是啊，嘿嘿！過去十二年來雖然歷經華爾街的瘋狂起伏，這種蒙著眼睛做股票的方法，卻讓他的旗艦基金「純真雅典娜」（Athena Pure）每年獲利平均高達二五%，成為華爾街最好的投資商品之一。[84]

由於單單是「擁有」本身就會扭曲價值觀，對於買賣決策產生不良影響，所以基金經理人最好的作法，就是不要知道自己買了什麼。也只有這樣，才能根據規則，做出冷靜的進出決定，徹底擺脫「稟賦效應」的束縛。

擁抱風險的混亂

> 「在三萬英尺上空，還說什麼安全門操作啊？這種安全只是一種幻象嘛。」

在電影《鬥陣俱樂部》（*Fight Club*）中，男主角嘲笑航空公司的安全規定是在打假球，這說法也可以應用到理財顧問針對客戶的風險承受能力問卷，那根本沒用。「風險承受能力問卷」（RTQs）也是提供客戶一些安全的幻覺，彷彿可以看透什麼，這種貌似研究好像是在說，風險承擔的行為是限定領域、受背景脈絡影響和處於動態變化之中。有些學院派則是巧妙地把「風險承擔能力」和「風險感知」區分開來，以避開這一點。

所謂的「風險承擔能力」是指我們對於風險的長期靜態傾向，而「風險感知」則是受到背景脈絡因素影響的動態能力，就像是震盪期間的股市會波動一樣。學術界很快就指出，風險承受能力是不會變的，而且研究也證明這一點。他們認為，就算你在某些緊急情況下做出錯誤的行為，你心裡還是能正確理解風險和報酬的得失權衡。對於那些在錯誤時機買賣股票，或者是接到客戶恐慌電話的理專投顧，這些象牙塔研究實際上都沒什麼用。說到底，承擔風險的行為才是最重要的，而且事實上它就是可以改變，而且跟背景脈絡有關。

有些問卷還會問一些跟金融、財務無關的風險承擔行為問題，來評估投資人的風險偏好。這樣雖然會讓無聊的問卷增加一點樂趣，但是你敢不敢去空中彈跳跟你會不會在空頭市場抱緊股票完全無關。正如尼可森（N.Nicholson）、方敦歐克里維（M.Fenton-O'Creevy）、索安納（E.Soane）和威爾曼（R.Willman）等人的研究指出：「光靠一種心理問卷無法預測其他各種領域的冒險行為，我們無法解釋一個在金融決策上極端厭惡風險的人，為什麼又會特別喜愛非常危險的運動。」[85]

還有一種問卷是詢問假設狀況，比方問說：「如果股市向下修正二〇%，你會怎麼做？」期待這種假設問題可以針對市場動盪期間發揮預測能力。然而科學證據再次潑了冷水：「此外，在紙面上做出假設性財務決策，和市場交易時的真正財務決策，兩者之間的關聯性並未發現多少直接證據。」[86]

許多研究顯示，冒險行為和受測者的情緒狀態以及任務的情緒影響因素有關。比方說，相較於任務以正面詞句來表述時（「這是你可能獲得的報酬」），受測者在以負面詞語表述的任務（「這是你可能的虧損」）中更願意承擔風險。情緒和心情與冒險行為也有密切關係，心情好的人對於風險認知容易出現扭曲。羅聞全研究團隊指出，風險承擔行為會跟投資人的情緒變化產生互動，因此受到環境變數的影響很大：

這些限制顯示，風險承擔可能是跟背景脈絡有關，如果根據某些標準化維度來描述背景特徵，可能會是更有成效的探索方式。我們認為決策者的情緒或情感狀態，還有某些環境情感因素，都會是合適的特徵描述。[87]

要衡量我們大腦對於風險的概念，或是在個人神經過敏和特定情境誘導恐懼本性相互影響時造成的冒險混亂經驗，大多數的風險能力承受問卷在這些方面都不會有什麼用。因為大多數問卷都無法測量背景脈絡或情緒反應，所以效用也就很有限。或許這就是傑森．茲威格為什麼會說問卷的測試與再測信度（Test-retest Reliability，同一受測者重複受測又做出同樣結果）像是在「丟銅板」。古希臘哲人赫拉克利特（Heraclitus）說：「沒有人能走進相同的河流兩次，因為那條河已經變得不一樣，人也不一樣。」這個說法也非常適合用在風險管理。

消除虧損恐懼

在美國史上第二嚴重的金融風暴時，製造商現代汽車（HYUNDAI）推出一套深諳人性心理的計畫，這家公司或許也正因此而獲得解救。因為經濟上的憂慮，很多人都不敢買新車，而且當時大家都害怕自己會失業，現代汽車因此推出一套保證計畫，向消費者承諾說日後萬一失業，該公司願意再把車子買回去。其實到最後又把車子賣回去的只有三百五十人，但是現代汽車靠這套保證計畫有效消除買車時的恐懼和焦慮，讓他們在二〇〇九年的銷售量高達四十三萬五千輛，在許多汽車公司破產的當時，他們還成長了八%。[88]

也許現在主動式投資的基金管理最骯髒的小秘密，就是很多基金經理人都害怕大家知道，他們的基金其實只是被動式管理，卻又收取高昂的主動式管理費用。雅典娜投資公司（Athene Holding Ltd.）的湯瑪士．霍華在深入探索共同基金指數化現象時也說過：「一般基金的投資狀況，低信念部位遠遠超過高信念部位，其比例大約是三比一。」[89]

馬汀．克雷默（Martijn Cremers）和安帝．佩塔斯托（Antti Petajisto）在二〇〇九年的研究報告提出「主動投資比率」（Active Share）的概念，即基金經理人建構的投資組合中，各投資標的占基金持股權重和作為比較基準的指數權重有多大的差異。他們發現，真正的主動式管理基金（與基準指數權重有六〇%以上差異）的投資績效的確是比較好，而且差異愈大，投資績效也會愈好。

二〇一三年的追蹤研究中，佩塔斯托更發現到，在一九九〇年至二〇〇九年期間，這些主動式投資組合的表現非常好，而且在遭遇金融風暴時也比較穩定。他說：「我發現那些最積極主動的選股者都能為投資人增加價值，在扣除所有費用和開支之後，他們每年的投資績效還是超過基準指數一・二六%。」

柯恩（R.Cohen）、波爾克（C.Polk）和席希（B.Silhi）二〇一〇年研究發現，基金裡頭最佳創意（由投資部位規模來決定）的投資績效，平均是每年達到六%。更重要的是，他們發現這個投資部位如果變小，整個投資績效也會逐漸減少！因此對於主動式管理基金的表現普遍不佳的諸多討論，都得出錯誤結論，以為問題癥結是因為經理人不會選股。但其實剛好相反，困擾主動式管理經理人的，大多數不在於他們沒有選股能力，而是他們不敢建立夠多的持股部位，以成功提升整個投資績效。

那些雇用專業人士的雇主要跟現代汽車學習，消除那些因為追蹤錯誤和擔心職涯風險而造成的恐懼和焦慮。行為投資人應該要靠創新、勤奮、誠實和最重要的嚴守深思熟慮的過程來爭取獎勵，而不是一味擔心自己的工作。只有職涯誘因能跟最佳實務配合一致，並對人性行為深入理解，我們才能找到真正可託付的主動式管理資產經理人。

拖延（一點點就夠了）

過度保守傾向的最好療方，說不定各位也都已經在服用：拖時間。在蒂爾堡行為經濟學研究所（Tilburg Institute for Behavioral Economics Research）的研究發現，如果要求馬上做出決定，八二%的受測者會選擇預設選項，但要是讓他們稍微延後一點時間再做決定，則接受預設選項者減少到只有五六%。急促匆忙正是優良決策的大敵，要馬上做出決定就會讓我們更加依賴偏誤思維，也更容易接受維持現狀。[90]所以，各位需要做出重大投資決策時，對於當下的選項一定要多花點時間好好想一想，看看在深思熟慮之後是否維持原議。

減輕災難

彼得斯（E.Peters）和斯洛維克把風險的心理要素分為兩個部分：恐懼和對於未知的風險。恐懼指的是害怕遭遇資金重大虧損，而未知則是事先無法預料到的災難風險。

研究學者明確地把風險與不確定性區分開來，因為前者是已經知道發生機率，而後者則是什麼都不知道的賭博。用一副撲克牌玩「二十一點」是有風險的遊戲，而拿錢在資本市場上做投資，就像是置身在危險的不確定性連續帶之中。雖然說起來好像是差別不大，但透過神經影像進行研究可知，我們碰上風險和不確定性時，大腦活動的部位其實是不一樣的。研究人員利用磁振造影掃描發現，會讓前腦島和杏仁核大肆活躍的，是面對模糊不清的狀況而非風險。同樣地，他們發現大腦受傷的受測者在面對風險和不確定性時的大腦活躍狀況並無差別，但這樣反而讓他們的行動比正常人更加理性，實在是非常諷刺。

在了解發生機率的風險狀況中，我們才會進行邏輯思維，利用統計來思考。而像是資本市場這種不確定的狀況，四處都是「未知的未知」，就需要用經驗法則進行比較寬鬆的控管。資本投資都會帶來許多未知狀況，但結果的不確定就更需要流程上的確定。因為行為投資人在長期上傾向對自己有利的機率，就能減少不確定性，並且提高以正確理由獲得正確結果的可能性。

雖然大家都不喜歡不確定的事情，但要是沒有它，我們的世界也會變得單調乏味。做股票沒錢賺、運動比賽變得超無聊，甚至連喜劇都不好笑。各位可以想想，有些人害怕失戀傷心而不敢大膽追求愛情，這樣的人生其實只是孤單寂寞覺得冷。也有些人本來應該是個功成名就的創業家，但是因為不敢跨出自信的一步，到最後還是委曲做一些自己討厭的工作。這種對於虧損的過度厭惡導致畏縮不前，它最大的諷刺就是正因我們想要嚴絲密縫一滴不漏地進行控制，反而讓我們最害怕的恐懼變成現實。我們因為恐懼而扭曲對於風險與不確定性的看法，但事實上這些意料之外才讓整個世界變得更有趣，行為投資人對此一定要有清楚的認識。

不後悔

很多保守傾向最後會變成後悔厭惡：就算採取行動可能獲勝，也寧可不行動而虧損。同樣的，設定規則的制度，還是避免後悔厭惡導致癱瘓的最佳方法。研究顯示，買進、賣出或觀望不動的決策都會在情緒冷靜的狀態下做出，而且這種完全依照規則而行的辦法，不再容許自由裁量作祟，也讓基金經理人找到一隻替罪羔羊。日後萬一出現問題，責怪模型總比踢自己的屁股更好吧。

為最壞情況做準備

龐貝居民眼看維蘇威火山爆發都好幾個小時了，為什麼還不跑？卡崔娜颶風慢慢靠近紐奧良，為什麼還有幾十萬人不願撤離？當鐵達尼號漸漸逼近冰山，為什麼這艘豪華客輪的乘客還是不聽從指揮，棄船逃生，最後竟跟沉船同歸於盡呢？

前列那些面對災難時的癱瘓事例，都是因為想像力不足才招致厄運，心理學上稱之為「正常化偏誤」。簡單地說，就是以為「以前是怎樣，以後也會繼續下去」。龐貝城以前也曾經地震過啊，紐奧良過去也有過颶風襲擊啊，這些城市的居民都以為這次會跟上次一樣。結果並不是。以為自己過去的經驗已經包羅萬象，人生不會再有意外，像這樣受到正常化偏誤影響的人據估計高達七〇%。[91]

社會學家湯馬仕・卓貝克（Thomas Drabek）二〇〇一年研究發現，當自然災害降臨，接獲撤離指令時，災民平均會檢查四個不同的消息來源才會採取行動。[92]記者亞曼達・瑞普立（Amanda Ripley）在《生還者希望你知道的事》（*The Unthinkable: Who Survives When Disaster Strikes*）中說到，我們面對危機到決定採取行動要經過三個階段：否認、謹慎思考和果斷行動。瑞普立這三招雖然是為天災而創，對那些可能碰上金融風暴的投資人也很管用。

行為投資人一開始就不會否認，因為我們都明白投資生涯總會碰上金融動盪，市場向下修正幾乎年年都有，而確確實實的空頭市場平均每三年半就會出現一次。打從一開始就深入理解市場時有動盪的本質，並且老老實實地接受，才是安穩投資的先決條件：過去碰到的，以後還會再有；以前沒經歷過的，只要再等久一點總會看到。

深思熟慮和果斷行動就很可能會出問題，因為在我們最需要把整個身體動員起來的當下，往往就是心理上最糟糕的時候。我在《行為投資金律》（*The Laws of Wealth*）這本書中曾引述研究資料說，一般投資人碰上財務威脅時會降低一三%的智力。在潛在威脅到來之際，最能防止不良行為的最佳解藥，就是設定一套管理風險的投資系統，不管碰上什麼狀況都要嚴守規則。這套系統的具體類型，不管是概略分散的簡單程序或比較複雜的策略系統，最重要的，就是在平時仔細釐定規則，緊急時刻嚴格遵守絕不違背。

要是碰上比歷史上所見更嚴重的股市狂熱和恐慌，一套深諳人性行為的投資模型必定可以表現得非常堅定強健。我可以再告訴各位，全世界每一個已開發國家的股市都曾經遭遇至少重挫七五％的空頭行情，所以各位有生之年都有可能會再碰上這種災難。不過我們行為投資人可不只是為了曾經發生過的事情做準備，我們是為了可能會發生的事情做準備。時間如果拉得更長的話，所謂的「大蕭條」可不一定就是最大最嚴重的經濟蕭條。行為投資人最困難的工作是建立一個系統，它既要看出市場波動大都只是短期現象，同時又能謙卑地承認金融市場都有無上的摧毀神力，不幸碰上即無可復元。

翻轉出奇招

投資大師巴菲特的得力伙伴查理・蒙格（Charlie Munger）最常被人提到的名言就是：「逆向思考！永遠要逆向思考。」這句話雖然是蒙格說的，但它其實是來自數學大師卡爾・雅可比（Carl Jacobi）提倡反省的好處：「為什麼我可能是錯的？」或者「這個狀況還能怎麼看？」以人工智慧（Artificial Intelligence, AI）的末日思考而聞名的尼克・伯斯特隆姆（Nick Bostrom）提出一套更精細的理論，「反向測試」。伯斯特龍姆說：

要是提議改變某個參數，被認為會對整體造成不良後果，那麼可以考慮針對該參數做相反方向的改變。如果這樣還是被認為會對整體產生不良後果，那些做出如此結論的人就必須提出解釋，為何改變那個參數不能改善我們的投資部位。要是他們說不出原因何在，我們就有理由懷疑他們陷入現狀偏誤。[93]

為了讓各位更直觀地理解這個想法，請想想你早上喝的咖啡。假設你接受某個理財大師的建議，要質疑自己的每一筆支出，而你每天早上一定要喝杯星巴克，所以你現在準備來思考這個問題。但「逆向測試」不是要問你要不要花五塊錢買咖啡，而是要問：「我可以花五塊錢，但能不能不要喝咖啡？」如果可以的話，那就別再喝了吧。蒙格和雅可比的逆向思考和伯斯特龍姆的反思測試，都是重新塑造思維的簡單方法，讓我們可以脫離傳統束縛，轉向更為清晰的思維方式。

＊
＊
＊

保守傾向的風險，是我們對「獲利／虧損」以及「維持／改變現狀」的不對稱偏好帶來的副作用。我們愛贏不認輸、念舊不嗜新，都會讓我們清晰觀察世界的能力受到扭曲。這種保守效應可以在我們抵制新方式（現狀偏誤）中觀察到，就算是大幅降低風險仍然偏好沒有風險（零風險偏誤），而且把現在的自我看作比未來需求還重要。

偏好熟悉事物是可以理解的，但這樣會剝奪我們結交新朋友、探索新事物和適當分散財富的機會。樂於接納不熟悉的事物，既能豐富生活也能改善投資。

抵抗保守傾向的投資組合

- 個別資產類別的風險認知，通常來自它的短期表現而非長期。所以呢？行為投資人會加重這種風險被高估的資產，例如股票。
- 風險承擔更多是受到環境因素的影響，而非個人條件。所以呢？要避免會引發恐懼的情境狀況，確保投資組合管理是根據規則而非隨意擺布。
- 泡沫行情是資本市場反複出現的自然現象。所以呢？打造一個根據規則運作的投資系統，避免每隔幾年就會發生的災難性虧損。

10 行為投資人磨練專注力

「現在那種沒用的資訊少之又少，實在是非常可惜！」

——奧斯卡．王爾德（Oscar Wilde）

美國麻州在殖民地時代的一六九二年至一六九三年曾發生賽勒姆審巫案，最後造成二十幾名女性死亡。美洲新世界對女巫的恐懼，其實也是源自歐洲。從十四世紀初到十七世紀末，歐陸有成千上萬個女性因為被控遭受魔鬼蠱惑而遭到無情處決。到了十七世紀後期，英王威廉和法國在美洲殖民地開戰，成千上萬的難民流離失所，有很多人逃到麻州的賽勒姆。大量難民的湧入使得本來就已陷於艱困的社區倍感壓力，讓當地住民的恐慌情緒更是師出有名。一六九二年一月，當地一名牧師的女兒和她的兩個閨密突然無緣無故爆怒抓狂，滿口胡言亂語，甚至身體痙攣。

我本人也是身為三個孩子的爸爸，我覺得這狀況在我家也算平常！抱歉，我離題了。但那個時候當地有個醫生說這些症狀是超自然現象，女孩們受此煽動轉而指控三名婦女詛咒她們：一位上了年紀的老婦、一名流浪婦女，還有一個加勒比海來的女奴。前面兩人都激烈地否認指控，但最後那個叫作提圖芭（Tituba）的女奴卻供稱自己和暗黑勢力合作。她這麼一承認，迅速點燃居民的恐慌，原已沉寂的獵巫狂熱隨即在美洲殖民地轟轟烈烈地展開。

那麼，殖民地那些遵守法律、嚴守秩序的好基督徒，也不會找不到證據就燒死女巫吧。但是獵巫專家自有一套鑑別女巫的方法，包括目擊者證詞和「幽靈證據」，比方說你要是夢見被告詛咒你，那就算是證據。

不過最有名的是用水來做審判。被告會被扔進水裡，如果浮起來就表示有罪，淹死的話則是證實遭到誣告（這對已經死亡的無辜被告也算是個小小的安慰吧）。就是這樣，當地人組織的私刑法庭根本是按照一些亂七八糟的規則在運作，也完全沒能力收集正當證據。像那個用水審判，不管怎麼判都是死路一條啊。在進行風險決策時，我們都會希望能夠冷靜地根據證據來做判斷，但當時幾乎是不可能做到的。

「關注風險」是因為我們採取相對方式來評估資訊，在進行決策時，只注意到那些明顯事物而忽略發生機率。這種明顯突出事物，心理學稱之為「顯著性」，表示我們的注意力會被機率低但想起來很可怕的事情所吸引，例如遭鯊魚攻擊，卻忽略那些發生機率很高但看起來似乎不危險的事，例如在車水馬龍之處搞自拍（是的，去年死於自拍的人要比遭到鯊魚攻擊多得多）。新英格蘭地區的人也是因為一些荒謬但恐怖的故事而引發道德恐慌，才會忽略審判女巫根本是沒用的事。

我們也會因此高估不熟悉事物的風險、偏好國內股票（「家鄉偏誤」）和熟悉的名字（單純「曝光效應」），而不管其基本面條件到底好不好。在這種注意力才是寶貴資源的時代，我們一定要小心提防各種噪音干擾，這就需要一套能夠區分意義訊息和雜音的系統；這就是我們接下來要討論的主題。以下三個測試可以幫助各位辨別資訊。

投資點子的三項測試

值得行為投資人考慮的投資點子，首先要跨越的第一道關卡，是它必須擁有豐富的歷史經驗。也就是說，你一定要找到資料來證實你的論點。

光有理論而無數據，會淪為獵巫審判，但我們也要知道，光有數據可是毫無理論，也一樣很危險。我之前就說過孟加拉奶油產量和標準普爾五百股價指數的關聯性高達九五%。這就是有數據可是沒理論，這兩件事怎麼會有關嘛！還有一個叫作「超級盃指標」也是假的。美國的美式足球比賽「超級盃」有兩個球會，一個是美國足球聯會（American Football Conference,AFC），另一個是國家美式足球聯會（National Football Conference,NFC），這個指標就說前者的球隊獲得冠軍的話，股市會走空頭，後者球隊獲勝則會走多頭。這個指標是雷翁納．科沛（Leonard Koppett）在一九七〇年代發現的，在此之前準確率可是百分之百。直到二〇一七年為止，超級盃指標的準確率還是高達八成。

就像光有理論沒有數據會讓我們淪為獵殺女巫，只有數據卻欠缺理論的話，我們只是在追逐真理的影子。一項資料如果沒有充分理由與超額收益產生關聯，那麼它很可能就是無利可圖。所以，投資點子要跨越的第二道關卡是有沒有穩當健全的理論。

在大多數追求真理的活動中，只要找到經驗證據來支持理論架構就夠了。但金融市場不太一樣，因為那些理論上合理、也有經驗證據支撐的異常現象，很快就會因為套利活動而消失。聰明的人會發現一些市場真理，然後和大家分享，但飢餓的套利者會讓這些真理很快失靈。

比方說，有所謂的「日曆效應」（Calendar Effects），這種市場中的異常現象，是因為某些特定日期的資金流量或其他變數而出現超額報酬的機會。「日曆效應」經由數據檢視即可發現，因此可以通過經驗關卡。這種異常現象也是合理的，由於民眾納稅、工資發放、調整投資組合等，都可能在特定時間規律進行，才會出現這些機會，所以這個點子也算是有穩當健全的理論，可以通過第二道關卡。

但是，「日曆效應」以及很多其他的市場異常現象，還是欠缺行為投資人必須要有的第三個、也是最後一個條件：它必須是一種長時間維持的心理傾向。而且為「日曆效應」做套利，並不會帶來什麼精神痛苦。你在這個月的某一天做交易，並不會比另外一天更困難，所以這個效應一被發現就馬上會被抵消掉。值得行為投資人探索挖掘的投資點子，要有經驗證據支持、理論上合理穩定，而且必須是行為上的不妥協。

在確定變數能否通過第三道也是最難通過的關卡時，有個很棒的指標可供參考，那就是：時間。以紐約一家餐廳名稱命名的「林迪效應」(Lindy Effect)，是指某個概念的預期壽命與其存在時間成正比。簡單的說，就是經得起時間考驗的概念才有可能繼續流傳下去。荷馬史詩流傳世間已經幾千年，我們可以預期五百年後的中學生還會閱讀《奧德賽》(*The Odyssey*)。最近美國名媛卡黛珊(Kim Kardashian)的自拍寫真書《自私》(*Selfish*)登上《紐約時報》暢銷書排行榜，想必是賣得比《奧德賽》好太多啦。但根據「林迪效應」，短期內掀起熱潮的《自私》，很難像《奧德賽》那樣流傳百世，因為它還沒經歷過時間考驗。

「日曆效應」被發現後，有幾位教授大肆利用，很快就被套利活動抵消掉了。只有能夠長久存在的價值和動能等因素，才能說是發揮「林迪效應」而表現穩健。那些經歷過時間考驗的事物，才可能繼續存在下去。在文學上，「林迪效應」可能是由品質、原創性和意義等條件來標示，但在資本市場上似乎心理因素也有其作用。

從心理因素來說，價值投資法可不容易，儘管大家都知道這方法有利可圖，也還是會繼續存在；我們以後還會對此進行詳細討論。各位可以把巴菲特寫過的每篇文章和自傳都仔細拜讀過，但是要買進在市場上不受歡迎的股票或許還是讓你感到非常不安。價值投資法就是既有經驗證據的支持、理論上合理，而且具備行為要素的根據，完全符合這三道投資標準。

與直覺相反，從結果來看策略是否合理，其實準確率還是很低。擁有三年擊敗大盤的記錄（這是大多數投資法人的最低要求），還是有一二．五%只是運氣好而已。要分辨到底只是運氣好或真的是技術好，需要將近二十五年的操作記錄才算數，也就是說，你靠這些結果查知某個基金經理人是不是真的很厲害，他也已經快退休啦。正因為從結果仍難查知真相，所以我們更需要同時掌握理論、資料和心理因素。

我爸爸是做事很講原則的人，他是扶輪社員，他的桌上擺了塊扶輪社四大考驗的牌子。那四大考驗是：

一、是否真實無欺？
二、對相關各方都公平嗎？
三、能否促進信譽和友誼？
四、能否兼顧彼此利益？

這四個簡單提問就是我爸爸為人處世的指導原則，用來評估考慮各種行動。行為投資人也可以採取同樣態度，運用前述三個投資條件來評估現有概念和必定還會出現的異常現象是否合理。資本市場中的真理會以清晰、討喜的方式出現，但能否留存長久則有賴於我們心理上的一些因素。

投資理念的三道關卡，也不是各位過濾金融噪音的唯一辦法。各位繼續看下去，就會知道一些有效分辨重要和不重要資訊的實用方法。

對抗注意力偏誤的工具

注意機率而非故事

美國藝人傑夫・福克斯沃西（Jeff Foxworthy）曾主持過一個叫作《你比五年級學生聰明嗎？》（*Are You Smarter Than A 5th Grader?*）的電視節目，問參加比賽的來賓一些早就不記得的小學生問題。我今天就是各位參加節目的主持人，打電話問你一些題目，看看各位是不是比老鼠聰明。我不會問你一八一二年獨立戰爭或長除法，別緊張。現在各位看到兩個燈隨機閃爍，一個綠色、一個紅色；各位的任務就是決定下一個亮燈是綠色或紅色。為了讓各位覺得簡單一點，我還告訴你機率！綠燈閃爍的機率是八〇%，而紅燈只有二〇%。跟各位比賽的老鼠當然是不會說話嘍，所以綠燈會給牠們食物，而紅燈則是一點點電擊。

現在先考慮策略：各位既然已經知道機率是八十對二十，那麼要怎樣決定下次亮燈的顏色最好呢？大多數人是一開始就在混亂中尋找噪音雜訊，想要從中找出某種模式。各位要是回想一下本書開頭第一章，大概會記得我們人類會利用某些虛構事物組織成強大的社會結構，這正是我們跟動物的區別。因為想在雜訊之中尋找訊號，所以受測者辨識紅、綠燈號的準確率只有六八%。但老鼠不會想太多（也沒能力想太多），所以很快就學會要按照機率來玩。牠們很快就發現食物出現的機會是電擊的四倍，所以牠們每次都猜綠燈會亮，最後準確率就高達八〇%。老鼠不會想要打敗整套系統或創造出什麼感人肺腑扣人心弦的故事，牠就運用最簡單的方法，智取我們這些原本應該更聰明的對手。

各位打開財經新聞頻道，也會看到市場中的類似情況。那些穿著一套三千美元西裝、超級名校畢業的市場分析師正在闡述複雜的宏觀論點，把地緣政治區域威脅啦、聯準會可能怎樣啦、黃豆產量又怎樣啦全部搭在一起，洋洋灑灑滔滔不絕。這種故事當然是讓人聽得樂陶陶暈乎乎，印象非常深刻；這是充分展現了我們人類的高階思考和模式識別的能力。但這些市場大師就像我們遊戲中的人類一樣，都把事情想得太複雜，只在意故事精不精采，而忽略了發生機率。

行為投資人會像老鼠那樣思考，在這個大家都愛聽囉嗦廢話的世界中，只關心事件的發生機率。新聞台的熱門財經節目要是請他去編故事，行為投資人不會在那裡長篇大論，排出一整套首尾銜接環環相扣的骨牌。所以誰也不會再請他回去上節目。跟編故事剛好相反，行為投資人會在每一次轉折追隨發生機率，確保「可能性」才是投資最重要的關鍵詞。

依靠平均值

要檢查自己的思考是否存在注意力偏誤，請思考以下問題：

警方使用的呼氣酒測器，在檢測真正酒駕司機可達到百分之百的準確率，但是卻有五％誤判機率，把無辜民眾誤為酒駕。平均來說，每一千位司機中就有一人酒駕。現在假設有個警員隨機攔下一部車子，要求司機呼氣檢測，在正常狀況下這位司機酒駕的機率是多少？

前面提到誤判率是五％，所以大多數會回答說酒駕機率是九五％。各位也是這麼回答的嗎？其實真正的酒駕機率要低得多，但我們的注意力總是忽略基本比率（關注顯著性低），而偏愛特定觀察（關注顯著性高）。快速思維會讓我們認為那個停車受檢的司機有九五%是酒駕，但更為深思熟慮的慢想思維會知道故事完全不是這樣。

請各位注意，平均而言攔檢一千位司機才會有一個是酒駕，而且一定會被檢測出來。也就是說，其他九百九十九位司機不是酒駕，但其中有四十九．九五位（九九九的五%）會被誤為酒駕。所以隨機攔檢一位司機而他被判定酒駕的機率是，正確人數加誤判人數除檢測次數 1/（1+49.95）= 0.019627。跟顯著性快速思維的九五%可是差遠了，判定為酒駕的機率其實才稍稍接近二%而已！

各位如果猜錯也不要難過，哈佛醫學院的學生碰到類似問題，大概也是一半回答九五%。[94]可笑的是，我寫這個雖然自己做了演算，心底還是有一部分想要相信眼睛所看到的，而不是囉哩囉嗦的邏輯推理。這就是我們忽視平均值的天性傾向啊。

我們從這裡頭可以學到的教訓是，知道平均值以後，可以讓我們對不確定的未來做好充分準備並管理其風險。要是離婚率高達五〇%，那麼各位在結婚那一天（可能是你人生最快樂的日子吧！）就是有五〇%的機會會離婚。長博基金公司（Longboard Asset Management）的研究發現，將近四〇%的股票最後會賠錢，六四%的股票表現比大盤差勁，而整個股市的漲幅其實都是由其中四分之一的個股貢獻出來的。所以對那些積極主動的選股者來說，你花了幾個月時間探索研究、相信一定會大漲的股票，真正成為贏家的機會大概只有四分之一。

這些現實或許看來冷酷，但你會知道它們可以讓你避開災難。各位可以想像一下，準備結婚的青年男女在步上紅毯之前，先接受適當的婚前諮詢，深入思考未來要一起邁向的共同生活。或者是我們對於資產管理產業，不再只是注意到那些虛張聲勢，而是因為理解其困難而對於管理資產的專業感到尊敬。雖然想到自己在此時此地也都跟一般人一樣，只是平均值之中的一小部分，但這些認識可以為我們的人生抵擋明天的痛苦。

尋找簡單的解決方案

我在美國阿拉巴馬州的亨茨維爾長大，這裡因為對航太事業做出偉大貢獻，所以被稱為火箭城。這裡有航太訓練營和美國太空及火箭中心，農神五號火箭高高聳立極為醒目。雖然農神五號才是這裡的主角，我最近一次回到故鄉，卻被博物館展示的太空梭所吸引。我經過太空梭時注意到一個看起來不太對勁的細節：跟太空梭閃閃發亮的白色外觀相比，掛在外頭的燃料箱看起來髒兮兮還生鏽呢。但各位稍稍研究一下就會發現到，燃料箱的橙色外觀並非設計疏失，而是一個發揮巨大功效的簡單解決方案。

太空梭前兩次飛行任務，掛在外頭的燃料箱也跟整架飛行器一樣漆成亮白色。但經過這些早期摸索之後，發現太空梭還需要減少一點重量才能發揮最大效能，大概需要減少六百磅。[95]這項任務，火箭科學家毫不畏懼地面對挑戰，拿出專業技能全面應戰。然而他們嘗試了太空時代的各種材料、檢驗空氣動力學種種效應，結果都無濟於事。正當大家束手無策之際，有個薪水很少的線路工人聽到科學家的種種努力後，簡單地建議說：「燃料箱不要上漆嘛！」燃料箱的油漆剛好就是六百磅，從此以後它就變成醜醜的橘色外觀。

各位閱讀這本書，很可能是想在金融市場上找到某種優勢，找到一些可以在某個時候發揮功效的見解。能夠找到的話當然是很好，但各位也要注意，不要忽視一些可能就在眼前的簡單又有效的解決辦法。收集許多金融資料的晨星公司（Morningstar）發現到，管理費用就是基金投資績效的最佳預測指標。基金績效不是看搖滾巨星般的經理人、不是符合經歷驗證的投資程序，也不是四通八達的資訊優勢，而是管理費用。[96]

另外，富達基金公司有個團隊也針對表現特別好的個別帳戶展開調查，想從中歸納出一些密招訣竅。他們找出那些投資績效最好的帳戶，一一和客戶接觸聯絡，結果發現有些人是完全忘記自己開戶做投資，有的根本就是死啦。這的確是歸納出投資老手的複雜行為特徵啊！

注意力偏誤讓我們像行為金融專家布萊恩．波提諾（Brian Portnoy）所說的「迷信複雜」，只是目光短小地尋找某些雄偉盛大的東西，反而忽略眼前的重要工具。

不要聰明過了頭

據說亞歷山大．波普（Alexander Pope）曾說：「一知半解最是危險。」他在一七〇九年的〈論批評〉（An Essay on Criticism）中指出：

一知半解最是危險。要就開懷暢飲，否則不要輕易嘗試繆斯之泉：輕酌淺嘗讓大腦陶醉，開懷暢飲才會讓我們再次清醒。

然而波普對於一知半解的警告，其實是比另一位署名「ＡＢ」的不知名作家還要晚一點，這位作家在其著作《盲信之謎》（*The Mystery of Phanaticism*）寫道：

……一知半解讓人頭暈眼花、自我膨脹，唯有更加充實學習才能讓自己回歸正軌，卑微謙虛地自我反省。

那句名言到底是誰最早說出來的都沒關係，但這個想法在行為金融研究中也絕對是非常重要，對那些想在決策過程徹底排除錯誤的人更是極為有用的警告。對於自己和人類的思維機制更多了解，也可能會讓人目眩神迷、眼花撩亂，讓我們興奮地想要趕快運用這些知識。但是如果只是膚淺地運用，那麼學會更多反而會讓我們的決策錯得更離譜！因此，我們對於心理偏誤的了解，也可能反而造成錯誤推理。

各位可以思考一下泰伯和羅吉在〈評估政治信仰念的動機懷疑〉（Motivated Skepticism in the Evaluation of Political Beliefs）中的研究。[97]發現某些會影響我們思考、原本就已經存在的信念，事實上在接受更多教育之後反而益形惡化。以下兩個例子即是如此：

一、態度極端化（Attitude Polarization）：讓受測者面對正反雙方平衡的資訊，反而會強化他們的原先立場。

二、世故老練效應（Sophistication Effect）：知識豐富的受測者更加傾向確認偏誤、不確定偏誤和先前態度強化效應（高估支持自身看法的論證、貶低反對意見）。

深入理解行為傾向，是可以作為反省自我動機之用，但在我們想要維持現狀時，這些理解也可能用於攻擊反對意見。為了避免濫用知識，行為投資人對於具有個人意義或深切分辨是非的事項必須格外謹慎、小心提防。我們也必須不斷尋求相異觀點的回饋，追蹤自己的決策效力，對於自身信念和行動的深層動機嚴加檢討。唯有如此，我們才能對抗人性傾向，維護資訊不受驕傲自大所蒙蔽。

規模很重要

巴菲特曾說，他的波克夏（Berkshire Hathaway）投資公司所做的一切，都是以可能性結合影響力為其核心概念：「我們一直在做的，就只是從獲利期望值扣除虧損期望值。雖然還未臻完美，但大致上就是這樣。」更具體地說，可能性低但金額大的投資還是值得關注；反之，可能性大但金額少的投資，是可以忽略的。

由於負面事件的心理因素（我們厭惡虧損的強度是喜愛獲利的二．五倍）和數學現實（虧損五〇％之後必須獲利一〇〇％才能補回來），行為投資人對此必須特別慎重考慮。

納西姆．塔雷伯在《隨機騙局》（*Fooled by Randomness*）舉了一個好例子。他說他有一次跟幾個交易員一起討論，他認為市場接下來一週應該是會上漲。但他卻有個空頭部位，讓那些交易員覺得非常困惑：為什麼你認為市場會漲，又去放空呢？為了要解釋他的作法，塔雷伯讓他們看了上面這個圖表。

塔雷伯認為，市場的虧損和獲利之間存在某些不對稱，雖然上漲的可能性比較大（幾乎總是如此），但下跌的影響——不管再怎麼不可能——都會更劇烈。所以

事件	機率	結果	期望值
市場上漲	70%	+ 1%	+0.7
市場下跌	30%	-10%	-3.0
總　　計	100%		-2.3

他不但能掌握機率，還能算出期望值。

機率證實，消息靈通的投資人應該把樂觀擺在第一位：因為市場常常都在漲。但是有兩件事讓投資人覺得要採取一些保護措施比較好。第一個是漲勢頹靡，市場價值下跌的可能性逐漸升高；第二個是陡峭上漲，增加了潛在崩跌的強度。市場偏離長期平均值的距離愈大，反轉時的跌勢也會愈強。

因此，在看到漲勢開始頹靡（機率）和市場估價走極端（強度）之前，行為投資人會有預設的積極投資部位。這種方法既顧及機率，又不忽略可能性較低的潛在強度。行為投資人要學會問兩個問題：「可能性有多大？」和「規模有多大？」

給它一點時間

依照機率投資，最讓人感到沮喪的一點是：種瓜未必得瓜，種豆也未必得豆。有時只會得到兩個最糟糕結果：既沒有讓人感動欣慰的故事，投資績效又很糟。這實在是糟糕透頂！就算你知道自己是按照規矩操作也不會帶來多少安慰。也正是因為這樣，那些明明是按照機率做投資的方法也常常遭到拋棄。然而唯有時間和一再重複不懈，機率才能展現出它的真正價值。

庫倫．羅奇（Cullen Roche）在他的部落格「務實資本主義」（Pragmatic Capitalism）中也指出，從日常角度來看，市場基本上是隨機的。[98] 嚴守行為投資規則的投資人，勝算也不會比猴子射飛鏢好多少。而市場的波動幅度每天平均會漲〇．〇三%。

如果是按月觀察，報酬就會開始成形，但市場噪音雜訊還是太多。所以嘛，正確行動未必就能獲得正確結果。

但要是時間可以拉得更長，真正的模式也就會開始出現。從一九五〇年到現在，股市的年度報酬率近乎一三%，這是非常明顯的正面趨勢。我們的觀察週期愈長，就愈容易從正確的原因獲得正確的結果。行為投資必定是要做長期投資，才會有效。

創建一個深諳行為理論的投資組合，就像是我們自己在經營一家保險公司一樣。首先是要淘汰那些不健康的，讓我們不會受到外部負面因素拖累。這麼做的話，在道德上當然是很有問題啦，不過真正的保險公司也是向抽菸的人、肥胖者和健康原本就有問題的人收取高額保險費啊，因為要為他們保險的成本就是比較高。同樣的，行為投資人首先就是要做到避免受傷，把那些看起來可能詐騙、破產或出問題的股票淘汰掉。

其次是，保險公司和精明的投資人都會力求多元分散。就像最健康的鐵人三項運動員碰上奇怪事故也可能喪命一樣，那些價格不高、但體質強健的股票也可能碰上什麼意外而招致不測。我們把多種股票風險捆綁在一起（也就是多元分散），那麼以正確理由獲得正確結果的可能性也會隨之增加。

最後一點是，要有耐心。不管是誰，若說到最後會怎樣，其實是都不太好。人總是會老、會死、會生病嘛，沒有什麼飲食妙方或運動可以讓我們避免這必然到來的命運；但是保險公司不是一向都過得不錯嘛（老實說是過得太好了，不過這得另外寫本書才能說清楚），因為大家在大部分時間都很健康啊。同樣的，大多數股票的長期預測其實都很糟。長博基金公司的〈資本主義的機率分布〉（The Capitalism Distribution）就說：

- 三九%的股票不會獲利。

- 有一八．五%的股票投資至少會慘賠七五%。

- 有六四%的股票表現落後於羅素三千指數。

- 整個股市的漲幅幾乎就是由其中的二五%股票貢獻。

就像保險公司為必然會生病、會死亡的我們做保險仍然有利可圖一樣，行為投資人在許多股票表現不及大盤甚至崩潰的系統中，也能獲取巨大的經濟報酬。各位在面對短期失敗還是要堅持不懈，堅持遵行一套歷經時間考驗的原則。但最重要的，就是要有耐心。

與我們書中討論的許多傾向一樣，注意力偏誤也是認知系統資源緊張，大腦轉而尋求實用捷徑所造成的副作用。這個系統會優先處理最可怕、最嘈雜的資訊，雖然在某些情況下可以很好地發揮作用，但對於一位要在興奮的專家和驚慌的散戶中採取明智行動的投資人來說，這可是個毀滅性的災難。在那種緊急時刻，我們必須稍退一步，運用前面談過的練習；正當大家驚惶失措的時候，行為投資人更要保持頭腦冷靜。

創造專注的投資組合

- 「可能性」是投資的有力關鍵詞。所以呢？一定不要相信洋洋灑灑又複雜的故事。
- 事件的「可能性」及影響強度才是重要的考慮因素。所以呢？預設策略就是看漲，但也要考慮「可能性」低而強度高的意外狀況。
- 光有資料沒有理論和有理論卻缺乏數據，一樣都會產生虛假結果。所以呢？投資要素必須包括經驗證據、穩妥的理論，以及行為上的根據。

11 行為投資人的情緒管理

「我不想受到自己情緒的同情和可憐。我要利用、享受和支配它們。」

——王爾德

《道林格雷的畫像》（*The Picture of Dorian Gray*）

馬丁・路德・金恩（Martin Luther King）博士在四月二十六日晚上抵達華盛頓時，還沒準備好隔天要在林肯紀念堂前向數十萬支持民眾發表的演說。雖然助理事先已經費心安排，也幫他準備好演說草稿，但金恩博士仍然遲疑未決。他希望在演說中表現出滿懷的真心誠意，傳達出情勢中的緊迫感，要是準備過度說不定會弄巧成拙。一直到當天晚上這位偉人才拿起筆來，開始為演講打草稿，一直忙到半夜才準備好隔天講詞。當他擱筆準備睡覺時，那份寫好的講稿中隻字未提「我有一個夢想」。

走上講台正準備發表種族和諧演說的金恩，還不知道這場演講會成為他的畢生代表作。正要開始的時候，擠在人群中的福音歌手瑪哈莉雅．傑克森（Mahalia Jackson）突然大聲喊說：「跟大家說說那個夢想吧！」這是他五年前在底特律談到關於種族團結的夢想。結果金恩脫稿演出，直接從心底說話，發表了這場美國史上最強大最動人的演說。金恩博士的即興演出充分表現他對民權運動的所思所感，也激勵幾代美國人對過去的歧視偏見保持警惕。金恩善加利用情感力量，在那一天為美國留下遺澤，改變了這個國家的命運。

金恩博士的事例中，情感運用是很恰當的，因為他的任務是要改變受限於奴役與種族隔離的美國人思想，更重要的是要改變他們的內心。但我們在前面幾章就討論過，在特定情境下合情合理的行為適應，對於我們身為投資人各種跟過去不同的需求，情感運作都已經證實不合適。在前作《行為投資金律》中，我特別強調日常生活的現實和華爾街「平行宇宙」是有差距的。比方說，華爾街的未來比現在更加確定、集體智慧反而比不上個人、做得少比做得多更好，這只是隨便舉幾個例子而已。像那樣的狀況其實還有很多，情緒雖然在日常生活上可以幫助我們更快做出更好的決策，但在進行投資決策時卻會出現嚴重錯誤。

情緒風險肇因於我們對危險的認知，會被瞬息萬變的情緒狀態和個人積極或消極的個性所扭曲。情緒導致我們大多數會低估自身發生壞事的可能性（樂觀偏誤），我們甚至不想考慮可能會出現的問題（「鴕鳥效應」）（Ostrich Effect），而且在決策時也忽略情緒的影響。當恐懼出現時，它會強大到讓我們癱瘓不動以避免痛苦（消極偏誤）。種種混亂情緒都可能對決策過程造成破壞，但許多投資人還是仰賴直覺第六感來為決策提供資訊。那麼在投資方面減少情緒影響是否可能且可取，或者反而是放棄一種有價值的優勢呢？

我們對情緒的理解正在擴大，而情緒本身的種類也在增加。笛卡兒（Rene Descartes）以為人類只有六種主要情緒，皮克斯（Pixar）的動漫劇情片《腦筋急轉彎》(*Inside Out*）甚至只描述其中五種，但現代研究發現情緒受到文化高度影響，極為精細微妙。蒂芬妮·史密斯（Tiffany Watt Smith）博士就曾指出：

> 大多數動物包括我們自己都有難以消除的恐懼感，但住在澳洲西部荒漠之中的

賓土比人（Pintupi）卻能說出十五種不同的恐懼，例如：讓你跳起來環顧四周的恐懼（Nginyiwarrarringu）；害怕對手正在報復你的恐懼（Ngulu）；遭遇惡靈侵襲的恐懼（Kanarunvtju）。

情緒表現之所以複雜的第二個因素是，有些情緒會互相結合，成為另外一種情緒。各位可以想想鄉愁、懷舊的感覺，那是結合悲傷、渴望、喜愛和快樂，各類情緒熔於一爐可謂平分秋色。編撰《情緒之書》（*Encyclopedia of Feeling*）的蒂芬妮・史密斯博士已經命名描述一百五十餘種不同的情緒，跟笛卡兒相比可是巨大飛躍。

情感分類每天都在進步，我們已經知道它的威力強大而且無處不在，會影響到我們日日夜夜每分每秒做出的任何選擇。情緒可以幫助我們做出決定或摧毀它們，但唯有意識到情緒的力量及其普遍性，我們才能有效運用情緒來幫助自己。要開始這麼做，請考慮以下事項。

克服情緒影響的工具

(一)不要想打敗情緒，而是融入情緒

許多武術是依靠借力使力來展開自衛，也就是利用攻擊者的力量來提升自己的優勢。想像有人伸手撲過來，你可能不會正面迎擊他的全力攻擊，而是側身閃避，讓他衝過去，等他自己陷於劣勢，你就能很容易展開反擊。投資人要管理情緒來協助明智決策，也是要跟強大力量合作而非對抗。片面壓抑情緒發展的想法也許很吸引人，但更好的方法通常是疏導情緒重新定位，才能獲得更好的結果。

行為金融學有時被誤以為可以讓投資人擺脫討厭的情緒和不理性怪癖，讓大家成為經濟學者一直想像的「經濟人」，以為我們要是可以擺脫不理性，必然就會做出完美的財務決策。但問題是，有時候那些完完全全就是不理性的行為，也能幫助我們實現財務目標。作為一個行為投資人，不是要死硬地照搬教科書那些關於理性的說法，而是要更加深入地了解人性之幽微曲折，讓它們變成我們的優勢。

我們來看一下諾貝爾獎得主理查・塞勒的研究，我們現在稱為「心理帳戶」的

概念就是他首先發現並命名，這是指我們心裡會把金錢分門別類，再根據不同標記來進行花費或儲蓄的傾向。研究指出，我們會把儲蓄視為是應支出而未支出，而那些會花掉的錢則像是額外獲得的獎金。美國前總統歐巴馬（Barack Obama）及其經濟顧問——理查・塞勒即其中之一——把二〇〇八年經濟大衰退之後的刺激方案定位為額外獎金，就是鼓勵民眾多多消費支出，而不是把經濟補貼儲存起來。

這個簡單概念就是我們把投資依目標分門別類的基礎，將資金分成「安全」、「收入」和「成長」等類別，再對應進行投資操作。光是不同的標記，就會讓人進行不同的儲蓄和投資操作，說來似乎簡單到讓人難以相信，但正如喬治・羅文斯坦（George Loewenstein）所言：「雖然看似無關緊要的過程，但指定用途確實會對退休儲蓄產生巨大影響。奇瑪（A.Cheema）和松曼（D.Soman）在二〇〇九年研究發現，光是在信封貼上自己孩子的照片，就會讓低收入父母的儲蓄增為其他同儕的兩倍。」

要是有人拿我們對孩子的愛當幌子，讓我們存下兩倍的錢，各位覺得這種行為合乎理性嗎？一定不覺得吧。但是各位可以理解，為什麼要用它來幫助大家存錢嗎？也一定可以理解吧。

理查．塞勒的高明之處就是，讓我們看到明明有害的行為特徵，其實也照樣可以發揮良效。像現狀偏誤就是個好例子，這是我們不願採取行動的心理傾向。塞勒知道大家都想做一次決定就好，以後可以不再煩惱相同問題的傾向，他決定利用這一點來幫助那些沒為退休做好準備的美國工人。他開發了一套叫作「為明天多存點錢」的儲蓄計畫，讓儲戶只做一次決定，把儲蓄決策設定為自動化升級，當薪水增加之後也會自動撥款存更多錢。[99] 塞勒很清楚，要大家每個月都麻煩一次，還不如全部只做一次決定，然後就把它忘了，這樣可就簡單多多。所以我們再一次看到，明明是不理性的現狀偏誤，現在反而讓我們做一次好決策然後就把它忘了。根據某些估計數字，塞勒這個簡單構想讓美國儲蓄帳戶增加超過二百九十億美元。[100]

你說，這合乎理性嗎？也許不符合，但我可以接受啊。就像塞勒及其同事發現的那樣，我們心理上的一些小瑕疵，在理解之後都可以重新利用，反而可以為自己帶來好處。所以要把自己的懶惰、厭惡改變和過度情緒化等等缺點，變成是能夠幫助自己的好處，也完全是有可能的。

（二）沉思冥想（是的，我是認真的）

過去幾年來，冥想和正念都受到眾人敬畏的討論，讓我這種憤世嫉俗的懷疑者只想敬而遠之。在這個資本市場和現實生活中，畢竟像這種好到讓人不敢相信的事情也的確是不少。然而，以冥想而言，更深入的研究讓我了解大家何以驚豔，也讓我相信這種數千年歷史傳承下來的精神活動，的確是比我的天真和懷疑更為高明。既然雷．達里歐（Ray Dalio）、保羅．瓊斯（Paul Tudor Jones）、貝萊德（BlackRock）和高盛（Goldman Sachs）投資公司都相信這一套（這些企業都為員工提供冥想課程），而且全世界有上億人做此修行，因此也值得我們好好考慮一下吧。[101]

本書的核心主題之一就是在做重要財務決策時，盡量減少反思性思維以改善結果。按康納曼的說法就是「快思」思維會讓我們仰賴快捷法、偏見等各種捷徑，只有更費力的「慢想」思維，才會讓我們在完整的背景脈絡中仔細考慮決策。有項研究顯示，在被問到對於年紀與種族看法時，參加正念練習的受測者對偏見的依賴程度低於未完成正念練習的對照組。[102]這個減緩思考、提高意識的簡單行為，即可降低對陳舊偏見的依賴，讓受測者可以根據個人特質來判斷不同年齡和種族的人，而不會過度概括整體。這種細緻思維對於投資決策的正面潛力，絕非誇大。

雖說是粗略簡化，不過金融市場的情緒常常被歸納為兩類：恐懼和貪婪。冥想對付這兩種情緒，似乎也很有效。綜合分析四十七項試驗、總共三千五百一十五位受測者的研究發現，冥想確實可以降低焦慮、緩和憂鬱、減輕疼痛。在減輕壓力、改善整體生活品質方面，雖然證據力比較薄弱，但的確還是有的。[103] 對於連續感受恐懼和貪婪的人來說，冥想正是特效藥。

發現冥想可以降低焦慮或許沒什麼好奇怪的，不過研究文獻還說它可以改變我們預期獎勵的思考方式。尋求獎勵是普遍都有的人類行為，但要是太過極端，貪婪形成精神內耗，會導致種種不利狀況，從主觀幸福感的低落到馬多夫（B.L.Madoff）之類的「龐氏騙局」（Ponzi Scheme）都可能發生。寇克（U.Kirk）、布朗（K.W.Brown）和道納（J.Downar）的研究發現，三十四位冥想者與四十四位對照組做比較，冥想者在預期獎勵時，大腦尾狀核及腹內側前額葉皮質的神經活動比較不活躍。這是什麼意思呢？簡單來說就是，冥想者大腦中與貪婪有關部位——預期及期待獎勵——的運作就是比較不活躍。可能導致銀行擠兌、投資泡沫、欺詐傾向等災難性財務決策的恐懼和貪婪，都有被正念、冥想等簡單行為所馴服的證據。

更讓人驚訝的是，有愈來愈多的生理證據證實，冥想甚至能以某種方式讓我們的身體進行重整，這聽起來簡直就像科幻小說。端粒（Telomeres）是保護我們染色體DNA完整的末端部位，可以防止染色體變質。雖然它本身不會引發特定疾病，但確實會隨著年紀增加而縮短，包括糖尿病、心臟病、癌症和精神疾病等多種患者都有這個情形。琳達．卡爾森（Linda E. Carlson）博士說它就像是鞋帶上的塑膠頭，可以保護鞋帶不致磨損、鬆散。

為了研究冥想對我們身體健康的影響，卡爾森博士找來乳癌倖存者分為三組。第一組被隨機分配接受為期兩個月的冥想和瑜伽課程；第二組參加為時更長的團體治療課程，而對照組只接受六小時的壓力管理訓練。之後對這八十八位受測者進行血液分析，發現冥想組和治療組的端粒長度明顯優於壓力管理訓練組。冥想和治療不但讓我們保持理智，甚至還能發揮生理保護作用，實在令人驚訝。[104]

要拜領這種歷經時間考驗的情緒管理策略的好處，也不必進修道院或寺廟，不必剃光頭、穿法衣。就其核心概念來說，正念和冥想都是以不妄加評判的方式，專注在當下的思想和行動，這是我們每個人都能做到的簡單追求。由傑森．佛思

（Jason Voss）領導的特許金融分析師協會（Chartered Financial Analyst,CFA）更為冥想新手開發一套實用工具，手機上可以找到許多協助冥助的應用程式，網路上也有很多非常實用的入門建議，還有像是《煩躁懷疑論者的冥想》（*Meditation for Fidgety Skeptics*）這種指導手冊也能幫助我這種人早日看到光明。

投資人能夠掌握、標記和了解當下的情緒，才不會讓它們過度影響重要決策。

（三）管理強烈的情感

關於資產管理者應該怎麼操作，我在這本書裡頭會公開一些比較有爭議性的看法。我認為採取系統化的投資方法最好，管理者自身的自由裁量權應該非常有限。至少我認為基金經理人應該按照他們遵守程序的程度來支薪，完全不必跟投資績效扯上關係。最理想的狀況應該是這樣：投資經理人其實每年只要工作四到十二天就夠啦，其餘的三百六十一天就好好找新點子和挑戰現有的想法。

我不奢望大家會贊成我說一年只工作四天、不必管投資績效的想法，所以我會提供一些工具來管理那些深具破壞力的強烈情緒，甚至是最好的系統都難以抵抗它們的破壞。就算是在恐慌時刻可能會失效的穩定系統（所有系統可能都這樣吧），總比沒有系統來得好。

當各位覺得自己可能會偏離規則時，可以試試蜜雪兒・麥唐納的「RAIN模式」會很有用，這正是管理急性壓力的簡單系統，但功能強大。這些首字母代表以下意思：

- 辨識（Recognition）：謹慎觀察，明辨自己身心兩方面發生什麼狀況。例如：「我覺得自己心臟狂跳，腦子轉個不停。」
- 接受（Acceptance）：承認和接受上述的觀察。你不必喜愛這些狀況，但一味排斥只會更嚴重。
- 探查（Investigation）：檢查自己當下的想法，問自己正在想什麼。
- 超脫（Non-identification）：你現在已經辨識、接受並且探查自己的壓力，知道自己不是完全只有情緒而已。你感受到這些情緒，但不必被它們所左右、制約。

理性思維讓人感到冷漠、枯燥、疏遠，而情感則是無孔不入、迫切而真實。因為情感可能強行霸占注意力，因此會讓我們把內心感受和外部真實混為一談。藉由辨識、接受和探查我們的情緒反應的原因，這就會成為探索更大真相的一部分有用資訊，而不再把情緒本身誤認為真相。

(四)自動化、自動化、自動化

我這本書其實可以濃縮成三句話就夠了：自動化！自動化！自動化！但這樣可能說服不了大家，因為說得太過簡單，反而會被忽略。但事實上，不管市場狀況如何，許多激動的情感元素都可以藉由嚴格遵守投資系統的規則來消除。這個概念在荷馬史詩《奧德賽》的希臘伊薩卡國王奧德修斯的故事中即有生動描述。這個國王最為人熟知的故事，是他利用木馬繞過敵人防禦工事，打贏了特洛伊戰爭，但後來卻流浪了十年才回到家。不過我們在此注意到的並不是他的驍勇善戰，而是他最重要的行動：克制自我的行為。

古希臘的民間故事說，賽倫是一群危險的女妖，她們的美貌和歌聲會吸引水手靠近，結果船就撞碎在礁岩上。不過賽倫並不像現在普遍形容的，像是性感的美人魚，而是具備豐富知識，會在水手耳邊輕聲細語，讓他們忘記觸礁的危險。但聽到那些知識也不會有什麼用，因為那也是倒楣水手此生聽到的最後幾句話。在奧德修斯之前，就算是最老練的水手也無法獲得賽倫的寶貴智慧，卻不必付出生命作為代價。

在女神賽絲的幫助下，奧德修斯想到一個方法：他把自己綁在桅杆上，然後叫水手用蜂蠟塞住耳朵。如此一來，水手不會受到賽倫的誘惑，而他可以聆聽女妖的美妙歌聲。正如原先的預期，當奧德修斯聽到賽倫美妙的歌聲時，他又喊又罵又哀求地要求鬆綁，但水手不管領導者的哭求怒罵，仍然嚴格遵守紀律。有許多投資人跟奧德修斯一樣，是有力量、敢行動的英雄，以膽識和積極的生活為基礎取得成功。但在奧德修斯身上，我們還找到一種典範，有時候這就是最為審慎精明的行為：自我克制。

即使是受過最多教育的專業投資人也會遭遇所謂的自制偏誤，也就是過度高估自己控制衝動行為的能力。就算大家都能接受營養學的忠告，你在受到壓力時還是會覺得吃甜甜圈比嚼蘆筍更滿意啊。同樣的，各位會在恐慌時殺低拋賣、狂熱時追高買進爛股票，也不是因為你不懂，只是缺乏自制。我們行為投資人就是要走上這條奧德修斯的正道，體認自己在情緒發作時對於壓力來源的敏感，從而試著撿拾最好的結果。行為投資人絕不要忘記，我們也很愛吃甜甜圈。

（五）學會辨識情感

各位現在把書放下，做個深呼吸，問自己說：「我現在處於什麼樣的情緒狀態？」要說清楚並不容易，對吧？對我們的身體來說，情緒狀況就是我們的真相，況且它無所不在，我們的身體是整個沉浸其中。要我們在特定時刻說出自己的感覺，就好像問一條魚說在水裡是什麼感覺。但是學習識別及標記情緒，對行為投資人還是非常重要，因為情緒對我們的風險評估、金錢思考和經驗時間的權衡取捨，都有極大影響。

例如哈佛大學研究發現，傷心的人為了獲得即時報酬，貼現高達三四%甚至都願意接受。大家都說悲傷讓人看不清未來，這個實驗的確印證了這一點。[105]但不是只有悲傷才會影響我們的時間感知，實驗證明憤怒也會讓我們感到不耐煩，而且好像是強烈情緒都會縮短我們的時間感、升高不耐煩的感覺，這可是看重證據的投資人最不想要的兩個影響因素。[106]恐懼會讓我們感受到不確定性，而憤怒則是灌注自信的感覺。所以大家也都曉得，生氣的人常常會冒更大風險，對於潛在危險的預知降至最低。

讓投資決策徹底擺脫情緒影響並非最好作法，甚至也不可能。但各位可以提升對自身情緒的認識，了解它們如何影響你評價風險和報酬。這是不管時機好壞，各位都該潛心磨練的技能，因為在危機時刻就能發揮功效，帶來真正好處。對於新手來說，發現自己處於亢奮狀態時，可能都已經受到蒙蔽。我們在憤怒、興奮的時候，並不會覺得自己的情緒反應太過度，因為在那個當下都會覺得很合理。

研究指出戒除毒癮要特別注意H.A.L.T.，這對投資人也是個好忠告。這四個字母是代表飢餓（Hungry）、憤怒（Angry）、孤單（Lonely）和疲倦（Tired）四種狀況，提醒大家在這些狀態下最好不要做出重大決定。

情感豐富我們的生活，簡化我們的決策，但在情緒走極端時，我們也可能因此看不到顯而易見的解決方案。

抗拒情感影響的投資組合

- 直覺第六感確實是存在的，但只限於提供快速、可靠反饋的領域。所以呢？聽從自己直覺的建議，對投資人來說尤其愚蠢。
- 我們的身體會體驗到先採取行動的衝動，之後再進行心理詮釋。所以呢？要建立一套模式，嚴格地遵行程序。
- 情境變數比個人變數更能預測行為。所以呢？要避免那些容易誘發情緒的狀況，例如收看財經新聞啦、經常檢查帳戶餘額啦。
- 我們的意志力很快就會筋疲力盡。所以呢？我已經跟大家說過，要建立一套模式，嚴格遵行了吧？

PART FOUR.
BUILDING BEHAVIORAL PORTFOLIOS

第四部
建立行為投資組合

「在智力競賽中，不管是西洋棋、橋牌還是挑選股票，對手要是都以為思考只是浪費精力，我們就穩操勝算了！」

——巴菲特

本書一開始是檢視投資決策時的社會性障礙，具體而言就是說，我們人類在決策時更看重一些社會因素，而不是理性和邏輯。然後我們檢視大腦和身體運作、一些演化和設計上的奇蹟，但是我們人類的這些特質跟「增加財富」這個特定任務配合得實在很糟糕。最後我們又研究因為環境和人性產生的四種行為傾向。

了解這一切並不只是為了求知而已，而是為了在種種人性偏誤中開發出一套強而有力的投資系統，才需要深入理解背景脈絡的豐富知識。目標即是傳授正確原則，讓大家可以建立適合的特殊系統。在管理行為投資組合方面雖然沒有所謂的正確答案，但仍有大量的證據指向一些共同主題：

- 系統優於自由裁量權。
- 多元分散與信念可以並存。
- 為泡沫行情破裂做好準備，但不必過度在意。
- 如果是說到資訊的話，少就是多。
- 要找出證據、理論和行為根源。

本書討論的許多行為金融真相，如今多多少少已被金融界廣泛接受，這在相對不長的時間內算是相當大的進步。但是在投資管理方面，理論與應用之間仍存在巨大差距。了解人性的缺陷和市場的無效率是一回事，而深入理解行為科學，願意接納我個人獨創、有時被指責太過激進的投資程序，又是另一回事喲。現在要進入本書的第四部，我們要更進一步，提供一些具體步驟來建構符合行為科學的股票投資組合。

12 投資的第三條道路

近年來，投資界針對主動與被動式的投資方法，展開激烈又尖銳的辯論。就像任何激烈衝突一樣，這場辯論愈來愈看不清手上的事實，而且參戰雙方似乎也只是忙著攻擊對手，而不屑評估事實。行為投資人首先、而且最重要的，就是以證據驗證為基礎，我們是在對於人性不夠理解、大眾常常忽略的灰色地帶中尋找真理。要達此目的，我們必須先研究這兩種投資方法的優點和缺點，然後才能提出第三種方式，也就是我說的以規則為基礎的行為投資法（Rules-based Behavioral Investing），簡稱 RBI。

以規則為基礎的行為投資法

	RBI	被動式	主動式
收費低廉	✓	✓	
多元分散	✓	✓	✓
績效優異	✓		✓
進出頻率低	✓	✓	
偏誤管理	✓		

被動式投資法：量化測定就搞砸

「在智力競賽中，不管是西洋棋、橋牌還是挑選股票，對手要是都以為思考只是浪費精力，我們就穩操勝算！」

——巴菲特

以前法國在越南河內的殖民政府曾經碰到一個大問題：老鼠。發現老鼠那麼多，法國人可是受不了，所以想出了一個消滅鼠患的好辦法：懸賞鼓勵越南人滅鼠，每除去一隻老鼠就可以領到一筆小小的賞金。不過政府可不想去處理那麼多老鼠屍體，因此規定只要上繳一條老鼠尾巴就可以領賞。但是這個方法才實施沒多久，政府就發現一些意想不到的狀況。雖然老鼠尾巴是幾十條、幾十條地送來領賞，可是街上的老鼠好像也沒變少。原來那些越南鄉民抓到老鼠以後，只是砍斷尾巴去領賞，活老鼠又放回水溝裡頭，等著生出更多小老鼠，以後好再去領賞啊！英國在印度的殖民時期也出過類似狀況。政府鼓勵印度人抓眼鏡蛇，每抓一條蛇都可以領一筆獎金。聰明的印度人，你猜對了！就開始養蛇來領賞啦。這個「眼鏡蛇效應」的正式名稱叫作「坎貝爾定律」（Campbell's law）：「當一項測量值成為目標以後，就會很快失效。」

坎貝爾定律討論的是測量值敗壞效率的傾向：「社會量化指標在決策過程中的應用程度愈高，就愈會受到貪腐壓力所影響，也愈容易扭曲和腐化它原本要監控的社會過程。」最近一個例子發生在我長大的喬治亞州亞特蘭大：為了提升教師的責任感，政府立法把學生的考試成績和教師的加薪與續聘條件綁在一起。結果很多老師違法偷改學生的成績，好保住自己的飯碗。還有一些比較沒人注意到的情況是，老師的教學到最後都是為了讓學生應付考試，只教那些會考的內容，而不是讓學生充分掌握到該學科應該要會的知識。

坎貝爾說到的現象是：「在一般學校的教學成果驗證上，考試成績可能是很有價值的參考指標。然而當分數成為教學過程的目標時，它就失去作為教學指標的價值，而且會扭曲教學過程造成不良影響。」這就是在定義最佳標準的同時弄巧成拙，帶來反效果。過去大家都說能夠量化測定才算數，但也有可能是一經量化測定就全搞砸了。

被動式管理會讓某些投資工具的衡量標準成為「眼鏡蛇效應」的犧牲品。但在我採取行為學觀點深入批評被動式投資法之前，我先說說它也有些相當不錯的優勢。

直截了當地說，對投資管理的藝術與科學不感興趣的人，大概就會選擇被動式投資法吧。只要買進多種指數基金，涵蓋各種資產類別，什麼都不懂的投資人（一般來說也是都懂得多啦）也能打敗九成以上的主動式投資法的經理人，而且有時間專注追求更有意義的財富，而不只是一味聚斂。尤其被動式管理不必花大錢搞研究、也沒有昂貴的明星經理人，所以費用方面比主動式管理便宜許多，這對投資人就是莫大的好處。在各種條件相同的情況下，投資人都該選擇收費最低的基金，因為這些費用就是會直接影響投資績效，而且投資幾十年加起來可是一筆不小的數字。

但被動式基金不只是價格便宜而已，不管你考慮的是長期或短期，它們的投資績效其實都一直比主動式基金還好。各位可以參考「史匹瓦記分表」（SPIVA Scorecard），就能比較出主動式和被動式管理的表現。不管是五年期或十年期，八八．六五％和八二．〇七％的大型股基金的投資績效，都落後於被動式投資法（而且基金管理費還沒扣掉呢！）。至於價格起落較大，一般認為最適合讓基金經理人有所表現的小型股投資，也一樣糟糕：過去十年來，八七．七五％的小型股基金也是落後於被動式投資法。

我們現在討論這些的時候，投資資金正以三比一的懸殊比例湧向被動式投資法。先鋒基金可說是指數型投資法的代表，現在每天都能吸引到十億美元的投資！被動式投資法不但持續擊敗主動式投資法，而且費用更只占主動式的一點點而已。

不過我們從金融史上學到的教訓是，如果大家都往同一條路走，那肯定會變成壞消息。亞隆．塔斯克（Aaron Task）在細心沉思的部落格貼文「崩盤之前的驕傲：指數版」（Pride Cometh Before the Fall: Indexing Edition）說道：「要是『每個人』都知道某件事的時候，最好就是要反其道而行啦。而現在『每個人』都知道最好、最聰明的投資，就是指數基金。」指數型投資法會不會因為大行其道，反而變成不太對勁呢？

成功的犧牲者

指數投資法的「眼鏡蛇效應」之一，是一家公司的股價一旦納入指數之中，其本益比和股價淨值比馬上升高。成為指數成分股，表示會有數百萬的投資人來買這支股票，這只是為了配合指數的改變而鎖定投資罷了，並非是看好這檔股票的基本面。被動式投資的增加，也表示被納入大型指數的股票，其相關資訊的影響效率會比指數之外的股票來得低。麥可．莫布新的公司指出：「以標準普爾五百指數來說，到二〇一六年年中，被動型指數基金及交易型開放指數基金（Exchange Traded Fund,ETF）持股超過一〇%的指數企業，即高達四百五十八家；在二〇〇五年的時候，這種被持股超過一〇%的指數企業才只有兩家。」有愈來愈多企業股票的大量買賣是因為投資規則而非信念，這表示價格也愈來愈不能反映真實價值。

對於這種現象，傑西．費爾德（Jesse Felder）表示：「被動式投資最後也會變成它成功的犧牲品。過去大概十五年來，大量資金湧入指數基金，使得大型指數成分股的價格也到了不利報酬的程度。而投資報酬欠佳又會反過來造成資金逃逸，於是良性循環變成惡性循環。」或者就像塔雷伯所說的：「我們一直以壓抑隨機性和波動，在破壞經濟、我們的健康、政治生活、教育和幾乎所有的一切……這是現代性的悲劇，跟那些過度保護的怪獸爸媽一樣，原本的幫助反而造成最大的傷害。」[107]

在資本市場中，要是大家都做同樣的事情，那件事就不對了。

擁擠的酒吧和擁擠的買賣

「街燈酒吧」是個有趣的理論難題，剛好可以充分說明主動式和被動式投資的一些狀況。這是說，新墨西哥州的聖大菲有一家小酒吧。這個小鎮的人口並不多，但每到星期四晚上大家都想去市中心的這家「街燈酒吧」。問題是酒吧也不大，要是裡頭擠滿酒客就沒趣啦。所以狀況是：

- 要是去酒吧的人少於六〇%，去那兒就會比待在家裡有趣。
- 要是去酒吧的人超過六〇%，那麼還不如待在家裡。

問題是，大家都要在同一時間做出決定，也沒人知道今晚酒吧擠不擠。所以啦，要是大家都使用同樣策略來決定要不要去酒吧，那麼這個問題永遠無法解決。瑞士信貸銀行（Credit Suisse）的研究報告〈尋找簡單的遊戲〉（Looking for Easy Games），曾談到這個難題與投資的類似之處：

> 這會導致一個矛盾狀況：知道情報的人愈多，價格表現愈充分而有效，但那個情報的價值就愈低。效率價格會讓投資人從主動變為被動，這又會造成無效率狀況，使得主動型的經理人可能從中獲利。所以大家要是都採取主動式投資，你要採取被動式。

不管是在酒吧或是在市場裡頭，正因為大家都會有不同的意見，才會有趣啊。「公地悲劇」說的就是大家都為自身利益自行其是，反而變成集體破壞資源，損害共同利益。學界最常引述的例子是政府公有地准許農民放牧吃草：從個別農民的角度來看，獲准在公有地上放牧，當然是符合個別農民的最佳利益；從整體的角度考量，讓那麼一小片公有地承擔那麼多隻牛的放養，草地當然會被啃光，到最後變成對大家都沒用的荒地。在這個放牛吃草的例子中，個人採取的都是理性行為，但整個系統到最後卻是在無意中遭到破壞。

如今在考慮投資指數化時，好像也有類似狀況。從個別投資人的角度來看，被動式投資法非常合理，它的費用低廉、曝險分散，而且從歷史記錄來看，報酬也很能讓人接受。但是這樣也可能為市場帶來酒吧太過擁擠的問題，正如布雷克·萊巴隆（Blake LeBaron）所言：

> 在邁向崩盤的過程中，參與者的多樣性逐漸降低。代理人使用非常相似的交易策略，因為大家共有的良好績效會開始自我強化。此時的市場群眾變得非常脆弱，雖然大家對股票的需求只是減少一點點，但卻對整個市場造成強烈的動盪衝擊。這個經濟機制非常明顯。在下跌的市場中，交易員找不到買家接手，因為大家都遵循非常類似的策略。在華勒斯（Walras）模型中，會迫使價格大幅下跌以清理市場。參與者同質化造成市場流動性驟降。[108]

就跟切掉老鼠尾巴領賞的越南鄉民一樣，我們修改、控制投資的努力，也會扭曲市場效率。因為投資人都知道被動式投資的好處，都想模仿它的作法——換手頻率低、費用低廉且適當地多元分散——不再屈服於茫然地買進賣出。

主動式投資法：客戶的遊艇在哪裡？

主動式的投資組合管理對於維持資本市場的健全，發揮了重要作用，雖然從歷史記錄來看，其費用比較高昂，對大多數投資人比較不利，但對於維持市場正常運作卻是絕對必要的。主動式管理的目標是，在風險調控的基礎上（如果不是絕對比較小的話），提升投資績效超越被動式投資法；這個目標對全世界的投資人都有吸引力吧。但遺憾的是，說好的目標也不是人人都能達成。

主動式管理的好處是，應該可以避免錯誤行為，但是研究顯示，專業人士跟你我一樣，也很容易犯下愚蠢錯誤。查爾斯．艾里斯（Charles Ellis）的《投資簡義》（*The Elements of Investing*）指出：「專業管理基金的現金部位，也是在市場見頂時達到最低，而市場跌到底部時滿手現金啊。」這跟我們完全一樣嘛，股價漲得正高的時候，大家拚命買拚命搶，而股價跌下來應該比較具吸引力時，反而驚惶失措不敢接手。

主動式管理最主要的好處，當然是希望投資績效會更好，主動式基金的經理人在付出那麼多交易成本、收取高昂管理費之後，也應該拿得出說好的投資績效。然而就像《基本指數》（*The Fundamental Index*）所言，光是交易成本和管理費這兩項就變成難以超越的障礙，使得主動式投資績效每年落後大盤〇．五％至二％之多。主動式經理人也常常把大環境當作替罪羔羊，因為央行政策啦、因為才剛從嚴重衰退恢復過來啦；但事實上經濟大趨勢永遠都在嘛。正如《華爾街日報》（*The Wall Street Journal*）的傑森．茲威格寫道：

> 雖然大家都聽過，很多人也都以為是真的，但投資績效欠佳並不是過去幾年來市場低迷造成的短暫現象。在一九七四年中期結束的十年期間，落後標準普爾五百種指數的基金經理人高達八九％；在一九六四年結束的二十年期間，投資基金的績效平均落後大盤一百一十個基點。就算是從一九二九年算到一九五〇年，也沒有任何一家大型共同基金的績效打敗標準普爾指數。不管你從哪個時間區段來看，結果都是讓人失望的。

在主動式管理的世界中，時間就是金錢（常春藤盟校的數學天才怎麼可能免費工作呢！），因此花費昂貴的詳細調查和研究都必須有成果才行。如果選股要花九毛九，那麼選中的股票至少就要賺一塊錢啊。然而根據先鋒基金公司研究投資委員會的時間分配顯示，基金經理人運用管理費的方式實在是讓人非常懷疑。他們發現投資委員會是這樣分配時間的：

- 四一%的時間檢討過去績效，而他們自己也承認這對未來並無預測效果。
- 一〇%的時間花在挑選經理人；但根據布萊恩・波提諾博士提出的證據顯示，只有五%的專業基金明確知道怎麼選擇經理人。
- 一一%的時間處理跟投資無關的事情，比方說喝咖啡聊是非啦、「週末要上哪兒玩呀？」
- 一三%的時間處理「其他」問題，這大概是不會增加多少價值。
- 二五%的時間處理策略決定；總算有點價值了！

要是各位沒被這些壞消息嚇跑，還想在主動式投資當中找出能夠打敗平庸的鳳毛麟角。那麼你要面對選擇主動式經理人的困難，正如《股票投資信念》（*Conviction in Equity Investing*）中所言：「主動式投資組合管理在商業領域可謂珍稀罕見，因為消費者在購買產品之前、甚至是在之後，也還是常常無法確定它們的真正價值。」我們如果是去買車的話，它的審美和客觀訴求可以很容易理解。你可以進到車子裡頭坐一坐，感受一下，看看車窗上貼的標示，了解每加侖汽油可以跑多遠。基金投資

投資委員會的時間分配

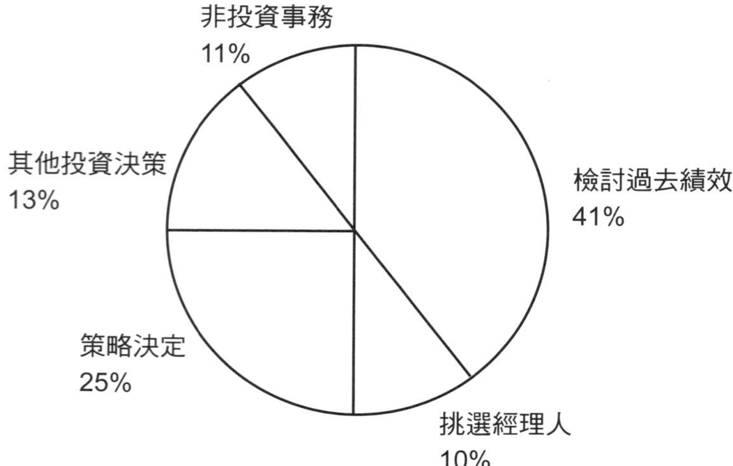

資料來源：'Conviction in Equity Investing,' Hewitt EnnisKnupp (2012).

也是有指標沒錯，不過那些印得很小字的警告標示也很快就會告訴你：過去表現並不保證未來結果。其實是剛好相反，過去的表現和未來的成功剛好成反比！這就好像是，你去買車的時候明明是買了賓士，但開回家以後就變成一部爛車。儘管各位在投資之前都會仔細調查做研究，但不管是過去的績效或標準差的歷史資料，都無法讓你知道主動式管理的基金將來會如何表現。

投資委員會投入大筆金錢和時間的活動，只會讓費用大增卻無法提升績效。經理人的投資才能不足憑恃，市場本身又變幻莫測，過去績效也不可靠，這種種狀況都指向其中一個變數才是詳盡調查研究的最重要部分：也就是選股決策的過程。

挑選經理人根本是亂槍打鳥；過去績效只是暫時的輸贏。其實具備防護作用的行為紀律過程才是未來成功的最佳預測，但大多數（昂貴的！）資源都投注在看似很有效但實際上一點價值也沒有的努力。主動式管理可能對個別投資人及其投資的資本市場有利，但卻因為貪婪、狂妄和對人類行為的誤解而難以發揮完全的潛力。

主動式投資法的優點和缺點

- 優點：有超越大盤、妥善管理風險的潛力，價格機能正常運作有利於整個市場。
- 缺點：收費高昂、準確率低、歷史績效差，行為風險也沒有獲得適當的管理。

了解主動式與被動式投資法的缺點，雖然讓人不是太舒服，卻是個必要的起點。被動式管理的成功是來自它的自動化程序、收費低廉且投資多元分散；這些優點當然都很好，但很容易被複製。它的弱點則是可能陷於不良行為傾向（例如傾向買進大型股、高價股），而且這種不必多加思索的投資方法，可能導致整個市場的「脆弱化」。

主動式管理的有效是因為它可以保護投資人免受錯誤行為的影響，有力回應不斷變化的市場條件，充分利用他人的認知錯誤，並且因為大家的決策風格都不同而讓整個市場獲得好處。但遺憾的是，主動式管理的潛在好處大都未能實現，因為經理人自己都難以控制行為缺陷，對於投資標的也欠缺信心，而且費用也太過高昂。

要是這些不利因素，讓各位懷疑還有沒有更好的辦法，我相信還是有的。行為投資人在嚴格檢視兩種方法的優、缺點以後，可以創造出一套結合兩者優點的系統。這種方法會包括：

- 適當合理的費用。
- 最佳多元分散。
- 有效回應市場變化。
- 以研究為基礎。
- 買進賣出頻率低。
- 過程系統化以避免行為偏誤。

這種投資方法稱之為「以規則為基礎的行為投資法」，簡稱RBI。

13 行為投資法以規則為基礎

就是現在這一刻，各位身邊發生的事情，其實大都被你忽略了。因為各位正集中注意力閱讀這一頁的文字，因此忽略了周遭環境的諸多資訊：日光燈的微弱響聲、身體稍稍繃緊以維持坐姿、舌頭抵著牙齒和上顎的感覺、遠方有架割草機呼呼作響。

我們整個認知處理系統的容量——包括意識和潛意識——可說十分強大，大約可以同時處理一千一百二十萬位元。但鮑勃．尼斯（Bob Nease）博士指出，在大腦每一秒鐘處理的幾百萬條資訊裡頭，只有五十個位元屬於有意識的思考！社會心理學家狄克思特修斯（Ap Dijksterhuis）則說：「……潛意識就沒有容量問題。如果潛意識像是一台現代電腦，那麼意識只能說是個古老的算盤。」他又說：「意識容量低表示它難以承擔複雜決策的任務……所以意識層面只能處理一小部分的資訊。最後的決策當然會被犧牲。」如果我們的認知處理能力大部分是仰賴直觀而非慎思明辨，那麼善用潛意識的智慧，應該也會改善我們的財務決策，這似乎也是合理的想法，因為在藝術和文學方面都有強力的證據。

我們是個熱愛直覺的社會，所以在這種電腦既能思考又會學習，而且許多工作都變成自動化的時代，大家都認為人類要是還擁有一些獨一無二，甚至是說不清講不明的神秘能力，倒是讓人很感到欣慰。各位要是發現自己也是潛意識理性的浪漫派，我只能說你一點都不孤單。史蒂夫·賈伯斯（Steve Jobs）在印度觀察到的某些現象，令他深受感動，也因此受到非西方理性觀點的強烈影響。賈伯斯說：

印度農村的人不像我們那樣思考，他們運用的是直覺，而且他們的直覺比世界任何地方都更為發達……我認為直覺真的很強大，比智識思考還厲害。這對我的工作產生很大的影響。西方的理性思考並不是人類天生的，而是學習來的，這當然是西方文明的偉大成就。但是在印度的鄉村，他們根本沒學過這個。他們學到的是別的東西，有沒有價值則是見仁見智。那就是直覺和經驗智慧的力量。

熱中社運的作家安妮・拉莫特（Anne Lamott）針對理性與直覺的辯證關係則說：

其實理性思考並沒有讓你比較厲害。你以為它會給你真理和真相，因為理性思考就是這種文化崇拜的金牛啊！但事實並非如此，理性只是擠出很多豐富多汁又吸引人的東西而已。

最後是法國哲學家亨利・柏格森（Henri Bergson）說的：

我們看到，理智思考在處理沒生命的東西非常厲害，但一碰到有生命的對象就笨手笨腳的。不管是碰上身體的生命還是心智的生命，它都只會運用那些死板、僵化而蠻横的工具，這些工具本來就不是為了理解生命而設的。理智思考原本就不能理解生命，這就是它的極限。而本能剛好相反，原本就是跟生命一樣的形式。我們可以說，理智是機械式地處理一切，而本能則是有機地進行運作。沉睡其中的意識如果醒來，如果它是集中為知識而非分散成行動，我們如果能向它提問，而它也願意回答，那麼它就會向我們透露生命最深沉的秘密。

各位在書上或電影中，大概很難找到它們會讚揚乾巴巴的理性決策；不過我們行為投資人需要的是統計證據，而不是十四行詩。如果我們仔細檢視關於直覺決策的研究，就會看到一些非常複雜的狀況，特別注意到什麼時候才能運用個人自由裁量、如何運用，在什麼狀況下又該特別謹慎地避免。

直覺的證據

關於直覺的研究之所以吸引人，有一部分是因為某些結果好像真的是超玄的。康乃爾大學有項研究是叫受測者在電腦上從兩道「簾幕」做選擇，來測試直覺和預知能力，其中一道後面藏著色情圖片。完全被數位簾幕遮擋的圖片每次都會隨機改變，然而在一百次測驗中，受測者表現出愈來愈能正確識別色情圖片的能力！更神奇的是，甚至在電腦設置圖片之前，受測者的生理反應傾向就能先猜對答案。

另一個直覺測試是讓受測者在兩組紙牌之間做挑選，只要選對了就有獎金可拿。那兩組牌是這樣的：其中一組會先大贏、然後大輸；另一組是連續小贏、但幾乎不會輸。受測者被告知要找出發牌模式，並請他們在弄清楚兩組牌以後，明確說出來。受測者在大約看了五十張牌時會說有預感，到了八十張牌時明確說出模式，但其實他們的生理反應都在更早之前就顯示出直覺感知。有人甚至才看了十張牌，手掌上的汗腺就會因為拿到不穩定牌組的牌而有所反應。潛意識早就發現的事情，意識層面要花更長時間才能察覺並表達出來。

社會心理學家狄克思特修斯是研究「直覺／慎思」決策的開路先鋒，並找到一些很棒的新發現。不會讓人覺得意外的是，他發現我們的「意識能力很低，所以做決策選擇時只能考慮到相關資訊的一小部分而已」。他還發現，有意識的深思熟慮會導致我們不適當地特別重視那些資料，最後造成決策失誤而感到後悔。比方說，受測者在深思熟慮後才從五張海報中挑選一張，但之後的滿足感卻低於只是簡短看過後就選擇的人。

這種無意識思考假設（Deliberation-without-attention Hypothesis）引發一種極受爭議的主張：因為意識層面的能力有限，所以最適合做簡單決策；而潛意識思考則要留給複雜選擇的範疇。所以啦，你要買一副烤箱手套，就要拚命思考；若是要房子，靠直覺就夠了。為了驗證這個觀點，研究人員要求受測者觀察四輛具備客觀特徵的汽車來判斷好壞（最好的那一輛有七五%的正面特徵，最爛的那一部只有二五%的正面特徵）。這個測試分成兩種版本，受測者要重複進行簡單版（四個變數）和複雜版（十二個變數）的辨識，而研究人員會要求受測者在做出決定前思考四分鐘，或者是用字謎遊戲分散他們的注意力。結果跟無意識思考假設一致，意識決策在四個變數的測驗中表現較佳，但在十二變數版呈現惡化。

隨著複雜程度增加，意識思考開始陷入混亂，不知道決策相關的各方面要如何權衡取捨。那其實滿正常的，我們怎麼分辨得出耗油率低但能見度差的車子比較好，還是另一台馬力強但外觀不怎麼樣的車子比較優呢？這種效果似乎也不僅限於選擇汽車。威爾森（T.D.Wilson）和史古樂（J.W.Schooler）一九九一年的研究要求受測者評估多種大學課程並做出相應決策。這個實驗分成兩種狀況：第一種狀況是受測者在粗略檢視事實後馬上做出選課決定；第二種狀況是要求受測者仔細分析和評估各個課程的利弊優劣，並寫出他們的理由。結果跟選擇汽車一樣，那些深思熟慮的人做出更糟糕的決策，而且只注意到更為有限的幾項判斷標準。隨著複雜度增加，我們的決策能力也隨之瓦解。更有意思的是，無意識決定似乎也會帶來更好的決策後主觀評價。要是事先不考慮太多的話，大家通常會更喜歡自己的選擇。

那麼，這樣就搞定了吧！我們要成為選股專家，就是要關上腦子，依靠直覺，讓潛意識的神奇魔力來接管。呃……沒這麼簡單。有利於直覺的奇妙證據雖然很多，但也一樣有很多證據說不對，特別是涉及投資決策的具體任務。劉易斯．戈德堡（Lewis Goldberg）在一九六八年研究以模型方法評估精神疾病的成效，與醫師臨床診斷做比較。結果這個簡單模型的表現不但比心理學家的直覺還好，他們在模型協助下也更能發揮所長。[109]

模型也被證實在最高法院判決、[110]總統選舉（奈特．席佛研究）、電影偏好、監獄累犯、葡萄酒品質、婚姻滿意度和軍事勝利等等超過四十五個領域的預測結果，都優於人類直覺。[111]葛羅夫（William Grove）、柴爾德（David Zald）、勒布（Boyd Lebow）、史尼茲（Beth Snitz）和尼爾森（Chad Nelson）的綜合分析發現，模型決策的成效等於或優於專家決策的機率高達九四．一二％，這是說我們人類的自由裁量只有五．八八％會贏。[112]況且在那些以人性行為為核心的許多領域中（當然包括金融市場），演算法更是遙遙領先。不管是換工作、自殺未遂、青少年犯罪、大學成績、精神病患住院時間以及職業選擇等領域，演算法成效都大幅領先十七點以上。

尚托（J.Shanteau）一九九二年研究證實，畜牧鑑別、天文學家、試飛員、土壤鑑定、西洋棋手、物理學家、數學家、會計師、穀物檢查員、照片解說員和保險分析師，對專業裁量和直覺的運用都很明顯。但包括股票經紀人、臨床心理學家、精神病理學家、大學招生顧問、法官、人力資源專家和情報分析師等，則顯示專業裁量與直覺證據不足。

各位注意到這其中的傾向嗎？在我們討論的各種範疇之中，若是愈以人為中心，直覺和人類判斷就愈不容易發生效果。不管是碰上亂流、鑑定土壤或是面對損益表，我們都能做出很棒的裁量決策，但是牽涉到人性的諸多瑕疵可就完全不同。果然尚托也認為優良裁量決策的標準是：可預測的結果、靜態刺激和可獲得良好回饋。而以人類行為作為絕對核心的資本市場，完全不符合這些條件。

預測大師菲利普·泰特洛克（Philip Tetlock）強調說，綜合分析在統計上顯示：「就算是粗略的外推演算法，我們人類都找不到任何領域會勝過演算法，更何況是那些複雜的統計演算法。」研究結果非常明確，如果你運用人性判斷而不是一套程序來進行投資決策，那就是事倍功半。

培養直覺

據說有一年春天，畢卡索正在一個公園裡頭寫生，這時候有個粉絲認出這位大畫家，很驚喜地走過來。她欣喜若狂地請求大師為她畫畫，大師也親切地和粉絲說笑，很快就畫好一幅簡單肖像遞給她。這位女士開始驚嘆這幅畫是多麼完美，如何巧妙地捕捉她最美的一面，而且說要拿回家代代珍藏。然後她問畢卡索要付多少錢，他回答說：「五千美元，女士。」這麼簡單的工作竟然收費如此高昂，驚呆了這位太太，於是她提出抗議，提醒畢卡索這只花了他五分鐘而已啊！大師看著她的眼睛如此回答：「不，夫人，這花了我一生。」

直覺是畢生學習，默默凝聚而成，如果要讓它派上用場，必定需要善加培養才能成事。克蘭德（B.Crandall）和葛謝萊特（K.Getchell-Reiter）一九九三年的研究，描述了新生兒加護病房護士如何在醫療檢測之前先發現嬰兒敗血症的故事。被問到這種非凡能力是怎麼練出來的時候，護士也沒有答案。但他們就是知道。研究人員深入研究後發現，有許多護士的正確直覺，跟醫療上的一般最佳實務剛好相反，而且都是醫學文獻上找不到的。這些護士就是在漫長時間中辛勤工作，進行過無數次簡單而乏味的程序，再加上即時獲得的回饋反應，才培養出這樣的專業直覺。就跟畢卡索一樣，這樣的天才是在俗世中養成，並不是奇蹟。

西蒙（H.A.Simon）一九九二年研究對直覺的定義，與我對文獻的認識和個人經驗相吻合：「這是帶來一個提示，讓專家能夠提取儲存在記憶中的資訊，而這些資訊可以提供答案。所謂的直覺，就是辨識認知，不多也不少。」投資訓練師也常常把「傾聽直覺」認定為某種明確的好處。但事實上，這也要看那個決策需要直覺判斷的程度，還有你的直覺能力有多強。

不過就算是最厲害的直覺也難以超越環境因素的限制，而且環境線索也是直覺能否被信賴的最佳預測因素。如果欠缺一定程度的可預測性和快速回饋，這兩項因素在金融市場中都付諸闕如，直覺能力也就缺乏肥沃土壤可以生根茁壯。我們有理由相信新生兒加護病房的護士、還有物理學家或數學家的直覺，但沒什麼理由去相信心理治療師或選股專家的本能反應（我身兼二者啊，真是糟糕）。這種直覺缺陷並不是專家的錯，而是他們從事的行業。物理學家莫瑞．蓋曼（Murray Gell-Mann）就說得很對：「各位可以想像一下，要是電子會思考的話，物理學會變得多難啊！」

直覺在許多領域都很強大，但不適合資本分配的變幻莫測。理解這種狀況之後，投資人也會希望在市場好或壞的時候，以自由意志來運用這些知識。接下來我們就來討論一下自由意志。

自由意志

你閱讀這本書，是你自己的選擇嗎？

這問題好像問得很荒謬。「當然是我自己選擇閱讀這本書啊！」你會這麼想：「再問我這些傻問題，我也可以選擇不讀。」自由意志的主觀體驗是我們人類經驗的核心，感覺就像是我們隨著自己心意在過活，這一切都是由我們的心智在做領導。哲學家威廉·詹姆斯（William James）更是精微地觀察到：「我們遵循己意生活的所有刺激和興奮……都是仰賴我們的知覺，瞬息萬變，並不是無數歲月之前打造的命運鎖鍊的陰沉響聲。」

但是現代心理學的老祖父——詹姆斯本人，卻也是最早假定自由意志可能是從身體流向腦子的學者之一，而不是現代普遍認知的相反方式。詹姆斯認為，我們的大腦可以很快知道心跳加速等身體衝動，但它對認知的影響卻很難察覺。儘管身體確實在驅動大腦，但我們的感知卻剛好相反。詹姆斯這個看法在當時是有爭議，但隨著我們研究感覺和感知的能力提高之後，詹姆斯的想法已經愈來愈成為主流。

格式塔心理學派的開路先鋒所羅門・艾許（Solomon Asch）曾進行過多次從眾行為的研究，至今仍受廣泛討論。艾許的團體研究是由八人組成，但其中七個其實是研究團隊安排的內應同盟，他們都知道怎麼回事。研究團隊會要求受測者觀看二百六十頁的圖表，問說右邊哪一條線跟左邊一樣長。

在前兩次測試期間（總共進行十八次），同盟者接受指示要給出適當答案。等到第三次測試時，七個同盟者開始給出一樣的錯誤答案，研究人員注意到另外那一個受測者的反應是不曉得到底怎麼回事。顯然這個測試的關鍵，是想探索毫不知情的受測者會屈從團體的錯誤答案到什麼程度。在之前兩次測試中，不知情受測者在九九%的時間都給出正確答案。

當「從眾效應」開始發揮作用時，給出正確答案的機率就只剩六七%。這個問題可是再簡單不過了，就算是我讀小學的小孩也不會弄錯。但是對於大部分受測者來說，「從眾效應」是難以抗拒的。

幸運的是，現代科學讓我們獲得艾許那個時代想像不到的技術：功能磁振造影掃描。讓我們能在現代版的艾許實驗中監控受測者的大腦活動，更深入了解這些決策的背景脈絡。那些曲意從眾的人，前腦活動都極為有限，這是大腦進行批判性判斷的區域。

但他們的後腦顯示較為活躍，這是跟視覺和感知相關的區域。透過大腦掃描發現，群體的看法確實改變他們對於尺寸和形狀的理解，所以他們才會跟著附和群體。同伴壓力並不是簡單地改變看法而已，它甚至會改變眼中的現實。研究負責人格雷戈里·柏恩斯（Gregory Berns）說得好：「我們都喜歡說，看到才會相信。但這個研究顯示：相信大家跟你說的，你就

艾許線條圖

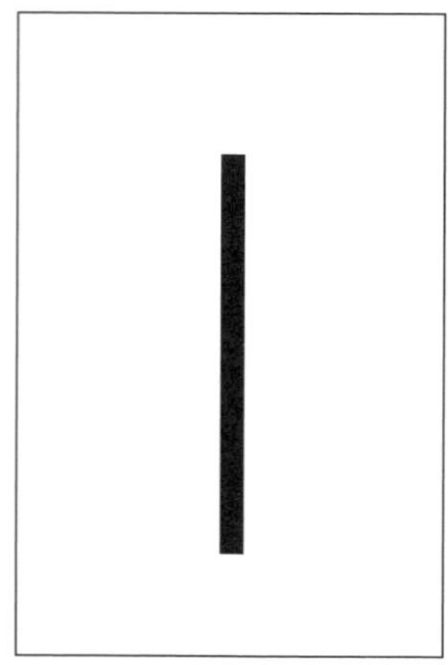

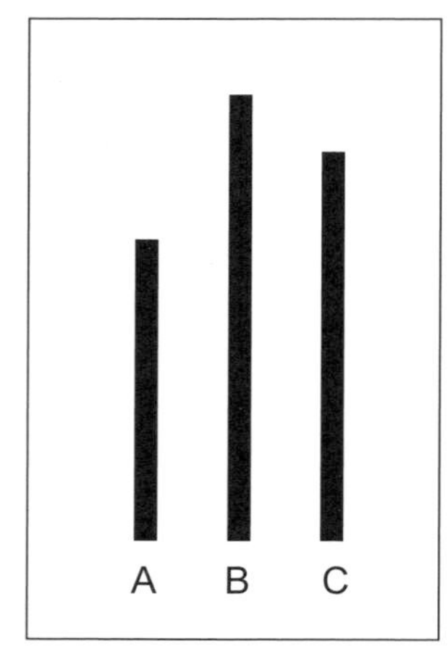

會看到。」

透過腦波圖技術研究也支持艾許實驗二．〇版的發現，並進一步證明心智後來才察覺的東西，我們的身體會先有反應。當我們意識到某個行動意圖，大約是落後原始腦波活動約三百毫秒，這個差距雖小但很重要。而且在察覺意圖後至少又需要經過二百毫秒，才能真正採取行動，表示我們在能夠表達某種欲望或做出相應行動之前早就有所體驗。這一切都在我們的意識之下自行運作，所以要說我們的生活經驗都是自由意志嘛……其實是「早在意識難以察覺之前，意圖的感覺和明顯的行動都先被某些事件喚起」。我們透過思考的經驗、再根據這一思考採取行動，其實是已經略過關鍵的第一步，這是衝動對我們的身體產生作用，進而催化了整個連鎖反應。

就算我們認為在某個程度上確實存在著自由意志（我也相信它有存在的價值），還是有大量證據支持以自動化程序進行財務決策的觀念。

意志力

漫長的公路旅行非常無聊，正是聊天的好機會，雖然聊的都是一些小事，有些還真是發人深省，而且如果不是在那個時空背景之下，說不定永遠也不會談到那些話題。我跟我太太就有一次這樣的旅行，那時候我們已經說完各種假設（比方說，你會不會覺得婚禮或自己的葬禮沒人來參加會比較好？），話題轉向一些更有分量的事情。當被問到時，我太太說要是可以選擇的話，她希望出生在六〇年代的美國。聽到這個，我馬上就問說：「你要是生活在那個時代，你會公開表態支持種族平等和民權運動嗎？」後來我們又討論了相關問題，例如要是生活在一九四〇年代的歐洲：「大家壓迫你的猶太鄰居，你會站出來反對嗎？」在冷靜的狀態下，而且是已經知道歷史的教訓之下，我們很容易把自己想像成道德勇士，然而針對行為和意志力的研究卻說了個更為複雜的故事。

耶魯大學心理學家史丹利．米爾格蘭（Stanley Milgram）曾經研究我們的意志力在權威面前會如何表現。米爾格蘭這項研究是要回答這個問題：「納粹黨成員是有罪的幫兇，或者只是接受命令的普通人？」當時距離第二次世界大戰結束還不到二十年。為了回答這個問題，米爾格蘭找來心理健康的男性說是要研究懲罰與學習之間的關係。受測者會在牆的一側擔任「老師」，指導另一側的「學習者」幾個練習，然後「老師」會詢問「學習者」幾個問題以評估學習成效。如果回答出正確答案，就繼續問下一道問題；倘若答錯了，「老師」會對學生施以懲罰（電擊），而隨著錯誤次數增加，電擊強度也會加強。但實驗中「學習者」接受電擊時的慘叫聲其實只是播放錄音帶，不過那些「老師」都以為自己正在傷害學生。

為了模擬權威感的影響，會有一位穿灰色實驗衣的「醫生」坐在進行測試的房間內，當「老師」因為傷害學生而感到不安時，這位「醫生」會溫和地提示受測者「請繼續進行實驗」。在進行這項實驗之前，米格蘭曾問他的學生、其他專業人士甚至是研究猶太人大屠殺的歷史學家，有多少人會以幾乎致命的強度電擊陌生人，只因為他答錯一些傻問題呢？大家的預測都很低，只是個位數而已。然而實際上卻有接近三分之二的受測者一直電擊對方，直到最高強度。

這個研究的另一個版本是，米爾格蘭在實驗開始之前會貶低「學習」者的人格，說隔壁牆那些人「行動像動物一樣」。當權威人士貶低學生的名譽之後，受測者讓電擊強度持續增加到四百五十伏特的意願就上升超過九〇%。然後在後續研究中，米爾格蘭採訪那些以最高強度電擊學生的人，大家卻都說就算是有權威人士的指示，他們也不願意傷害陌生人，顯然跟實驗結果剛好相反。米爾格蘭最重要的發現是：「人時常在某個特定環境中決定自己應該怎麼做，但他們平常未必會那麼行動。」照這樣看來，意志力好像是跟環境比較有關，而不是個人的堅忍毅力，這個認識可能會讓渴望控制自己的人類覺得很痛苦吧。

來自行銷領域的證據也顯示我們的行為很受環境所影響。馬汀．林斯壯（Martin Lindstrom）的研究報告指出：「當倫敦地下鐵開始用喇叭播放古典音樂以後，地鐵搶案降低三三%，對工作人員的攻擊減少二五%，對列車和車站的破壞也減少三七%。」[113]

他接著說，環境甚至可以決定我們會選購法國的夏多內（Chardonnay）還是德國的麗絲玲（Riesling）白酒：「萊斯特大學兩位研究人員在一家大型超市的葡萄酒專櫃前演奏音樂，有時演奏法國的手風琴音樂、有時演奏德國的酒館銅管樂，總共試驗了兩個星期。結果法國音樂日，有七七%消費者會選法國的葡萄酒，德國音樂日則大多數會直接往德國酒的櫃位走。」

要預測誰的婚姻可能會出軌，不是看個人道德或宗教信仰，而是從「機會」來判斷最準確，研究顯示：長得帥、又有錢而且經常旅行的人最容易出軌。有一項婚姻不忠的調查發現，開奧迪（Audi）汽車的人最容易劈腿，其次是BMW和賓士。為什麼沒有起亞（Kia，韓國品牌）？喔，不是開起亞的人比BMW或賓士更有道德感，而是因為沒人想跟開起亞的人睡覺！要批評老虎伍茲那種劈腿欺騙配偶的人並不難，但很多人要是站在同樣位置、一樣擁有許多機會，恐怕也是重蹈覆轍者多。

要是像音樂這樣簡單的東西就可以影響破壞行為、葡萄酒購買到劈腿出軌，那麼想像一下，我們在金融動盪時期遭到財經新聞台的狂轟濫炸，那麼一大堆看法和評論又會造成多大的影響。投資人也許知道，當別人害怕的時候，自己應該貪婪；但是他也會接收到新聞台鋪天蓋地的狂喊天要塌了，更別說他打開投資組合季報表時的恐懼感。儘管我們可能不願意承認這一點，但研究顯示，不管好或壞、強或弱，我們的表現就跟周遭一切一樣。

如果說我們的意志力常常受到環境因素所影響還不夠糟糕的話，研究也顯示，就算我們想要自我控制，這個控制能力也十分有限。有項研究，是讓學生記住兩位數或七位數的數字，只要背得出來就能選擇水果或蛋糕做獎賞。雖然記住兩位數這個比較簡單任務的學生大多數（五九％）都選擇了健康的水果，記住較長數字的人則有將近三分之二（六三％）都選了邪惡的蛋糕。類似研究指出，節食的人雖然早上略過一堆零食，但後來又在參與口味測試活動時吃下更多冰淇淋。我們要是在某個方面奮起抵抗、耗盡克制力，很快就會在另一方面舉手投降敗下陣來。

對於這種實驗室研究，最常見的批評是說，因為牽涉到的利益很小，所以無法反映出真實狀況。他們說：「水果和蛋糕是這樣沒錯，但要是牽涉到大筆金錢，我們的行為就不一樣嘍。」不過有個實況研究是針對購買汽車的人，意志力疲勞也一樣非常明顯，而這個可是真的要花好幾千美元買車啊。在這項研究中，買家要從四種排檔裝置、十三種輪胎鋼圈、二十五種引擎配備和總共有五十六種配色的內裝做選擇。剛開始，大家當然是拚命思考每個決定、理性權衡取捨，但隨著過程持續，意志力逐漸銷磨殆盡。在愈往後的決策中，買家愈顯草率，而且更容易滿足於經銷商提供的預設選擇。經銷商後來也開始明白這種趨勢，所以把高價位選擇擺在後頭，比起一開始就推銷高價配備，每個客戶會多支出大約兩千美元。所以啦，就算金額再高，我們可以調動的克制力也十分有限。

鮑邁斯特（Baumeister）二〇〇三年關於情感、意志力與決策的研究發現，對投資人也非常適用，其結論是：

- 情緒困擾（因市場波動造成）導致思慮不夠周全，會讓人轉向高風險、高報酬的選擇，即使是客觀上糟糕的選擇。
- 當自尊受到威脅時（績效欠佳的對沖基金經理人，我正看著你喲），我們就難以管理自己。尤其是那些平常特別傲慢的人（我剛剛有說到對沖基金經理人嗎），急於證明批評者是錯的，就更容易冒更大的危險。
- 歸屬感是人類的核心動機，當這個需求遭到挫敗時（在極需耐心的逆勢操作中實屬必然），非理性行為就更為常見，更容易自我挫敗。

我個人最崇拜的英雄是奧地利精神醫師維克多・弗蘭克（Viktor Frankl）。他在被問到如何在恐怖大屠殺逃過一劫時，他說：「在刺激和反應之間還有一個空隙，我們還是可以選擇自己的反應。而我們能否成長、是否獲得自由，就看你怎麼反應。」在集中營喪失一切、失去所有摯愛的弗蘭克，似乎會反對我認為自由意志遭受限定的看法。弗蘭克是最有理由以仇恨報復仇恨的人，但是他靠著人性意志活了下來，而且寫出可能是有史以來最偉大的著作《活出意義來》（*Man's Search for Meaning*），和全世界分享他受到的啟發。

然而弗蘭克之所以受到尊敬，其實就是因為這樣的經歷著實難能可貴。要是面對相同的命運，我們之中又有多少人能像弗蘭克一樣展現出強大的韌性和耐力呢。要再深入討論自由意志是否存在的問題，已經超出本書範圍，也是我個人力所不逮。但我要特別強調的一點是，投資行為受到外部因素極大影響，這是所有拿錢出來投資的人必定要理解的重點。行為投資人必須先了解自由的限制，才能理解真正的自由。

14 行為投資優先考慮風險

「最好的計畫就是……靠那些傻子讓我們賺錢。」

——老普林尼（Pliny the Elder）

在網路股炒作最兇悍的時候，光是公司名字從「電腦知識」（Computer Literacy Inc.）改成 fatbrain.com，股價一天就飆漲了三三%。更好笑的是名字叫 Mannatech 的寰泰生技新股上市才兩天，就暴漲三六八%。只要是跟網路科技有關的股票，都是投資客（呃，投機客）的最愛，這家公司的名字有「-tech」（科技）一定就是。不過問題是，這家公司生產的是瀉藥啊。

這兩則科技股狂熱行情的奇聞軼事也證明了一點：那次網路股飆漲，一路飆到那斯達克股票崩盤之前，光是公司改成跟網路有關的名字，股價就會比同業高出六三%！理論上，股票價值應該是提前反映公司未來利潤，但實際上像改名字這種無聊小事也有那麼大的威力。

像這樣的錯誤存在於市場，正是行為投資人的最佳利益，這就是我們打敗大盤的最好機會。但是同樣的人性弱點，讓行為投資人在謀取利益之際，也產生了破壞財富的泡沫行情、恐慌下跌和股市崩盤。簡單來說，行為投資人的任務就是「利用那些錯誤，而且不要陷入恐慌」。

辛勞和麻煩

人性會在市場中表現出不理性可說是由來已久，早在有組織的股票市場出現之前就已存在。在十五世紀的日耳曼地區，銀礦的部分股權（稱為Kuxe）即有公開交易，甚至是以信用買賣的方式來進行。根據價值投資網站「ValueWalk」指出：

這些交易都是在金融交易會上決定，價格可能大漲大跌。馬丁．路德就曾在一五五四年大罵說：「我不會去買銀礦股權！那個只是金錢遊戲，不會產生安穩實在的收益。」

德國銀礦股泡沫之後的一個世代，荷蘭黃金時代也出現了鬱金香泡沫，一顆球莖價值一幢小樓房。然而經歷泡沫行情以後，下一世代似乎也不會像接種過疫苗一樣，對這種急漲暴跌的鬧劇產生抗體。國際貨幣基金的報告指出，泡沫行情是「現代經濟史上經常發生的現象」，並列舉了一八〇〇年至一九四〇年間美國和英國股市總共出現了二十三次泡沫行情。泡沫行情一直都有，也永遠會與我們同在，投資人要是忽視這種偏離基本價值的錯亂現象，就要承擔莫大風險。

充滿不確定性的金融市場會出現泡沫行情是有道理的，不過弗農．史密斯(Vernon Smith)及其團隊發現，就算是在價格明確且限定時間的市場裡頭，也照樣會自然產生泡沫行情。史密斯團隊提供一些資金給受測者，讓他們在一定時間內交易一種基本價值公開透明的金融資產（即等於是支付預期的股息）。結果在這種受到控制的條件下，商品交易價格照樣超越真實價值，一直到交易時間快結束時才大跌崩盤。

如今學界正致力於驗證史密斯的研究結果，看看那些發現是否適用於各種市場和參與者。經驗豐富的交易員（也就是以前玩過同樣遊戲的人）是可以透過反覆演練來擺脫泡沫行情的影響，但是估價數字一旦改變，馬上又會形成泡沫。包括放空在內的各種模擬市場，也試驗過各式各樣的規則，等於是在各種條件之下，都一樣會形成泡沫行情。

哈佛大學有個驗證史密斯的研究，是一開始就是無法做預測、而且也沒有傻瓜來接手已經膨脹的價格，但就算是這樣的條件，也照樣會出現泡沫行情和崩盤。這個研究的報告說：「結果顯示，會偏離基本價值並非欠缺理性常識才導致投機，而是出自行為本身的非理性因素。」就算是在現實世界中不可能存在的控制實驗市場，還是由錯誤和恐怖在主導市場走向。

泡沫行情的類型

雖然席勒為鑑定泡沫行情制定許多評判標準值得稱讚，但事實上沒有兩次泡沫行情是完全相同的。當然，它們都有像是資產價值飆漲之類的共同特徵，但接下來

史上知名的狂熱、恐慌和崩盤

1637 年鬱金香狂熱（荷蘭）	1907 年金融恐慌（美國）
1720 年南海泡沫（英國）	1929 年經濟大蕭條（美國）
1769 年孟加拉泡沫（英國）	1937-1938 年經濟衰退（美國）
1772 年信貸危機（英國）	1971 年巴西股市崩盤
1791 年金融危機（美國）	1973-1974 年英國故事崩盤
1796—1797 年金融恐慌（美國）	1982 年馬納科股市崩盤（科威特）
1819 年金融恐慌（美國）	1987 年黑色星期一（美國）
1825 年金融恐慌（英國）	1989 年里約熱內盧證交所崩盤（巴西）
1837 年金融恐慌（美國）	1991 年日本資產價格泡沫
1847 年金融恐慌（英國）	1992 年黑色星期三（英國）
1857 年金融恐慌（美國）	1997 年亞洲金融危機
1866 年金融恐慌（英國）	1998 年俄羅斯金融危機
1869 年黑色星期五（美國）	2000 年網路公司泡沫（美國）
1882 年巴黎證交所崩盤（法國）	2007 年中國股市泡沫
1890 年 Encilhamento 經濟泡沫（巴西）	2007—2009 年大衰退（美國）
1893 年金融恐慌（美國）	2010 年歐洲主權債務危機
1896 年金融恐慌（美國）	2010 年閃電崩盤（美國）
1901 年金融恐慌（美國）	

會怎樣可就很難說得準嘍（知道接下來會怎樣才是重點啊）。

格林伍（R.Greenwood）、史列佛（A.Shleifer）和游（Y.You）的開創性研究「法馬的泡沫行情」（Bubbles for Fama）找到一些迷人的結果。最引人注目的是，到最後真正爆破的泡沫行情只有超過一點點。

這幾位專家從一九二八年至今的資料找到四十個泡沫行情（在兩年內上漲一〇〇%以上），但最後演變成崩盤（兩年內至少下跌四〇%）的卻只有一半超過一點點。那些最後爆破的泡沫行情都迅速造成普遍損害：「在二十一次崩盤中有十七次，類股投資報酬在最糟糕的時候，一個月內就會下跌二〇%或更多。」

另一個有趣的發現是，崩盤規模和飆漲幅度有關：急漲更容易造成重挫。禮多茲財富管理公司（Ritholtz Wealth Management）的麥克·巴尼克（Michael Batnick）在研究摘要中寫道：「產業類股要是上漲五〇%，未來兩年內崩盤的機率只有二〇%；但若上漲一〇〇%，就有五三%可能崩盤；要是飆漲一五〇%的話，崩盤機率達八〇%。」

重點是什麼呢？會爆破的泡沫大概只有一半，但萬一發生的話可得小心了。

你能發現泡沫行情嗎？

諾貝爾經濟學獎得主羅伯特．席勒博士認為，泡沫行情可以採用表列標準來逐項鑑定，跟心理醫生檢查病患的精神狀況一樣。以下幾項就是席勒博士採用的判別標準：

- 資產價格是否大幅上揚？
- 大家對價格上揚是否感到興奮？
- 傳播媒體有沒有跟著炒作報導？
- 是否出現小市民一夜致富的故事令人稱羨？
- 一般大眾對該等資產類別愈來愈感興趣嗎？
- 對於價格的飆漲，是否有「新時代」理論為其辯護？
- 金融機構的放款標準是否降低？

投資人的「聖人狀態」

我小時候上主日學就學到說魔鬼很可怕、很危險，但不是因為它很邪惡，而是因為它最擅長真真假假虛實難測地誘惑我們。同樣的，每段泡沫行情剛開始也幾乎都不假，但是當真實那一面被我們的敘事扭曲以後，危險也隨之顯露。

電腦網路的確改變了我們的生活，甚至整個世界做生意的方式都徹底翻轉了。然而並不是任何名字冠上「.com」的公司都能顛覆世界，這種幻想完全不切實際。如此的泡沫就是在基本面上誕生，也會在基本面上破裂，但是從生到死的過程中，因為我們自己的需要，就在這整個過程中添油加醋地創造故事。這一整個過程通常是這樣的：

- 基本面因素導致價格上漲。
- 價格持續上漲而引發關注。
- 開始出現論述來解釋價格為何上漲。
- 正面論述又引發價格進一步上漲，成交量隨之激增。

- 論述被戳穿，價格又回歸基本面。

羅伯特·席勒說泡沫是「價格上漲推升行情進一步上揚的社會流行病」，而故事論述則會讓基本價值的小火花燒成非理性的烈焰怒火。

提特（P.Teeter）和山伯格（J.Sandberg）的研究報告〈破解資產泡沫的敘事之謎〉（Cracking the Enigma of Asset Bubbles with Narratives），解析故事創造和吹大泡沫的力量，並列舉敘事如此強大的三個具體原因。第一、資產泡沫通常圍繞著新觀念或新發明而產生，在歷史上找不到什麼先例，因此也就找不到合適的價值判斷標準，或者是被認為過去的標準並不適合直接套用在新觀念上頭。既然欠缺歷史資料，那麼故事的渲染也就肆無忌憚了。第二、泡沫通常發生在監管鬆散、信用寬鬆的時候，而這種環境下的狂熱興奮更有利於故事的散播，而不是冷靜的分析。最後一點是，在這個大量投資機會快速到來的時代，我們根本沒能力以這麼快的速度來處理這麼多又這麼複雜的機會。於是在此鬧烘烘的世界，處於單調無聊又疲勞的計量分析與審慎調查之中，故事就變成一個大家都喜歡的喘息機會。儘管缺乏資料和數據，故事會幫助我們理解，對於價值判斷提供快速卻惡劣的近似值；然而當故事發生變化時又會怎樣呢？

我第二次在TED的演講題目是「性、基金和搖滾樂」，談到浪漫愛情的決策與狂熱時期的財務決策有許多相同之處。簡單來說，不管是愛上一個人或是一檔股票，都會讓我們以為永遠會過著幸福快樂的日子，忽略那些指向更關鍵的數據資料，也無法做出更好的決策。

德國哲學家叔本華（Arthur Schopenhauer）曾說過，強烈性欲擁有蒙蔽決策的力量：「對那些根本不會成為朋友的人竟然會結婚，我們也不必太驚訝。那些人除了性之外，原本是互相討厭、看不起甚至是互相痛恨……只因為愛投身其中……在交媾之後，馬上就聽到魔鬼的冷笑。」

其實日語就有一個詞形容性交後那一小段清醒時刻，叫作「聖人狀態」。

從性欲中解脫出來以後，才能更理性地評估自己的決定，可能對前一晚的選擇感到後悔，或對自己選擇的伴侶產生疑慮。同樣的，當故事支撐泡沫的自我增強效應趨於冷靜，市場又回歸基本面時，也是投資人體驗到「聖人狀態」的時候。不管是愛情或是金錢，故事的本領也就只能持續那麼久而已，最後還是要讓位給更殘酷的現實。再多說一句：行為投資人要學會享受調情，但確定自己不會嫁或娶一個會讓你遺憾的人。

信任但要核實求證

說得徹底一點，像這種因為公司名字有「科技」字樣，生產瀉藥的股票就會大漲特漲的瘋狂市場，叫你把辛辛苦苦賺來的錢投置其中，實在是個可怕的建議。同樣的，在了解泡沫、恐慌和崩盤的頻率之高、後果之嚴重以後，就算是最堅強的投資人也只想把錢埋在自家後院吧。然而正如認知到行為錯誤和恐慌心理才是成功管理投資的先決條件，對於泡沫、恐慌和崩盤的理解也不該讓投資人鬥志全消，太過悲觀。市場長久以來一直在懲罰悲觀者，我們不必因為市場瘋狂就畏縮不前，這是老生常談的自明之理。

耶魯大學的威廉．高茲曼（William N. Goetzmann）強調：「太執著躲避泡沫，或對繁榮後的崩盤頻率有所誤解，對長期投資人都是危險的。」班．卡爾森（Ben Carlson）在其文章〈崩盤控制周遭一切〉（Crash Rules Everything Around Me）也談到這種不對稱的恐懼：

- 整個一九八〇年代美國股市總共上漲了四〇〇%，但我們只會說一九八七年的大崩盤。
- 債券在一九九〇年代給投資人的總報酬率超過一〇〇%，但我們只注意到一九九四年的利率飆升。
- 一九九〇年代新興市場股票上漲一八五%，但我們只對一九九七年的新興市場匯率危機提心吊膽。

行為投資人要尊重和理解泡沫和崩潰，但別因此而陷入恐懼和癱瘓。唯一會讓你無法逃過摧毀財富的崩盤劫難，就是因為太過恐懼，反而錯過了市場中所有的好機會。

要保持平衡，需要一套可以扭轉保守傾向而以規則為基礎的系統，它的買賣進出不能太過頻繁，而且要同時考慮到我們容易受到故事鼓動的短期傾向，和市場必定回歸基本面的長期趨勢。行為投資人要學會在特定時間和時機選用最適當的價值投資法或動能投資法，不必固守某個流派而不知變通。

避免恐懼

二〇〇五年八月二十九日，原本設計用來保護路易斯安那州紐奧良的五十個堤防崩潰，海水漫灌淹沒了十幾萬間房屋。這場悲劇的規模之大、範圍之廣，已經到了我們很難完全掌握的程度。根據美國聯邦緊急事務管理局（Federal Emergency Management Agency, FEMA）指稱，這是「美國史上最嚴重的災難」，總共有一千八百多人喪生，一百萬人流離失所，各方面損失共計一千零八十億美元。

卡崔娜颶風造成的損害雖然大都是因為天災，但人為疏失也該承擔部分責任。那幾十道堤防原本被視為防範海水倒灌堅不可破的最後一道防線，結果是徹頭徹尾的失敗。造成這種情況的原因有很多：土壤密度估算錯誤、多達三分之一的堤防尚未完成、使用不合適的材料，而且實際上有許多道堤防太矮，導致海水漫灌無阻。有許多地方的堤防才十英尺高，根本無法阻擋暴風激起的二十四英尺巨浪。這些堤防的問題其實也是金融領域經常碰到的問題：它們是根據曾經出現過的最大災難來設計，而不是預想中可能會出現的最大災難。

銀行和風險管理者使用的壓力測試，也都是根據過去的歷史經驗，包括危機持續的時間長短、強度高低和嚴重破壞程度等資訊來設定，以確保整套程序可以經得起歷史考驗。但問題在於，史上最嚴重並非絕對，而是相對的。史上最大崩盤也時時刷新歷史記錄。誰都不敢保證，我們甚至也都找不到理由去相信不會有更嚴重的情況出現。那種因為沒發生過就以為不會發生的毀滅性想法，納西姆・塔雷伯稱之為「盧克修斯問題」（Lucretius Problem），這位拉丁詩人兼哲學家曾說過，以為自己所見的最高山就必定是全世界最高的山，這種人只能說是傻瓜一枚。還有一個類似的概念叫作「火雞問題」（Turkey Problem），就是感恩節會被端上餐桌的那隻傻鳥。假如火雞只看歷史記錄的話，那牠完全不曉得自己有朝一日要大禍臨頭。因為飼主每天就是帶著水和飼料過來啊，根本沒想到他有一天會帶著斧頭過來。雖然這個行為可能沒有歷史先例，可一旦出現的時候，那隻火雞就要倒大楣啦。

就跟一向慷慨仁慈的飼主有一天會動刀子一樣，一直寬容給予的市場，終究也會有暴烈奪取的一天。結果呢，本來應該要有防範卻是什麼也防不了。先鋒基金公司檢視一些從不異動的帳戶和時常進出做調整的帳戶，比較兩者的投資績效，結果發現「不動」的比「常動」的好很多，所以他們極力鼓吹買進後緊抱不放。梅爾・史塔曼援引瑞典研究報告指出，交易最頻繁的交易員光是因為交易成本和進出時機問題，每年就虧掉四%的帳面價值，而這樣的結果幾乎全球都一樣。在全球十九個主要國家的證券交易所中，買賣頻繁的投資人落後於買進後不動的投資人，每年落後的績效達到一．五%。傑森．茲威格寫的《惡魔財經辭典》（*Devils Financial Dictionary*）在「當沖交易客」（Day Trader）詞條下，把這種徒勞無功的過度勞動定義為「名詞，參見 **IDIOT**（白痴）」。

不過，儘管有許多證據證明在市場中挑時機實屬冥頑不靈，也還是有令人信服的證據表明，就算是最有耐心的投資人買進後緊抱不放，也無法得到讓人滿意的結果。麥克．巴尼克公布的下表提供了一個清醒的看法，讓我們看到長期報酬率實際上有多糟糕，而且這種狀況經常出現。

股市評論網站「The Fat Pitch」的專欄作家烏邦．卡美爾（Urban Carmel）曾貼出一篇有趣的文章〈緊抱不放策略奏效與失效的時候〉（When Buy and Hold Works and When It Doesn't），分享他的觀點。他發現三十年為期的標準普爾指數低於實質價值（即扣除通貨膨脹之後）的機會竟然高達一五%，實在是令人驚訝。事實上，如果以實質美元來計算，標準普爾指數直到一九八五年都還沒超過一九二九年的最高峰，這都過了五十六年啦！雖說在這麼漫長的時間裡頭，經通膨調整後的報酬率

一美元的實質成長

1929 年－ 1943 年	$1.08
1944 年－ 1964 年	$10.83
1965 年－ 1981 年	$0.94
1982 年－ 1999 年	$11.90
2000 年至今	$1.35

有八五%的機會都是正成長，要是您的投資生涯不幸都處於低度成長甚至負成長的時段，實在也不會覺得受到多少安慰。

運用一種叫作「托賓Q比率」（Tobin's Q）的指標（跟本益比很像，是根據更穩定的資產負債表算出來的，不是靠盈餘數字），卡美爾指出表現不佳的長時段之前，都曾出現大幅飆漲的時段（這不會讓人意外吧）。長達二十年期的低成長及負成長時段，之前都曾出現「托賓Q比率」大於一的時段：一九二九年（一．〇七）；科技股泡沫（一．六四）；以及該報告寫作的時候（一．一五）。

再回來看巴尼克的列表，我們也會發現實質報酬低落時期通常就是在長期多頭行情之後。以席勒的週期調整本益比（CAPE）來觀察大盤在每段時期最開始的一月一日，其數值如下：

- 一九二九年：二七・〇六
- 一九四四年：一一・〇五
- 一九六五年：二三・二七
- 二〇〇〇年：四三・七七
- 現在：二八・八〇
- 平均：一六・六七

過去一百年來，全球經濟創造和增加財富的能力讓大家都感到驚訝，也讓人不會永遠陷於悲觀。只是全球經濟的蓬勃發展，也是先經焦土破壞才孕育出來的。事實上，就像梅班・費伯（Meb Faber）所言：「七大工業國都曾經歷過股價重挫七五%的時刻，不幸的是，以數學來說，下跌七五%的股票，以後要上漲三〇〇%才補得回來。」他繼續說道：

在一九二〇年代末、三〇年代初投資美國股票、一九一〇年代及二〇年代投資德國資產、一九二七年投資俄羅斯股票、一九四九年投資中國股票、一九五〇年代中期投資美國房地產、一九八〇年代投資日本股票、一九九〇年代末投資新興市場和大宗商品，以及在二〇〇八年投資任何東西，都會發現長抱持有並非聰明之舉。大多數人的時間幅度不夠長，熬不到這些風險資產從大跌回升。

對大多數人和大多數時間來說，買進後緊抱不放都是對的，但是我們也無法保證，在你個人的特定狀況和特定條件下，這個建議必定就是正確合理。

規則和例外

所以啦，市場心理學的學生會發現自己站在一個讓人非常尷尬的十字路口。他知道所謂的市場時機往往只是無稽之談，但也知道在過去某些時候，不管是用什麼標準來衡量，大盤都是明顯地大幅偏離基本面價值。從咆哮的二〇年代、靚股五十(Nifty Fifty)到科技股泡沫和房地產危機，狂熱期也是相當頻繁，很容易找到典型的估值指標，當然之後的財富破壞效應也非常明顯。

如果規則是「不要在市場上挑時機」，那麼這條規則會不會有例外狀況呢？我相信是會有，而且這正和我們行為投資人強調逆勢操作的觀點是一致的，但是這樣的例外狀況應該是不常見，執行起來也挺痛苦，跟我們感覺到的正確剛好相反。就像霍華·馬克斯說的：風險最詭異的是，當我們感覺不到的時候其實最危險。

所以行為投資人必須創造一套系統，才能收穫最大利益，同時完全避免被斷頭的危險。大多數情況下，也就表示要買進持有，因為市場大部分時間也都在漲啊。從一八七二年到二〇〇三年期間，標準普爾五百指數上漲的年份共占六三%，下跌者才三七%。但第一信託銀行（First Trust）研究也強調，碰上麻煩的時候一定要有符合行為投資學的降落傘。儘管多頭市場的平均年限比空頭市場長得多（八．九年比一．三年），空頭市場的跌幅累計高達四一%。除了這種大幅下跌造成重大虧損之外，行為上的偏誤甚至會讓虧損變得更嚴重。一旦看到財富驟減四一%，大概也很少人還能保持冷靜，正確對待風險。

就像沒人知道地震何時到來一樣，也沒人知道市場下一次崩盤是什麼時候，但這不表示我們不會創造出一套動盪時刻會更保守的系統。塔雷伯所說：「沒看到海嘯或經濟危機到來，是可以原諒的；但搭蓋一些豆腐渣工程來防範危機才是罪不可恕。」而這一切都會帶出一個問題：能夠派上用場的系統到底會是什麼樣子？

為了創造出防範剛才說的災難性虧損的系統，有些投資人嘗試採用動能模型，其中最常見的是以兩百日移動平均線來設計的版本：只要資產價格沒跌破兩百日平均線就持續緊抱，一旦跌破馬上賣出。就跟物理上的動能一樣，價格動能理論認為股價的強勢和弱勢也是動能的持續表現。傑諾米．席格爾在他的經典著作《長線獲利之道》中，把這個方法用在道瓊指數和那斯達克指數上：當指數收盤價站上二百日平均線超過一%時買進，要是跌破平均線超過一%，即轉進國庫券。席格爾指出，運用這種簡單的機械式策略，在道瓊指數方面有還不錯的投資績效，而在一九七二年到二〇〇六年期間的那斯達克指數方面，測試結果每年可比大盤高出四%。

梅班．費伯在其研究〈策略資產分配的計量方法〉（A Quantitative Approach to Tactical Asset Allocation）中採用類似的模式，以十個月移動平均線作為參考值；現在這篇論文是「社科研究網路」（The Social Science Research Network）上最多人下載的第二名。費伯以每個月最後交易日的盤後十個月移動平均值為基準，當月收盤價站上平均線時即買進，若是跌破則賣出並轉為現金。費伯的簡單方法證實可以降低市場波動、增加財富，成果十分耀眼。從一九〇一年到二〇一二年期間，依此標準買進賣出的模型報酬率每年平均為一〇・一八%，超過標準普爾指數的九・三二%。更讓人難忘的是，它還能大幅降低股價波動率，從原本的一七・八七%降為一一・九七%，從而擴大投資報酬。以該指數來計算，一百美元的原始投資可以增為二百一十六萬三千三百六十一美元，但依動能標準交易的模型最終價值竟是五百二十萬五千五百八十七美元。

我認為儘管例外狀況十分罕見，投資人有時候還是要觀望以求安全，或找尋好時機才進入市場，對許多深信買進後緊抱的投資人來說，我這個說法想必令人惱怒。大概有很多人會以巴菲特做例子，他曾經一再表示，最好的持有期是永遠，所以有些人極為反對在市場中尋找進出時機——不管是以何種形式。但是巴菲特可是說一套做一套的好例子。傑西・費爾德在二〇一七年就曾經報導說，波克夏投資公司當時的現金水準達到最高（超過五百億美元），而那時候的股價可是跟科技股災（Tech Wreck）、大衰退和大蕭條時差不多低。談到這位「奧馬哈投資之神」（The Oracle of Omaha），大衛・羅爾夫（David Rolfe）曾說道：「這傢伙不會只為了減少現金就亂買。我看過最會抓市場時機的（就是他）。」

巴菲特自己在一九九二年的股東報告中，也有一段雖然不夠精闢但十分中肯的發言：「以現金流貼現（Discounted-Flows-of-Cash）計算最便宜的投資，就是投資人應買進的股票……此外，雖然價值公式常常顯示股票比債券便宜，但結果未必如此：要是算出來是債券比較有吸引力，就應該買進債券。」

「奧馬哈之神」並不是那種「任何時候都緊抱各種股票」的投資人，他是個深思熟慮的分配者，讓我們承認吧：他很會挑時機的。巴菲特就曾經準確預期網路股泡沫的時機，現在他還是會這麼做，這不是因為他膽子大，而是對機率有所了解。高價格配上低動能、市場氣氛又差，這都預示著報酬低落。這一次是有可能不一樣啦！但我可不指望這個，巴菲特也不會。

彼得．林區也曾經這麼開玩笑但他說得很正確：「雖然股市回檔讓許多投資人虧錢，但更多錢是虧在預期股市要回檔或想要利用股市回檔。」傑西．費爾德在他的《費爾德報告》（*Felder Report*）則說，在評估林區的操作記錄和建議時，也要考慮一下林區身處的環境。林區從事基金操作是在一九七七年至一九九〇年間，包括有一段時間股價比平均估價還低一個標準差（以股價總市值和國內生產毛額做比較）。跟現在相比的話，現在是比平均值還高了兩個標準差。事實上，林區賺最多的月份（一九八七年九月）跟過去十五年來的最低點差不多啊（二〇〇九年三月）。像林區經歷的那種低價期，當然會有很不錯的投資報酬，而且買進後就緊抱不放的策略也非常合適。不過六呎高的男人也可能會在平均只有三呎深的河裡淹死，就像投資人在長期有每年一〇%報酬的股市裡，也照樣可能虧錢。

像我們這種以規則為基礎的行為投資法，首先而且最重要的就是找到有利於投資人的機率，這表示市場參與者的預設行為是耐心、冷靜和少動為妙。同樣的，任何以挑選入市時機為目標的規則，也必須導向不得頻繁買進賣出，為緊抱不放找到理由。

部落格「哲學經濟學」（Philosophical Economics）曾指出，我們對於資產配置的考慮，其實也就是在挑選市場時機。投資人如果是以四成股票、六成現金來長期配置，幾乎是沒有獲得可觀報酬的希望，因為這種作法太安全啦。同樣的，任何讓投資人在六成時間內保持觀望的系統，也都會嚴重拖累操作績效。但就像謹慎投資人會把一小部分財富保留在低風險資產中，以保護本金和理智，行為投資人也可以遵循系統程序，在市場表現最糟糕的時候放手一搏。任意妄為、依靠直覺蠢動、頻繁進出買賣當然都是罪惡，但我支持克里夫・阿斯奈斯（Cliff Asness）說的：「以投資來說，在市場上挑選時機雖然是一種罪，但我建議還是可以稍微犯它一次。」

15 行為投資各有巧妙不同

資產管理者的任務大概都是要賺錢，賺愈多愈越好，這不必多說吧。但想像一下，如果是被賦予完全相反的任務：創造出一套愈糟愈好的投資組合；你覺得這種奇怪的東西要從哪兒開始？

你可能會從某些好投資的基本假設開始，反其道而行，比方組成一套只有五檔股票，一點也不多元分散的投資組合。或者故意買進高價股（而且長期表現不佳）、成交量很低的個股。然而就算你盡力創造出一個超級爛的投資組合，這個完全的災難卻很可能表現得非常好！

只持有少數幾檔股票，績效不佳的可能性當然是很大，但也可能反而因此跑贏大盤。買進高價股票，從長期來看往往是個糟糕決定，但這種股票有時正是短跑冠軍。各位可以儘管試試看，但的確很有可能，胡拼亂湊的一籃子股票結果是表現亮眼。

現在和我一起幻想一下：比方說，你必須在一場國際西洋棋比賽中表現得愈爛愈好。這大概也不是很難，對吧？事實上，各位的棋藝要是跟我一樣讚的話，被打得落花流水可容易得很，要打遍天下無敵手就難多啦。要分辨一項任務是靠運氣還是靠技巧，麥可．莫布新說可以試試我們剛剛做的事：故意輸輸看。那種要靠技術的遊戲，要故意打輸並不容易，靠著自己的實力贏得比賽才不難，而在輪盤賭博時，就算你故意反其道而行，還是有可能獲勝。這就讓我們想問：投資是靠運氣還是靠技巧？而這個差別對投資決策有何影響？

對於莫布新說的分辨運氣或技巧，阿斯沃恩．達莫達蘭（Aswath Damodaran）教授還補充了兩個條件。他認為成功與否還需要明確的定義和標準，而不是大量的嘗試。像打籃球或下棋這種要靠技巧的遊戲，你不是輸就是贏；打高爾夫球的話，你也許低於標準桿，不然就是超過。這些遊戲的成功都很明確。但投資可就完全不一樣。各位可以思考一下，某個基金經理人在二〇〇八年的操作績效是賠了一〇%。但要是跟大盤比較的話，這真是戰績驚人，戰勝大盤二千八百個基點！但事實上也是賠啊，還是失敗嘛。畢竟，我們買房子或買什麼東西都不是「相對」的，況且有些「相對」很小的虧損，很可能是非常慘重的絕對數字。所以，像這種「相對」表現算不算成功啊？

再說到要嘗試幾次的問題，我們可以來思考一下，光看一顆三分球的投籃，能判斷出某個籃球選手的實力到底好不好嗎？只要手臂力量夠，誰都能幸運投進三分球，但球員必須是投過幾百次籃以後，大家才會明白他的優、缺點何在。基金經理人的職業生涯大概都持續二、三十年，如果我們只看一年績效的話，就等於是以極少的投籃次數來判斷球員的好壞。現在的共同基金大約有七千家，對沖基金也大概這麼多。我們假設這些經理人在任何一年打敗大盤的機率是五〇%，那麼連續五年打敗大盤的經理人，就算是只按機率來算，也會有大約四百二十位；連續十年打敗大盤，預料會有十四位。但事實上能有此等戰績的經理人可謂鳳毛麟角。

有人可能會提出少數幾個長期表現優異的投資人做反駁，例如「巴菲特呢？」這樣的說法，但我們最好記住，就算是毫無技術的操作者也可能只是因為機率就一直贏。如果說這是證據的話，也是表示適當的程序（例如採用價值法或動能法）才是持續成功的秘訣，並不是靠特定個人的才能。根據這三項測定：成功可由運氣達成、績效標準模糊、重複次數有限。可見投資是傾向於運氣。

最後一個打擊率四成的球員？

因為規則的改變，現代棒球可說是從一九〇三年開始的。在之後的三十八年中，總共有七位球員創下十二個打擊率達四成的球季紀錄，包括羅傑斯・洪斯比（Rogers Hornsby）、泰・柯布（Ty Cobb）和喬治・希斯勒（George Sisler）都有一次以上的打擊率超過四成的球季紀錄。到了一九四一年，最後一位打擊率超過四成的球員是泰德・威廉斯（Ted Williams）。從此之後到現在又經過了七十幾個球季，都沒有球員的打擊率超過四成。羅傑斯・洪斯比在現代棒球的紀錄是四成二四，很多人都預料這個紀錄是不可能再被打破了。

而這項紀錄不會再被打破的原因，跟打擊者的絕對球技並無關係。要說有關的話，後來的亞伯特・普侯斯（Albert Pujols）或麥可・楚奧特（Mike Trout）要是對上以前的投手，想必會是一場大屠殺；就球技來說，這些球員肯定是比較好。然而現在和過去的差異在於，整體的營養狀況大有改善，訓練方式也變得更好，各種設備都更加完善，在種種條件提升之後，棒球運動的整體水準等於是水漲船高。就像萊利・史維哲（Larry Swedroe）所言：「在西洋棋、撲克牌和投資等多種競爭形式中，更能決定結果的因素在於技藝的相對水準，而非絕對水準。這個『技藝矛盾』意味著儘管技藝提高，如果整個競爭水準也跟著提高的話，那麼運氣在決定結果方面也會變得更重要。」[114] 現在的打擊者當然也都有進步，但是他們的進步跟其他競爭對手——也就是投手和防守球員——的進步相比，反而是下滑；投資管理方面好像也是正在出現類似趨勢。

就像棒球運動中的榮耀、名聲和金錢帶來更多優秀人才一樣，投資管理長久以來也靠著財務報酬奪走許多其他產業的優秀人才，造成深遠的影響（例如醫藥產業）。查爾斯．艾里斯在《金融分析師雜誌》(*Financial Analysts Journal*) 中指出：「過去五十年來，有愈來愈多優秀又年輕的投資專業人才投入競爭……他們受到比過去更為進步的培訓，擁有更好的分析工具，也能夠更快地獲得更多資訊。」這樣的條件帶來的結果也就讓人不會太驚訝：「於是現代股票市場的效率更為提高，使得各方面的投資操作更難以趕上大盤、擊敗大盤，尤其是在扣除成本和費用之後。」巴菲特和彼得．林區會不會就像是泰德．威廉斯和泰．柯布一樣，成為最後的四成強棒呢？

理論上的「技藝矛盾」也有人進行實證檢驗，但研究結果並不太漂亮。尤金．

法馬（Eugene Fama）和肯尼斯．法蘭奇（Kenneth French）在其研究〈共同基金報酬的運氣與技巧：橫截分析〉（Luck Versus Skill in the Cross-Section of Mutual Fund Returns）中指出，在他們檢視的經理人中，只有最前頭的兩個百分點靠的是技術。賽巴斯欽（M.Sebastian）和阿塔魯利（S.Attaluri）在其研究〈股票投資信念〉中發現，操作技巧足以負擔費用及支出的經理人，其比例已經從二十年前的二〇％減少到二〇一一年的才只有一．六％。賽巴斯欽的結論是，在全球各式各樣法人投資機構主導的股票投資商品中，有九八％都未能在承擔費用和成本之後增添價值。

技巧包裝下的運氣

基金經理人操作技巧的沒落，並不是因為太多常春藤盟校的優秀年輕人才進來爭奪名車和遊艇。最可悲的是，現在那些標榜以技術為本位的主動式管理其實一點也不主動。那種偷偷模擬指數化（Closet Indexing）的操作，以主動之名行被動之實，讓投資人蒙受最糟糕的結果：收費最高卻毫無作為。這個問題比大家以為的還普遍。雅典娜投資公司的湯瑪士．霍華研究模擬指數化發現：「對一般的共同基金而言，低信念部位遠超過高信念，比重大概是三比一。」[115] 阿爾發基金公司（Alpha Architect）的威斯利．格雷（Wesley Gray）博士指出，只有八%的指數型證券投資信託基金（ETF）和二三%的共同基金與其比較基準有顯著不同。更重要的是，格雷發現基金操作愈是主動，其成本就愈高，真正的主動式管理基金的操作成本平均為一百二十八個基點。研究很清楚地表明，絕大多數主動式管理基金和比較基準沒有顯著差異，也沒有表現出技藝的可能，可是卻讓投資人為此付出龐大代價。這種高費用／低信念的組合，當然會讓整體基金看來更無操作技術可言，雖然這裡頭的確是有技術本位者。

雖然投資裡頭的運氣成分不只是一點點而已，研究也顯示技術因素確實存在，但也只有在經理人膽敢展現不同才會跟著表現出來。馬汀．克雷默和安帝．佩塔斯托在二〇〇九年的研究報告中提出「主動投資比率」的概念，這是衡量投資組合與比較基準的差異程度。他們發現，真正的主動式經理人（與指數有六〇%以上的差異）的績效紀錄都很不錯，而差異更大者通常也會有更好的表現。

在二〇一三年的更新研究中，佩塔斯托發現那些高主動的股票投資組合在一九九〇年到二〇〇九年表現得特別好，而且這些主動式基金在金融危機期間也比較抗跌。正如他所言：「我發現最主動的選股者確實能夠為投資人增加價值，扣除所有費用和開支之後，他們每年勝過基準指數約一·二六％。」

所以要是有人勇於表現，我們就會看到更多的操作技藝。

運氣及其影響

《賭王之王》（*Rounders*）是一九九八年由約翰·馬克維奇（John Malkovich）、艾德華·諾頓（Edward Norton）、珂茜·莫爾（Gretchen Mol）和麥特·戴蒙（Matt Damon）主演的電影，描述一個洗心革面的賭徒為了解除朋友的債務（爆雷警告！因為約翰·馬可維奇威脅要他朋友欠債償命），只好又回到高風險的撲克世界玩命。我最喜歡的一場戲，是麥克（戴蒙飾演）要說服他的女朋友（莫爾）說玩撲克牌其實是要靠技巧。在雙方激烈衝突的一刻，他大聲嚷道：「在世界撲克牌大賽中，你覺得那五個人為什麼會年年都進入決賽呢？為什麼？難道他們是拉斯維加斯最幸運的人嗎？所以這是靠技術的比賽嘛！喬。」雖然我們直覺以為撲克牌要靠運氣，但麥克說的也確實有點道理。如果整場比賽靠的就是運氣的話，為什麼都是那幾個人在贏呢？答案就是，要知道在機率遊戲為找到好運做出最好的準備。

要贏得像籃球、下棋這種講究技巧的遊戲，跟想在卡內基音樂廳表演是一樣的：需要練習。但靠運氣的任務，則完全不一樣：對於一再重複的比賽，是透過一連串規則來爭取勝利。這種機率成分濃厚的遊戲裡頭，重要的是決策品質，而不是特定事件的結果。下棋的話，多多練習會讓你獲勝；但是玩撲克牌，就需要鍛練心理韌性。撲克牌專家大衛．史克蘭斯基（David Sklansky）說，當所有人都壓寶下注之後，你要考慮的是自己贏錢的機率有多少，而不是最後的結果。投資也是如此。學會根據決策品質而非結果來評判自己的投資盈虧，才是管理情緒、適當衡量績效以及再接再厲有勇氣明天再戰的關鍵。

巴菲特在他非常精采的演講「葛拉漢—杜德村的超級投資人」（The Superinvestors of Graham-and-Doddsville）中，批評那些把投資成功全然視之為運氣的人。他一開始談到猩猩擲硬幣，說要是有二億二千五百萬隻猩猩擲硬幣，也一定會有二百一十五隻可以連續猜對二十次。不過他接著又說：

> 你要是發現其中有四十隻猩猩都是從奧馬哈動物園來的，一定會覺得其中必有

玄機。於是你可能會跑去詢問動物園管理員各種問題，牠們都吃些什麼飼料啦、有沒有做過什麼特殊的練習、讀了些什麼書嗎？天曉得你還會問些什麼。也就是說，各位要是發現成功案例有非比尋常的集中現象，你就會想要找出是否有什麼異常特徵集中出現，看看它們是否就是成功的原因。[116]

巴菲特並不否認運氣也是投資的一部分，但他揭示更重要的事實：在運氣成分濃重的環境中連連取得成功，是因為規則制定得宜。以巴菲特來說，他的規則就是來自「價值投資大師」葛拉漢教導的「撿便宜」。

關於投資管理中運氣和技巧的討論已經遠遠超出理論，應該可以告訴我們，行為投資人要怎麼建構投資組合。了解到市場活動既是運氣，也要靠技巧，我們就該強調規則而非常規慣例，並且足夠多元分散以防止運氣不好，但也要根據規則適當進行鑑別，以找到更有利的機會。

承認其中的運氣成分，在順利的時候可以稍稍抑制自己的自大，在不順利的時候可以減緩我們的墜落。雖然嚴格遵守規則獲得成功，並不像NBA球星練習三分球那麼帥氣，但一樣是報酬豐厚。

16 檢視行為投資因素

最後這一章將應用先前所學，來檢驗資產管理中最常討論的兩種觀念：價值和動能。跟前三部的檢測一樣，我們要先找到經驗證據，然後仔細研究理論基礎，以及這些觀念的行為根源。另外，我們將討論它們在一個稱為反身性（Reflexivity）的行為過程中的相互作用，這可以作為思考人性錯解造成市場興衰起伏的模型。

價值的驗證

由葛拉漢彙整首創、巴菲特發揚光大的價值投資法，是買進市價低於內在價值的股票，其實也就是撿便宜貨。關於這種作法能否維持長久的三要素，理論上來說，少付一點錢當然是比多付一點好。在經驗論證上，如今證實價值投資法可以發揮功效的證據資料也超過一個世紀。拉可尼夏（J.Lakonishok）、維斯尼（A.Vishny）和史列佛（R.W.Shleifer）的研究〈逆勢投資、外推演算與風險〉（Contrarian Investment, Extrapolation and Risk）檢視股價淨值比對於投資報酬的影響，發現股價淨值比低的股票（即所謂的「價值股」）在一年以上的時間會有七三%勝過股價淨值比高的股票，超過三年的話勝出率即達九成，如果是五年以上則是百分之百。

耶魯大學教授羅傑·伊布森（Roger Ibbotson）的研究〈紐約證交所一九六七年至一九八五年十等級投資組合〉（Decile Portfolios of the NYSE, 1967– 1985）按本益比高低把所有股票分成十個等級，檢視它們在一九六七年至一九八五年間的表現。伊布森發現，在那段期間的十個等級中，最低本益比的表現比最高等級勝出達六〇〇%，也比平均等級超出二〇〇%。另一類似研究，尤金·法馬和肯尼斯·法蘭奇檢視一九六三年到一九九〇年間的非金融股表現，根據股價淨值比分成十個等級。他們發現最低等級股票在研究期間的報酬率，幾乎是最高等級的三倍。

投資作家詹姆斯·歐紹納西的鉅著《百戰百勝華爾街》對各種價值因素調查最為詳盡，他當時就採用現在大家都很熟悉的方法，將股票劃分為十等級，觀察它們從一九六三年到二〇〇九年底的報酬表現。他的結論也證實價值投資的威力，而且凸顯出報酬率每年即使只是改善一點點，長久累積下來也是很驚人。本益比最低等級的股票，在這段期間把一萬美元投資變成一千零二十萬二千三百四十五美元，每年的複合報酬率達一六．二五％。各位可以跟股價指數每年報酬率一一．二二％做比較，一萬美元的投資最後只成長為一百三十二萬九千五百一十三美元。所以啦，買最低價股會讓你多賺九百萬美元，而且股價波動更小，這根本違反有效市場理論所說的高報酬必定高風險的概念。[117]

那麼本益比等級最高的股票呢？截至二〇〇九年，投資一萬美元會變成十一萬八千八百二十美元，比股價指數的報酬少了一百多萬美元，比價值最受到市場鄙視的股票足足少了一千萬美元。這些數字都能強烈凸顯巴菲特的話：「各位在歡樂的共識中可能會在股票市場付出非常高昂的代價。但不確定性才是長期價值股買家的好朋友。」[118] 我可以繼續舉出一些例證，但我想我的觀點已經獲得很好的證明了。價值股可以提供更高的報酬率，波動也更低，一致性則更高；這樣還有什麼不滿意的呢？從心理學的角度來說，還有很多。所以價值投資法一直在承受各種質疑，而且預計還會繼續這樣下去。

價值投資心理學

為了說明價值投資法的行為根源，讓我們來談談……你猜不到吧：鳳梨。就像人生學校（School of Life）的短片《我們為什麼討厭便宜貨》（*Why We Hate Cheap Things*）所說的，探險家哥倫布（Christopher Columbus）是第一個品嘗鳳梨的歐洲人，那個奇形怪狀的水果、又酸又甜的滋味馬上把他迷倒。哥倫布想把這種帶刺的水果帶回舊大陸，卻發現它根本受不了長途運輸的折騰，使鳳梨變得非常稀有而珍貴。因此在哥倫布時代，一顆鳳梨大概要花五千美元才買得到！這種稀有又珍貴的水果，很快就受到歐洲皇室的盲目追捧。俄國的凱薩琳女皇和英國查理二世都是出名的鳳梨粉絲，不過他們的傻勁兒還比不上英國的鄧莫爾伯爵四世，他特別為鳳梨蓋了一間禮拜堂。但是到了十九世紀，情況開始變化。現在，夏威夷也有大型的鳳梨種植場，而且技術的改良讓鳳梨也能承受長途運輸。現在鳳梨愈來愈普遍，也就被大家忽視了，一顆大概只賣美元一塊半吧。鳳梨還是以前的鳳梨，但我們所認定的它的價值甚至是質感，都跟著價格降低而大幅下跌。我們現在享用鳳梨沙拉的感覺，大概是完全比不上，比方說凱薩琳女皇時代那種強烈震撼的萬分之一吧。

鳳梨的歷史故事展現價格與價值認知之間的密切關係，史丹佛大學教授巴巴．席夫（Baba Shiv）的「橫向品酒」（Horizontal Wine Tasting）研究也巧妙地證明這一點。席夫讓受測者躺在功能磁振造影的機器上品酒，品嘗量都仔細測量過，而且每一種葡萄酒都附上價格標籤。在受測者品嘗各種葡萄酒時，席夫監測他們的大腦活動，注意價格與腦部活動之間的關係。具體地說，席夫監測的就是大腦專門感受快感的腹內側前額葉皮層。

果然，受測者喝了以為是九十美元的葡萄酒時，大腦的快感中心要比喝十美元葡萄酒時活躍許多。但其實他們喝的都是十美元一瓶的酒。受測者明明都喝一樣的酒，大腦的快感認知卻有不同程度的活動，代表這個刺激是直接來自價格差異，而不是葡萄酒本身的品質。在其他條件都一樣的情況下，我們會把價格看作是品質的首要決定因素。

在我們進入工業時代之前，價格大都可以跟價值同步。工匠以手工製作商品，付出的勞力愈多，產品的品質就愈好。但現在是自動化生產的時代，也能廉價地取得自然資源，成本和價值之間的關係比過去任何時候都更為薄弱，在資本市場上準確地說，甚至是剛好逆向而行。你付的價碼愈高，反而獲得愈少。行為投資人必須創造出一套流程，把價格和價值之間虛假的心理關聯抽離開來，像孩子那樣質樸地思考。小孩子才不管玩具的價格有多貴或由來有多稀奇，他拆了禮物之後，很可能把裡頭的玩具放在一旁，只對那個盒子感興趣。

價值投資持久效應的第二個心理根源，是康納曼說的「所見即全部」（What You See Is All There Is：好心地縮寫成 WYSIATI）。這是說我們在評估任何資訊時主要分成兩個部分：故事本身和故事來源。故事本身會觸發自動思考（「思維系統一」），這是我們做出決定最簡單也最直接的方式。評估故事來源則需要更多更多的時間、注意力和思考力，因此可能反而得不到足夠的關注。正如康納曼所說的，我們常常聽到訊息就反射性地做出反應，卻不會先停下來仔細去了解資訊來源是飲水機旁邊流傳的八卦，還是來自新聞權威的《紐約時報》。正如康納曼在《快思慢想》中所言：「系統會對資訊做出印象和直覺反應，但對它的品質和數量都非常不敏感。」[119]

「所見即全部」可適用在價值投資，是因為股票價格就是故事，而股價背後的基本面因素即是故事來源。大多數投資人在反思和認知方面都是懶惰的，所以只會對故事做出反應，不會停下來思考來源是否真實。巴貝里斯（N.Barberis）、穆克傑

（A.Mukherjee）和王（B.Wang）在論文〈展望理論與股票收益的實證檢驗〉（Prospect Theory and Stock Returns: An Empirical Test）中證明了這一點。研究人員表示：「對許多投資人來說，一檔股票的心理印象是來自該股過去報酬的分布狀況。會採用這種表現形式，是因為他們認為過去報酬分配是又好又容易取得的代理對象，也就是他們最感興趣的未來報酬分配狀況。」巴貝里斯團隊又繼續以四十六個國家的股市為對象，研究時間涵蓋一九二六年到二〇一〇年，證實投資人因為過去報酬超高而熱烈追逐樂透型股票。

我們心裡都以為眼前看到的會一直持續下去，但我們在投資上碰到的諸多困難就是來自「眼前所見和最後獲得完全相反」。過去三年、五年表現很好的股票，常常是往後幾年就表現不佳。那些頻繁進出做買賣的人，反而比不上較少進出異動的投資人。這種黑變白、強變弱的傾向，就是我常說的「華爾街平行宇宙」，而這也證明價值投資策略的持久戰力。

但價值投資不僅違反直覺，實際上也會導致生理上的痛苦。艾森伯格（N.Eisenberger）和利伯曼（M.D.Lieberman）讓受測者玩電腦遊戲，來檢測社交孤立是不是會造成真實疼痛。受測者在遊戲中以為自己跟另外兩個玩家一起玩球，大家互相傳球。但另外那兩個玩家其實是電腦控制的，在傳球遊戲經過一段時間後會開始將受測者孤立隔絕。研究人員發現，這種社交排斥會刺激大腦前扣帶皮層和腦島的活動，這也是大腦在身體真實疼痛時的活躍部位。價值投資策略就等於是沒人願意投球給你，而且是在大家都往後退時，你自己一個人要逆風向前衝。

所以嘛，成長型基金的數量比價值型基金多出七〇%，也就沒什麼好奇怪的了。價值投資是合理明智，也經過經驗驗證，並且具備身心兩方面都難以執行的行為根源，這個正是能夠通過三道關卡的穩健行為投資概念。這種投資概念值得追隨，但沒人說過會很容易。

動能的證據

動能就等於是金融界的牛頓第一運動定律：處於均勻運動狀態的物體都會繼續維持運動狀態。[120]正如新發現研究公司的柯瑞・霍夫斯坦（Corey Hoffstein）所言：「動能投資法是根據最近買賣報酬水準建構的投資系統。動能投資人買進最近表現優異的股票，避免──或拋空──表現不好的……他們認為表現優異的股票在沒有重大阻力情況下會持續勝出。」[121]

再探索得深入一點，動能其實可以分成兩種：絕對動能和相對動能。絕對動能是股票近期走勢跟自己的過去做比較，而相對動能則是與其他股票的走勢做比較。但不管是絕對或相對，都一樣：動能的強勢或弱勢，都會在短期內繼續維持下去。

以下將提供一些動能研究的簡短介紹，有興趣深入了解的讀者一定要拜讀蓋瑞・安東納奇（Gary Antonacci）的《雙動能投資》（*Dual Momentum Investing*）和柯瑞・霍夫斯坦的報告〈動能投資的兩世紀〉（Two Centuries of Momentum）。雖然有些價值投資的基本教義派把動能概念當作是邪魔外道，但它實際上也有兩百年之久的歷史經驗認證。

早在一八三八年，詹姆斯・格蘭特（James Grant）就發表過一篇文章，探討英國經濟學家大衛・李嘉圖（David Ricardo）的成功交易策略。格蘭特說李嘉圖的成功：

> 我先前談過的李嘉圖先生，一絲不苟地嚴格遵守自己定下的三條黃金法則，而積累了龐大財富。他也常常叫自己的好朋友一定要遵守這三條規則：「在可能的情

況下，絕對不排斥任何選擇」「虧損的時候趕快認賠出場」「賺錢的時候就維持現狀緊抱不放」。李嘉圖先生說，你買的股票要是正在下跌，就要趕快賣掉；如買進的股票正在上漲，就該持股緊抱讓它漲到最高，等到它開始下跌再賣掉。這幾條確實是黃金法則，而且除了證券交易之外，也適用其他無數的交易。[122]

雖然動能投資其實已經付諸實行很多年了，但直到一九三七年才由赫伯特．瓊斯（Herbert Jones）和阿佛雷德．考爾斯三世（Alfred Cowles III）首度進行嚴格的實證檢驗。瓊斯和考爾斯發現從一九二〇年到一九三五年間：「以一年期為衡量單位……在本年超越中位數的股票，在下一年也會繼續超越，這個趨勢表現非常明顯。」[123]

到了一九五〇年代時，市場投資通訊專欄作家喬治．契斯特納（George Chestnutt）對動能策略有這樣的說法：

哪一個選股策略比較好呢：買進一支領先上漲的強勢股，或是挑選一檔還在沉睡的落後股，期待它會迎頭趕上？根據幾千個實例統計，最高機率就是清楚的答案。結果呢，大多數時候要挑選領先上漲的強勢股，不要碰那些落後的股票。市場跟日常生活的許多狀況一樣，強者恆強而弱者恆弱。[124]

契斯特納的同代人尼可拉斯．達華斯（Nicolas Darvas）提出「股票箱理論」（BOX theory），鼓吹搶進創新高的股票（也就是突破了「舊箱子」），但要以嚴格的停損做防備。達華斯談到他的方法時說：「我在空頭市場絕不貿然出手，那些例外的股票就留給那些勇於冒險、敢逆勢而為的人吧。」[125] 羅伯特．李維（Robert Levy）在一九六〇年代後期引入相對動能概念，但在他的努力之後，動能投資竟然被大家忽視了快三十年。

隨著葛拉漢（還有後來的巴菲特）穩定確立基本面投資法，動能投資就開始被人當作是騙人的把戲。在談到他對價格動能的厭惡時，巴菲特毫不掩飾地說：「有那麼多價、量的行為研究，總是讓我覺得很奇特。這都是些線圖派的把戲啊。只是因為股價比上星期和上上星期大漲，整個類股就能買進，這樣你也信？」[126]

近年來，動能投資在理論派方面的接受度有所提升，因為人性就是那麼詭奇怪僻，所以動能投資總是會有存在的空間，而其效用的持久與普遍也是不可否認的。在傑嘉迪希（N.Jegadeesh）和提特曼（S.Titman）的研究〈追漲殺跌的報酬：股市效率探索〉（Returns to Buying Winners and Selling Losers: Implications for Stock Market Efficiency）中，我們看到在一九六五年到一九八九年間，上漲個股在未來平均六到十二個月之間仍然會繼續領先下跌股。就算是根據其他風險因素進行調整，上漲股還是比下跌股每月多漲了足足一%。[127]

動能效應事實上就是普遍存在，並且不限於市場，也不受地點或時間的限制。克利斯．葛奇（Chris Geczy）和米凱爾．薩門諾夫（Mikhail Samonov）進行大家尊稱為「史上最長的歷史回測」，在美國找到遠自一八〇一年延續至今的動能效應！[128]夏伯特（B.Chabot）、吉賽爾斯（E.Ghysels）和賈甘納森（R.Jagannathan）二〇〇九年的研究，也在英國找到維多利亞女王時代至今仍在運作的動能訊號，並且證實其力量在四十個國家、十幾個資產項目中持續運作。[129]因此我們心理對於動能的傾向是深有所據：「動能溢價一直就是市場的一部分，從市場一開始就存在了，遠遠早於學者的發現和研究之前。」確實地說，它大概就是滿足了三道關卡中的經驗驗證。接下來，我們再來看看動能因何而存在，以及這些原因的核心是否符合行為標準。

動能心理學

將事物現狀無限期地投射到未來，是人類的天生傾向。也因為有這樣的傾向，我們創造出最重要也深具利用價值的市場異象：動能。

學術理論大都假設風險與報酬存在著直接的線性關係：想獲得更大報酬嗎？那就要多冒險。但傑嘉迪希和提特曼一九九三年的研究以及法馬和法蘭奇（透過他們的三因素模型）都沒發現能夠以風險來解釋動能效應的證據。基本上，動能就是違反了金融物理學定律，不必增加風險卻能提供更大獎勵。在無法以風險觀點來解釋其績效的情況下，研究人員已轉向行為方面的探索，作為動能效應發生原因的最佳描述。

丹尼爾（K.Daniel）、赫許雷佛（D.Hirshleifer）和索布拉曼嚴（A.Subrahmanyam）指出我們的兩種行為模式——自我歸因（Self-attribution）和過度自信——可能是動能效應的起源。過度自信大概可以直觀地理解，不過要了解自我歸因，請想想你早上開車去上班。你要是在路上不小心阻擋了別人的路，很可能認為這只是無心之過，也許就是因為還沒喝咖啡，人還不夠清醒吧。可是萬一是別人阻擋了你的路，你對他們行為的理解就不會這麼溫馨感性。我們常常會把成功歸諸於自己，失敗委之於外部因素，而別人的失敗必定是因為他們無可救藥的個人特質。我擋了你的路，是因為我沒喝咖啡；但你擋了我的路，一定是故意的，你這個壞人！

投資人對自己的技巧和資訊來源通常過度自信，若是因為運氣或技巧因素，其賭注再以價格上漲的形式獲得回報，則此過度自信將進一步獲得支持。過度自信和自我歸因兩相結合，投資人很可能把價格上漲歸因於自己的選股天分，而不是技巧加上運氣所致，後者更可能是事實。這種過度自信再加上自我激勵的循環作用，導致價格會持續上漲。要是市場走勢不如投資人原本預期，就歸諸於運氣太差，維護自我意識和自我激勵完整無損，等待下一次好運當頭。

也有別的學者提出不同原因來解釋動能效應，但還是以行為作為主要核心。愛德華茲一九六八年的研究以及特維斯基和康納曼一九七四年的研究，則認為是錨定（Anchoring）和不充分調整（Insufficient adjustment）所致。有個頭皮屑防治廣告說「給人的第一印象，永遠沒有第二次機會」，最能說明「錨定」是什麼作用。我們剛碰到一個人時，會在幾秒鐘內就開始形成對他們的看法，而這個第一印象也就成為防範未來看法傾向下降的護欄錨點。你要是一開始就覺得某人和藹可親、仁慈善意，那麼你會假定他以後也是如此。同樣的，投資人認定某檔股票目前的價位和移動軌跡，就會把這些特徵投射到未來，而且永無止境。我們會一直堅守這些第一印象，就算是發現更新也更確實的證據，還是很難改變調整我們對於某家公司未來「錢」景的看法。

與此相關的還有華森（P.Wason）一九六〇年的研究，他認為動能效應是確認偏誤和代表性（Representativeness）作用的結果。我們會相信自己買進的東西（「這一定是好股票！」），不願意放棄這種看法（確認偏誤），然後把最近價格走勢看成是未來的指引（代表性作用）。

最後一個對動能的行為解釋跟投資人對資訊的反應有關，過度反應和反應不足都可能是動能持續存在的原因。所謂的過度反應是指投資人太過貪婪，大家你丟我撿，一再回到市場哄搶，價格因此逐步推高。反應不足的說法，是因為諸如粗心忽略、資金限制或是我們討論過的保守傾向，資訊只能慢慢地在價格上反映出來。

雖然我現在忙著向各位介紹動能的各種行為解釋，但我其實完全不在意哪個才是正確答案。因為動能存在的具體原因不管是什麼，證據都已經非常明顯，原因就是來自我們的行為；對我來說這樣就已經足夠了。動能現象已經存在幾百年，我們

價值、規模、Beta 值及動量的年度溢價：1927 年至 2014 年

價值	5.0%
規模	3.4%
Beta 值	8.4%
動能	9.5%

資料來源：B. Carlson, 'Why Momentum Investing Works,' July 7, 2015.

發現之後也持續了二十幾年。資本市場中充滿飢餓的套利者，這種持續不斷的力量正是人類心理的標誌。

許多專家認為動能不只是推動市場的因素之一，而是那個最重要的主因素。法馬和法蘭奇也毫不掩飾地說道：「市場的首要異常就是動能持續的現象。過去一年低報酬的股票，在未來幾個月內仍將趨於弱勢，而過去高報酬的股票則會繼續維持高檔。」投資作家詹姆斯．歐紹納西也說：「在華爾街流傳的各種信念中，有效市場理論家叫得最響亮的就是價格動能。」在一個完美的世界中，是沒有理由說哪一門生意因為它正在漲，就會繼續漲的。但我們這個世界就是不完美啊，是我們人類統治的世界，所以各種奇行怪癖都會跟著表現出來。

反身性：價值和動能共舞

「那麼，對你來說就不是。因為世上本無好事、壞事，都是我們自己想出來的。」

——莎士比亞（William Shakespeare）
《哈姆雷特》（*Hamlet*）

動能和價值就像花生醬和巧克力醬一樣，本身就很棒了，但要是抹在一起就更棒。克里夫．阿斯奈斯在他的研究報告〈股權典範新核心〉（A New Core Equity Paradigm）說得最是酣暢淋漓：

過去三十年來，學術和實踐研究最有力的兩個發現仍然是價值和動能。學術界雖然不斷發現新的市場異象，意圖提供顯著的風險調整超額回報，而華爾街也經常編派新故事來推銷它們，但價值和動能還是一直高於其他投資方式。別的方式都無法在這麼長的時間內、在這麼多領域，表現得這麼好。價值和動能提供豐厚報酬都有長遠的歷史記錄，優異績效遍及許多市場和許多資產類別，並且在大家發現之後仍持續幾十年。重要的是，這兩種策略相互結合在一起以後，表現得又更好啦！

價值和動能可以單獨進行，也可以一起運作，這是因為它們都分別展現了投資三要素：經驗證據、穩健理論和行為基礎。史上有個最令人髮指的心理實驗，通常被用來證明權力腐敗的影響，也強力顯示人性把現況無限期投射到未來的傾向。

史丹佛大學的監獄實驗，在任何心理學基礎課程大概都會討論到。這個實驗是在該大學的心理學系地下室設了一間模擬監獄，然後針對參與實驗的「囚犯」和「警衛」之間的權力差異變化進行研究。研究單位招募二十四位男子，大多數為中產階級白人，然後隨機分配為「警衛」和「囚犯」。扮演「警衛」的人要接受短暫訓練，明確指示他們不得造成「囚犯」的身體傷害，也不可以故意剋扣他們的食物。而扮演「囚犯」的人，會由真的地方警察去他家進行逮捕，所有行政程序都跟逮捕真實罪犯一樣。雖然這些角色只是隨機分配，但受測者幾乎都很進入狀況，一開始就展現「警衛」的鐵面無私或「囚犯」的孤單無助。

這個實驗原本計畫要進行兩週，但因為「警衛」對「囚犯」太不人道，只進行了六天就中斷取消。實驗的第一天平靜無波，但到了第二天「囚犯」就開始反抗，在房間裡用床墊做屏障，把自己圍起來。而「警衛」們對這場小小的騷動非常不高興，所以擅自進行了報復，把那些不聽話的「囚犯」單獨監禁，而且還拒絕提供食物和水。「警衛」最後甚至讓部分「囚犯」遭受言語辱罵和嘲弄，指使那些順從的「囚犯」蓄意騷擾和貶低不聽話的犯人，並且強迫他們只能用小水桶排泄，還不准他們倒掉清理。這些詭異的互動發展讓主持研究的心理學家菲利普·金巴多(Philip Zimbardo)大為驚奇和著迷，甚至都不覺得那些「囚犯」已經遭到虐待。直到他當時的女友（後來成為他的妻子）克麗絲汀娜·馬斯勒（Christina Maslach）來採訪一些受測者，才指出其中的恐怖行為已經是犯罪，勸告金巴多趕快停止實驗。

金巴多所經歷的這種回饋正循環，從金融市場、到婚姻、到大自然隨處都有，就是循環往復、愈演愈烈的情況。自然中的化學反應產生熱量，會進一步催化產生更大反應。一隻乳牛稍微動一下，三隻乳牛跟著走幾步，結果一大群乳牛就狂奔起來啦。「龐氏騙局」吸收受害者，創造出賺錢的假象，才會吸引更多人受騙上當。

金巴多在指定警衛和囚犯時就啟動了循環，那些人開始做出警衛和囚犯的行為，又進一步強化整個狀況的現實感。正是因為這樣的循環往復持續加溫，才會讓一個單純的史丹佛大一新生才一個星期不到，就變成滿口汙言穢語的獄卒，驚聲尖叫怒斥「囚犯」，強迫同學睡在他們自己的排泄物旁邊。

但是沒有任何事情可以持續永恆，最惡毒的回饋循環最後也都會結束。唐內拉・梅多斯（Donella Meadows）說得最好：「回饋正循環就是整個系統從成長、爆發、盛極而衰，到最後崩潰的原因。系統中要是有這種不受控制的回饋正循環，最後都會把自己搞爆。所以這樣的系統很少能長久存在，因為遲早都會出現逆循環。」到最後，失控的回饋循環會成為自身消解的原因，整個過程開始逆行運轉。資本市場也一樣是由一些人在對另一些人做些不人道的事情，使得整個市場繞著神秘的公平價值反覆進行正向和反向的回饋迴路，一次又一次循環不已。這種互為因果的循環關係，就叫作「反身性」（Reflexivity）。

對這概念寫得最清晰的喬治・索羅斯（George Soros）指出，「反身性」市場的存在需要兩個條件：一、思維參與者的世界觀只限於局部且扭曲；二、這些扭曲看法會自我強化。我們已經從社會學、生理學、神經科學和心理學詳細討論市場參與者容易出現的扭曲，對於動能和「所見即全部」的討論也提供充分證據，證實我們對於事物的信念即可自我強化。所以這兩個條件都得到充分滿足，導致市場雖然總是朝向效率邁進，但偶而就會出現無效率。這個市場既未達到完全的充分效率，又總是因為朝向效率而崩盤。各種思潮流派的分歧，大都是在於對此概念的誤解，也是資金管理不良作法的根源所在。

被動式管理的鐵粉總是過分強調市場效率的整體牽制力量，又把一般趨勢誤認為天降福音，結果就忽略了行為投資人可以提升報酬的寶貴機會。傳統的主動式管理倡導者可以很快辨識市場中的行為異象，但對於偶爾出現的無效率卻誤以為是自己能力高強，知道要即時採取適當行動。效率市場有兩個條件：價格永遠都是正確的，而且天下沒有白吃的午餐，但是這兩個並不像主動型經理人所想的，會一直掛在一起。市場可能會大幅波動，偏離真實價值，但要打敗這樣的市場還是很難。真正理解市場的反身性本質，需要健全地尊重它們朝向效率的整體傾向，並在發現無效率跡象時，運用以規則為基礎的系統來進行操作。除此之外，沒有其他辦法。

回到我們說的兩個反身性條件（不完美觀點的自我強化），回饋循環如何開始運轉並不難看見，只需要一些大家會有反應的新聞或資訊，就能觸發整個過程。美國聯準會每個月會公布四萬五千個經濟數據，財經新聞媒體更是一天二十四小時全年無休地狂轟濫炸，對於興風作浪股海生波樂意之至。市場參與者接收到這些資訊，每個人又帶著自己的主觀經驗，包括文化、心理和經驗差異加以詮釋。經過我們的主觀攪拌器，這些資訊必定產生不完整的認知，恰當地滿足索羅斯的第一個條件。這些現在已經被處理過的資訊經常就會以自我強化的方式發生作用。

我們以亞馬遜書店（股市代碼 AMZN）為例。亞馬遜股票在一九九七年首度公開上市（Initial Public Offerings,IPO），被稱為「全世界最大書店」。這家才剛起步的新興企業為破舊的老產業提供新前景，因此獲得傳媒大量報導。這些正面宣傳讓這檔股票在差不多二十年內，從每股十八美元一路上漲，到現在已突破一千美元大關，獲利十分驚人。在這個過程中，由正面信念支撐的總市值持續飆揚，帶來許多真正的好處。亞馬遜的成功，讓它能以極低的融資成本為進一步成長提供資金。它的聲名載譽四海，讓它能夠吸引到科技產業的一流人才，而且該公司以股票選擇權作為員工薪酬的一大部分也有助於隱藏成本。這並不是說亞馬遜公司善於炒作，我相信它真的是千載難逢的偉大品牌，而且這證明了公司早期的正面或負面評價會帶來強烈動力，將原本的想像塑造成經濟現實。亞馬遜的成功絕對是辛勤努力、優秀人才和產品創新的結果，但這一路上也必定受到主觀信念的極大鼓舞。

壞消息也會啟動類似的回饋循環，而且通常整個情況會更激烈。一九七三年石油危機時，大家瘋傳衛生紙會缺貨。謠言馬上導致搶買，恐懼的民眾大肆囤積衛生紙。結果呢，你猜對了：衛生紙就真的缺貨啦！但這完全是一開始的認知造成的結果。

這個狀況在二〇〇〇年代晚期的房地產危機也很明顯。由於房價急遽下跌，愈來愈多人發現住屋的市場價值已經低於抵押貸款，這為屋主拋棄房子、宣布破產提供充分理由，只要一走了之，整個爛攤子就可以扔了。住房遭到拋棄，表示房子沒人照顧，也會造成房市供給過剩，而這兩個因素又刺激房價進一步下跌。銀行的抵押貸款業務縮水，又造成資金不足，無法擴大放貸來刺激經濟成長。整個經濟體系的資金流動減少，導致失業率攀升，這當然又造成更多人繳不起房貸，於是整個態勢直如雪崩似地急滾而下。

自然界的反身性質

大自然中的回饋循環，對於我們思考金融市場的給予與獲得提供有用的參考。我們可思考一下食蜜鳥類和產蜜植物之間的「軍備競賽」演化。像蜂鳥之類的鳥類會演化出長長的嘴喙，以吸取花朵中的蜜來維生；花朵則演化出更長的喇叭狀，讓鳥類難以進入採蜜。於是鳥的嘴喙又變得更長，花朵也相應演化，如此循環往復不已。這樣的循環往復動態在金融市場中也會出現，市場在完全效率和極度失能之間來回擺盪，就是不甘寂寞平靜無波。

反身過程會從一個真實的核心開始（例如，亞馬遜即將改變書籍的銷售方式），接著透過眾人的主觀看法，導引成自我強化的回饋循環。往復循環會因為某個原因而持續下去，直到某些新資訊的主觀詮釋再度成形、進入循環，但通常是朝著反方向前進。

相信股價永遠正確的效率市場派主張把整個市場買下來，質疑市場效率的人主張搶進偏離公正價值的股票，行為投資人則是採取中間路線，知道問題不在於「價格對不對」，而是「價格會走向何方？」從行為角度考慮，價格永遠不會正確，但通常也不會錯到可以預測。行為投資人結合價值、動能，理解反身性過程，投資那些遭到不完美主觀評價不公平懲罰的一籃子股票，而一股正向回饋循環很快就會推升股價回到公正價值而帶來獎勵。各位可以把這個反身性過程想像成一趟旅程，價值是旅行的距離，而動能是旅行的速度。結合價值和動能的投資，就像是跨越國境的子彈列車，在極短的時間內即能涵蓋廣大地域。

金融市場永遠朝向真實價值邁進，卻一直到不了終點。頑固堅持基本面由下而上的資金管理方法，會因情感長時間戰勝邏輯而消解。但是那些強調市場失常的人，也沒發現市場在大多數時候都是對的。符合行為要件的方法強調基本面和趨勢的互動，包容接納市場反身性的現實。

結語
忍到最後

「我聽說有些人模擬股市操作，吹噓戰績有多驚人、自己有多厲害。這種虛擬賭徒有時候能賺幾百萬美元呢。這樣當投機客的確很簡單。不過這就像有一則老故事，說有個傢伙隔天要去參加決鬥。

他的助手問他說：『你的槍法準嗎？』

『喔，』決鬥者說：『我可以擊中距離二十步的酒杯杯腳呢！』他裝著一副謙虛的樣子。

『那可真是準。』但助手貌似無感地繼續問說：『但要是那只酒杯也有一把上膛的槍瞄準你的心臟，你也一樣可以擊中杯腳嗎？』」

——埃德溫．勒菲弗（Edwin Lefèvre）

《股票作手回憶錄》（*Reminiscences of a Stock Operator*）

現在可以說，各位對於行為投資的來龍去脈，已經受過世界上最好的教育。不過受過良好教育的行為投資人，最重要的就是要了解，光是受過教育是不夠的。這個世界到處都有受過良好教育的人，卻還是做出愚蠢的選擇，這種現象科學家叫作「理盲」（Dysrationalia）。比方說有項針對加拿大門薩俱樂部成員的調查，就很完美地呈現這一點。這個俱樂部的成員可都是智商在前二％的超級聰明人。不過根據該項調查，有四四％成員相信占星術，五一％相信生理節律（Biorhythms），還有五六％認為外星人其實已經來過地球。

備受尊敬的哲學家馬丁・海德格（Martin Heidegger）思辨敏銳卻支持納粹，胡言亂語地為暴行掩飾辯護。發現「鉈」元素的威廉・克魯克斯（William Crookes）被一些神棍靈媒耍得團團亂，不管別人說什麼，都不願放棄他的神秘信仰。牛頓更是個無人可比的偉大科學家，但他對市場和人性行為的誤解，讓他在南海泡沫中幾乎傾家蕩產。所以嘛，聰明人也未必就是理性。

是的，各位剛剛所學到的課程，當你正需要的時候，可能在你心裡一點也派不上用場。研究顯示，我們在壓力下會失去大約一三％的認知能力，所以塔雷伯的建議是：「就算我們能夠意識到自己的偏誤，也要曉得我們知道也未必做得到。所以解決方案是設計一套投資流程，在決策時至少能防止部分的行為錯誤。」毫不誇張地說，各位讀完這本書以後不管獲得怎樣的成功，那都不是你個人天分的成果，而是因為你願意接受自己的平凡和普通。

說到投資的話，各位並不是那麼偉大，這個我們從社會學、生理學和神經科學等方面都討論過了，但這並不代表你內心就沒有值得稱頌的可取之處。成為一位行為投資人，基本上就是要先把你過去學會的錯誤教訓和觀念消除乾淨，而且知道你愈是少動，就能獲得更多。你愈不需要去凸顯自己的特別，你才會愈是特別。最重要的是，理解自我和建立財富，是兩種平行的追求，而這兩者都必須要有勇氣承認自己的平凡才辦得到。唯有承認自己的平凡，我們才能更加理解自我，也才能獲得更多。偉大是你與生俱來的權利，特殊是你的平衡，現在不要那麼拚命，放輕鬆一點，向前邁進，去得到它們吧！

1 Yuval Noah Harari, 'Bananas in heaven,' TEDx(2014).
2 Yuval Noah Harari, *Sapiens* (Harper, 2015), p. 24.
3 Harari, *Sapiens*, p. 25.
4 Harari, *Sapiens*, p. 180.
5 Hugo Mercier, *The Enigma of Reason* (Harvard University Press, 2017).
6 Elizabeth Kolbert, 'Why facts don't change our minds,' *The New Yorker* (February 27, 2017).
7 Stephen Hawking, *A Brief History of Time* (Bantam, 1998).
8 Lewis Thomas, *Late Night Thoughts on Listening to Mahler's Ninth Symphony* (Penguin, 1995).
9 Leonard J. Savage, *The Foundations of Statistics* (Wiley, 1954).
10 Jason Zweig, *Your Money and Your Brain: How the New Science of Neuroeconomics Can Help Make You Rich* (Simon & Schuster, 2008), p. 62.
11 Lisa Kramer, 'Does the caveman within tell you how to invest?' *Psychology Today* (August 18, 2004); and M. J. Kamstra, L. A. Kramer, D. Levi and R. Wermers, 'Seasonal Asset Allocation: Evidence from Mutual Fund Flows' (December 2013).
12 Camelia M. Kuhnen and Brian Knutson, 'The influence of affect on beliefs, preferences, and financial decisions,' *Journal of Financial and Quantitative Analysis* (June 2011).
13 Harari, *Sapiens*, p. 9.
14 Kabir Sehgal, 'What happens to your brain when you negotiate about money,' *Harvard Business Review* (October 26, 2015).
15 Ibid.
16 Joao Vieito, Armando F. Rocha and Fabio T, Rocha, 'Brain activity of the investor's stock market financial decision,' *Journal of Behavioral Finance* (November 2014).
17 Zweig, *Your Money and Your Brain,* p. 35.
18 Richard L. Peterson, 'The neuroscience of investing: FMRI of the reward system,' *Brain Research Bulletin* (2005).
19 Rose McDermott, James H. Fowler and Oleg Smirnov, 'On the evolutionary origin of prospect theory preferences,'

The Journal of Politics (April 2008).

20 C. Camerer, G. Loewenstein and D. Prelec, 'Neuroeconomics: How neuroscience can inform economics,' *Journal of Economic Literature* (March 2005), p. 27.

21 F. G. Ashby, V. V. Valentin and U. Turken, 'The effects of positive affect and arousal on working memory and executive attention,' in S. Moore & M. Oaksford (eds.), *Emotional Cognition: From Brain to Behaviour* (John Benjamins, 2002), pp. 245–287.

22 E. Yong, 'Justice is served, but more so after lunch: how food-breaks sway the decisions of judges,' *Discover* (April 11, 2011).

23 M. A. Tuk, D. Trampe and L. Warlop, 'Inhibitory Spillover,' *Psychological Science* (April 2011).

24 A. W. Lo, 'The Adaptive Markets Hypothesis: Market Efficiency from an Evolutionary Perspective' (August 2004).

25 J. Coates, 'The biology of risk,' *New York Times* (June 7, 2014).

26 N. Kandasamy, B. Hardy, L. Page, M. Schaffner, J. Graggaber, A. S. Powlson, P.C. Fletcher, M. Gurnell and J. Coates , 'Cortisol shifts financial risk preferences,' *Proceedings of the National Academy of Sciences of the United States of America* (March 4, 2014).

27 Nathaniel Branden, *The Psychology of Self-Esteem: A Revolutionary Approach to Self-Understanding that Launched a New Era in Modern Psychology* (Jossey-Bass, 2001).

28 Daniel Crosby, *You're Not That Great* (Word Association Publishers, 2012).

29 Dan Gilbert, 'The surprising science of happiness', TED Talk (February 2004).

30 Ibid.

31 Lee Ross and Craig Anderson, 'Shortcomings in the attribution process: On the origins and maintenance of erroneous social assessments,' in Daniel Kahneman, Paul Slovic and AmosTversky (eds.), *Judgment Under Uncertainty: Heuristics and Biases* (Cambridge University Press, 1982), pp. 129–152.

32 2014 NTSB US Civil Aviation Acccident Statistics.

33 Gerd Gigerenzer, *Risk Savvy: How to Make Good Decisions* (Penguin, 2015).

34 Justin Kruger and David Dunning, 'Unskilled and unaware of it: How difficulties in recognizing one's own

incompetence lead to inflated self-assessments,' *Journal of Personality and Social Psychology* 77:6 (1999), pp. 1121–34.

35 Joel Hoomans, '35,000 decisions: The great choices of strategic leaders,' *Roberts Wesleyan College Leading Edge Journal* (March 20, 2015).

36 Samuelson and Zeckhauser, 'Status quo bias in decision making,' *Journal of Risk and Uncertainty* (1988), p. 9.

37 Brian Wansink and Jeffery Sobal, 'Mindless eating,' *Environment and Behavior* (January 1, 2007).

38 W. Edwards, 'Conservatism in human information processing,' in B. Kleinmutz (ed.), *Formal Representation of Human Judgement* (Wiley, 1968).

39 D. Kahneman and A. Tversky, 'Choices, values and frames,' *American Psychologist 39* (1984), pp. 341–50.

40 Russell A. Poldrack, 'What is loss aversion?' *Scientific American.*

41 Gus Lubin, 'Here's the real difference between Coke and Pepsi,' *Business Insider* (December 19, 2012).

42 Zweig, *Your Money and Your Brain*, p. 22.

43 Greg B. Davies, *Behavioral Investment Management: An Efficient Alternative to Modern Portfolio Theory* (McGraw-Hill, 2012), p. 53.

44 Nate Silver, *The Signal and the Noise: Why So Many Predictions Fail – but Some Don't* (Penguin, 2015), p. 185.

45 D. Shull, *Market Mind Games* (McGraw-Hill, 2011).

46 R. B. Zajonc, 'Feeling and Thinking,' *American Psychologist* (1980).

47 P. Slovic, E. Peters, M. L. Finucane and D. G. MacGregor, 'Affect, risk, and decision making,' *Health Psychology* (2005).

48 A. W. Lo and D. V. Repin, 'The psychophysiology of real-time financial risk processing,' *Journal of Cognitive Neuroscience* 14:3 (2002), pp. 323–339.

49 A. M. Isen, 'Positive affect and decision making,' in M. Lewis & J. M. Haviland (eds), *Handbook of Emotions* (Guilford Press, 1993), pp. 261–277.

50 G. V. Bodenhausen, G. P. Kramer and K. Süsser, 'Happiness and stereotypic thinking in social judgment,' *Journal of Personality and Social Psychology* 66:4 (1994), pp. 621–632.

51 J. P. Forgas and K. Fiedler, 'Us and them: Mood effects on intergroup discrimination,' *Journal of Personality and Social Psychology* 70 (1996), pp. 28–40.
52 Dan Ariely, *Predictably Irrational* (HarperCollins, 2009).
53 B. N. Steenbarger, *The Psychology of Trading: Tools and Techniques for Minding the Markets* (Wiley, 2007), p. 54.
54 Y. Rottenstreich and C. K. Hsee, 'Money, kisses, and electric shocks: On the affective psychology of risk,' *Psychological Science* (2001).
55 G. F. Loewenstein, E. U. Weber, C. K. Hsee and N. Welch, 'Risk as feelings,' *Psychological Bulletin* 127:2 (2001), pp. 267–286.
56 Andrew W. Lo, Dmitry V. Repin and Brett N. Steenbarger, 'Fear and Greed in Financial Markets: A Clinical Study of Day-Traders,' MIT Sloan Working Paper No. 4534–05 (March 2005).
57 Mo Costandi, 'Reconstructive memory: Confabulating the past, simulating the future,' *Neurophilosophy* (January 9, 2007).
58 An Ohio State study found that 80% of restaurants fail in the first three years: Lorri Mealey, '10 reasons restaurants fail,' *The Balance Small Business* (October 10, 2016).
59 T. Sharot, 'The optimism bias' (May 2012).
60 D. Shariatmadari, 'Daniel Kahneman: 'What would I eliminate if I had a magic wand? Overconfidence',' *Guardian* (July 18, 2015).
61 D. Moore and S. A. Swift, 'The three faces of overconfidence in organizations,' in David De Cremer, Rolf van Dick and J. K. Murnighan (eds.) *Social Psychology and Organizations* (Routledge, 2012).
62 J. Zweig, in Benjamin Graham, *The Intelligent Investor* (HarperBusiness, 2006), p. 374.
63 C. H. Browne, *The Little Book of Value Investing* (Wiley, 2006).
64 B. Malkiel, *A Random Walk Down Wall Street* (W. W. Norton & Company, 2016).
65 D. D. P. Johnson and J. H. Fowler, 'The evolution of overconfidence,' *Nature* (2011).
66 M. Muthukrishna, S. J. Heine, W. Toyakawa, T. Hamamura, T. Kameda and J. Henrich, 'Overconfidence is universal? Depends what you mean' (2015).

67 J. Allen, F. F. Reichheld, B. Hamilton and R. Markey, 'Closing the delivery gap,' Bain & Company (2005).

68 M. W. Riepe, 'Is overconfidence affecting your investing outcomes?' Charles Schwab (February 12, 2018).

69 M. Statman, S. Thorley and K. Vorkink, 'Investor overconfidence and trading volume,' AFA 2004 San Diego Meetings (2003).

70 D. A. Moore, T. R. Kurtzberg, C. R. Fox and M. H. Bazerman, 'Positive illusions and forecasting errors in mutual fund investment decisions,' *Organizational Behavior and Human Decision Processes* 79:2 (August 1999), pp. 95–114.

71 M. Glaser and M. Weber, 'Why inexperienced investors do not learn: They do not know their past portfolio performance,' *Finance Research Letters* 4:4 (2007).

72 J. Stillman, '4 tricks to avoid overconfidence,' Inc. (December 1, 2014).

73 S. M. Herzog and R. Hertwig 'The wisdom of many in one mind,' *Psychological Science* 20:2 (2009).

74 R. M. Hogarth 'A note on aggregating opinions,' *Organizational Behavior and Human Performance* 211 (February 1978), pp. 40–46.

75 Herzog and Hertwig 'The wisdom of many in one mind.'

76 W. Samuelson and Richard Zeckhauser 'Status quo bias in decision making,' *Journal of Risk and Uncertainty* 1:1 (March 1988), pp. 7–59.

77 R. Henderson, 'How powerful is status quo bias?' *Psychology Today* (September 29, 2016).

78 Simon Rooze's review of R. Thaler and C. Sunnstein's *Nudge* (Penguin, 2009) in *Amsterdam Law Forum* 1:4 (2009).

79 S. M. Fleming, C. L. Thomas and R. J. Dolan, 'Overcoming status quo bias in the human brain,' *Proceedings of the National Academy of Sciences of the United States of America* 107:13 (February 2010), pp. 6005–6009.

80 A. Nicolle, S. M. Fleming, D. R. Bach, J. Driver and R. J. Dolan, 'A regret-induced status quo bias,' *Journal of Neuroscience* 31:9 (March 2011), pp. 3320–3327.

81 'Overcoming home bias in equity investing,' Janus Henderson Investors (September 2017).

82 M. Hulbert, 'A plan to overcome investors' home bias,' *New York Times* (January 23, 2000).

83 D. Sassoon, *Becoming Mona Lisa* (Harvest Books, 2003).

84 S. Butler, 'To get rich, stifle emotion-driven investment picks,' *USA Today* (January 25, 2015).

85 N. Nicholson, E. Soane, M. F.O'Creevy and P. Willman, 'Personality and domainspecific risk taking,' *Journal of Risk Research* 8:2 (2005).

86 A. W. Lo, D. V. Repin and B. N. Steenbarger, 'Fear and Greed in Financial Markets: A Clinical Study of Day-Traders,' MIT Sloan Working Paper No. 4534–05 (March 2005).

87 Lo, Repin and Steenbarger, 'Fear and Greed in Financial Markets.'

88 R. Schmidt, 'Frozen: Using behavioral design to overcome decision-making paralysis,' *Deloitte Insights* (October 7, 2016).

89 T. Howard, *Behavioral Portfolio Management* (Harriman House, 2014), p. 95.

90 B. Frick, 'How to beat our status-quo bias,' Kiplinger (December 2, 2010).

91 E. Inglis-Arkell, 'The frozen calm of normalcy bias,' Gizmodo (May 2, 2013).

92 A. Ripley, 'How to get out alive,' *Time Magazine* (April 25, 2005).

93 N. Bostrom and T. Ord, 'The reversal test: Eliminating status quo bias in applied ethics,' *Ethics* 116 (July 2006), pp. 656– 79.

94 D. Greller, 'Jumping to conclusions – base rate neglect,' *Invisible Laws* (September 11, 2011).

95 T. Rogoway, 'This is why the space shuttle's external fuel tank stopped being painted white,' *Foxtrot Alpha* (October 16, 2015).

96 R. Kinnel, 'How fund fees are the best predictor of returns,' Morningstar (October 4, 2016).

97 C. S. Taber and M. Lodge, 'Motivated skepticism in the evaluation of political beliefs,' *American Journal of Political Science* 50:3 (July 2006), pp. 755–769.

98 C. Roche, 'Great investors think in terms of probabilities,' Pragmatic Capitalism (November 10, 2014).

99 R. Thaler and C. Sunstein, *Nudge: Improving Decisions About Health, Wealth, and Happiness* (Penguin, 2009).

100 A. Kings 'Important money lessons from Nobel Prize in Economics winner Richard Thaler,' Born2Invest (October 11, 2017).

101 J. Voss, 'Meditation for investment professionals,' *Enterprising Investor* – CFA Institute (February 29, 2016).

102 A. Lueke and B. Gibson, 'Mindfulness meditation reduces implicit age and race bias,' *Social Psychological and*

Personality Science (November 24, 2014).

103 M. Goyal, S. Singh and E. M. S. Sibinga, 'Meditation programs for psychological stress and well-being,' *JAMA Internal Medicine* 174:3 (2014), pp. 357–368.

104 B. Stetka, 'Changing our DNA through mind control?' *Scientific American* (December 16, 2014).

105 J. S. Lerner, Ye Li and E. U. Weber, 'The financial cost of sadness,' *Psychological Science* (2012).

106 H. Aarts, K. I. Ruys, H. Veling, R. A. Renes, J. H. B. de Groot, A. M. van Nunen and S. Geertjes 'The art of anger,' *Psychological Science* (September 20, 2010).

107 N. N.Taleb, *Antifragile: Things That Gain from Disorder* (Random House, 2014), p. 5.

108 B. Carlson 'How market crashes happen,' A Wealth of Common Sense (January 8, 2017).

109 W. Gray and T Carlisle, *Quantitative Value: A Practitioner's Guide to Automating Intelligent Investment and Eliminating Behavioral Errors* (Wiley, 2012), p. 27.

110 Gray and Carlisle, *Quantitative Value*, p. 27.

111 B. Carlson, *A Wealth of Common Sense* (Bloomberg, 2015), p. 93.

112 W. Gray, J. Vogel and D. Foulke, *DIY Financial Advisor: A Simple Solution to Build and Protect Your Wealth* (Wiley, 2015), p. 23.

113 M. Lindstrom, *Buyology: Truth and Lies About Why We Buy* (Crown Business, 2010), p. 158.

114 L. Swedroe, 'Why alpha's getting more elusive,' ETF.com (November 21, 2014).

115 T. Howard, Behavioral Portfolio Management (Harriman House, 2014).

116 W. Buffett, 'The Superinvestors of Graham-and-Doddsville,' Columbia Business School (May 17, 1984).

117 J. P. O'Shaughnessy, *What Works on Wall Street* (McGraw-Hill, 2011), p. 85.

118 LouAnn Lofton, *Warren Buffett Invests Like a Girl: And Why You Should, Too* (HarperBusiness, 2012), p. 71.

119 D. Kahneman, *Thinking, Fast and Slow*, p. 86.

120 G. Antonacci, *Dual Momentum Investing: An Innovative Strategy for Higher Returns with Lower Risk* (McGraw-Hill, 2014), p. 13.

121 C. Hoffstein, 'Two Centuries of Momentum,' Newfound Research.

122 Hoffstein, 'Two Centuries of Momentum.'

123 Antonacci, *Dual Momentum Investing*, p. 15.

124 Antonacci, *Dual Momentum Investing*, p. 16.

125 Hoffstein, 'Two Centuries of Momentum.'

126 Buffett, 'The Superinvestors of Graham-and-Doddsville.'

127 N. Jegadeesh and S. Titman, 'Returns to buying winners and selling losers: Implications for stock market efficiency,' *The Journal of Finance* 48:1 (March 1993), pp. 65–91.

128 C. Geczy and M. Samonov, 'Two centuries of price return momentum,' *Financial Analysts Journal* 72:5 (September/October 2016).

129 C. S. Asness, A. Frazzini, R. Israel and T. J. Moskowitz, 'Fact, fiction and momentum investing,' *Journal of Portfolio Management* (Fall 2014).

投資贏家系列 079

非理性效應

行為金融學專家帶你洞悉人性本能，突破投資盲點

作　　者　丹尼爾・克羅斯比（Daniel Crosby）
譯　　者　陳重亨
代理總編　李珮綺
責任編輯　李珮綺、陳家敏
封面設計　賴維明@雨城藍設計
內文排版　簡單瑛設
校　　對　呂佳真

業務經理　林苡蓁
企畫副理　朱安棋
行銷企畫　江品潔
印　　務　詹夏深

發 行 人　梁永煌
社　　長　謝春滿

出 版 者　今周刊出版社股份有限公司
地　　址　台北市南京東路一段96號8樓
電　　話　886-2-2581-6196
傳　　真　886-2-2531-6438
讀者專線　886-2-2581-6196轉1
劃撥帳號　19865054
戶　　名　今周刊出版社股份有限公司
網　　址　http://www.businesstoday.com.tw

總 經 銷　大和書報股份有限公司
　　　　　電話　886-2-8990-2588
製版印刷　緯峰印刷股份有限公司

二版一刷　2024年7月
定　　價　420元

國家圖書館出版品預行編目 (CIP) 資料

非理性效應：行為金融學專家帶你洞悉人性本能，突破投資盲點 / 丹尼爾．克羅斯比 (Daniel Crosby) 作；陳重亨譯．-- 二版．-- 臺北市：今周刊出版社股份有限公司，2024.07
394 面；14.8×21 公分．--（投資贏家系列；79）
譯自：The behavioral investor.
ISBN 978-626-7266-79-3（平裝）

1.CST: 投資心理學　2.CST: 投資學
563.5014　　113006561

Investment

Investment

Investment

Investment